# 新时代内蒙古传统产业绿色发展研究
## ——以能源产业和农业为例

赵元凤　刘志娟　刘春梅　李赛男　著

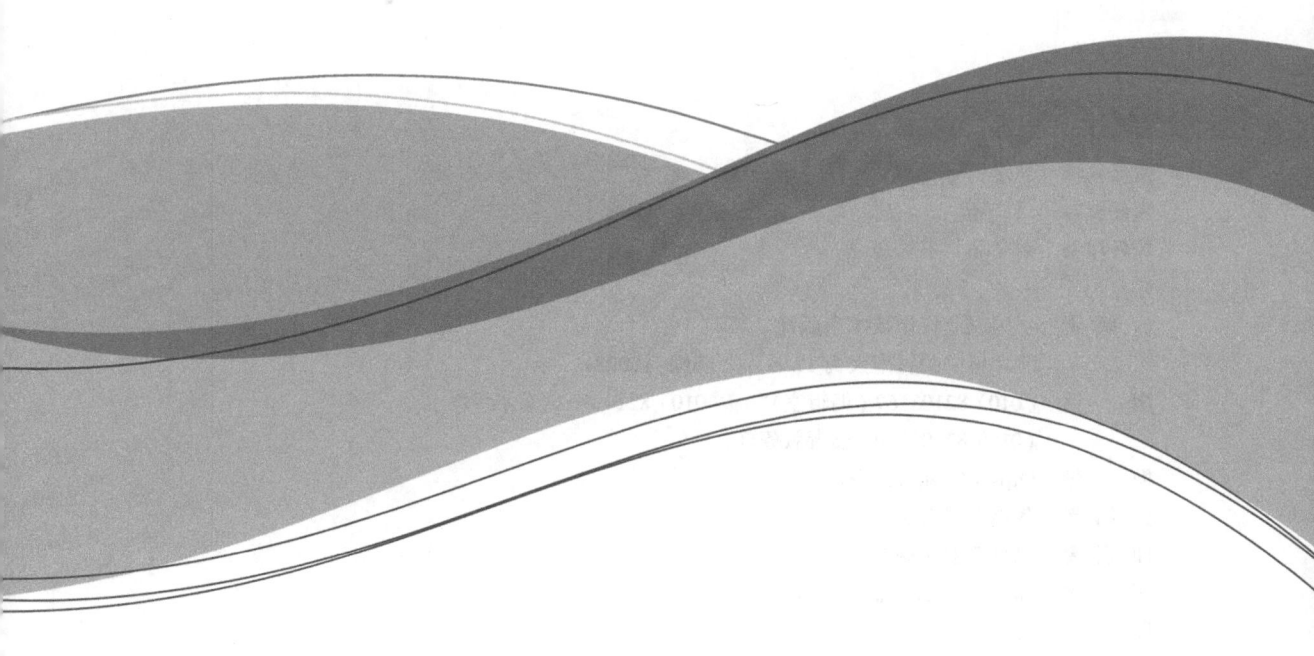

中国农业科学技术出版社

图书在版编目(CIP)数据

新时代内蒙古传统产业绿色发展研究：以能源产业和农业为例／赵元凤等著．--北京：中国农业科学技术出版社，2023.7
ISBN 978-7-5116-6331-3

Ⅰ.①新… Ⅱ.①赵… Ⅲ.①能源结构-绿色经济-经济发展-研究-内蒙古②绿色农业-农业发展-研究-内蒙古 Ⅳ.①F426.2②F327.526

中国国家版本馆 CIP 数据核字(2023)第 121090 号

| | |
|---|---|
| 责任编辑 | 徐定娜 |
| 责任校对 | 马广洋 |
| 责任印制 | 姜义伟　王思文 |

| | |
|---|---|
| 出 版 者 | 中国农业科学技术出版社<br>北京市中关村南大街 12 号　　邮编：100081 |
| 电　　话 | (010) 82105169（编辑室）　　(010) 82109702（发行部）<br>(010) 82109709（读者服务部） |
| 网　　址 | https://castp.caas.cn |
| 经 销 者 | 各地新华书店 |
| 印 刷 者 | 北京建宏印刷有限公司 |
| 开　　本 | 185 mm×260 mm　1/16 |
| 印　　张 | 15.25 |
| 字　　数 | 326 千字 |
| 版　　次 | 2023 年 7 月第 1 版　2023 年 7 月第 1 次印刷 |
| 定　　价 | 48.00 元 |

◆◆◆ 版权所有·翻印必究 ◆◆◆

# 研究资助

本研究受到内蒙古自治区哲学社会科学重点研究基地"内蒙古乡村振兴战略研究中心"资助。

# 目 录

## 绪 论

引 言 ……………………………………………………………………… 2

**第一章 内蒙古传统产业绿色发展研究背景** ………………………… 6
 一、研究背景 ……………………………………………………… 6
 二、研究内容 ……………………………………………………… 8
 三、研究方法 ……………………………………………………… 8
 四、研究意义 ……………………………………………………… 9

**第二章 内蒙古传统产业绿色发展研究综述** ……………………… 11
 一、能源产业绿色发展研究 …………………………………… 11
 二、农产品绿色化发展研究 …………………………………… 16

**第三章 内蒙古传统产业绿色发展研究理论基础** ………………… 27
 一、金融支持新能源发展理论基础 …………………………… 27
 二、绿色农产品发展理论基础 ………………………………… 31

## 上篇 内蒙古传统产业绿色发展研究——以能源产业为例

引 言 …………………………………………………………………… 44

**第四章 内蒙古能源产业发展现状** ………………………………… 46
 一、内蒙古能源产业总体概况 ………………………………… 46

二、内蒙古能源产业绿色发展基础 ································· 49

## 第五章　内蒙古能源产业绿色发展取得的成效 ···················· 52
　　一、煤炭清洁高效开发利用卓有成效 ···························· 52
　　二、清洁能源产业规模持续扩大 ································ 54

## 第六章　内蒙古新能源产业发展的金融支持分析 ················· 59
　　一、内蒙古金融业发展现状 ···································· 59
　　二、内蒙古新能源产业发展的金融支持现状 ······················ 63

## 第七章　内蒙古能源产业绿色发展中存在的主要问题 ············ 68
　　一、内蒙古能源产业绿色发展面临的挑战 ························ 68
　　二、内蒙古新能源产业发展金融支持存在的问题 ·················· 72

## 第八章　内蒙古新能源产业发展的金融支持效应分析 ············ 75
　　一、指标选取与数据来源 ······································ 75
　　二、检验方法与过程 ·········································· 77
　　三、实证结果分析与讨论 ······································ 83

## 第九章　促进内蒙古能源产业绿色发展的政策建议 ··············· 86
　　一、总体推进内蒙古能源产业绿色发展的对策建议 ················ 86
　　二、进一步完善金融支持新能源发展的对策建议 ·················· 88

# 下篇　内蒙古传统产业绿色发展研究——以农业为例

## 引　言 ··························································· 92

## 第十章　内蒙古绿色农产品发展概述 ···························· 94
　　一、绿色农产品发展的必要性 ·································· 94

二、绿色农产品发展的可行性 ………………………………………………… 95
　　三、绿色农产品发展成效 …………………………………………………… 96
　　四、绿色农产品发展存在的问题 ……………………………………………… 102

## 第十一章　绿色农产品生产行为及其影响因素研究 …………………………… 106
　　一、数据来源 ………………………………………………………………… 106
　　二、样本农户基本特征分析 …………………………………………………… 107
　　三、样本农户不同特征与绿色农产品生产行为的交叉分析 ………………… 111
　　四、样本农户绿色农产品生产行为影响因素分析 …………………………… 118

## 第十二章　绿色农产品生产对农户收入的影响研究 …………………………… 129
　　一、研究背景 ………………………………………………………………… 129
　　二、理论分析 ………………………………………………………………… 130
　　三、数据来源 ………………………………………………………………… 132
　　四、绿色农产品生产对农户收入影响的描述性统计 ………………………… 132
　　五、绿色农产品生产对农户收入影响的实证分析 …………………………… 133

## 第十三章　绿色农产品购买行为及其影响因素研究 …………………………… 143
　　一、研究背景 ………………………………………………………………… 143
　　二、理论研究框架 …………………………………………………………… 144
　　三、数据来源与统计分析 …………………………………………………… 148
　　四、绿色农产品购买行为影响因素实证分析 ………………………………… 163

## 第十四章　消费者对绿色农产品的支付意愿研究 ……………………………… 172
　　一、研究背景 ………………………………………………………………… 172
　　二、选择实验的理论框架 …………………………………………………… 173
　　三、实验设计与数据来源 …………………………………………………… 175
　　四、变量选取与描述性统计 ………………………………………………… 177
　　五、实证结果 ………………………………………………………………… 178

  六、结论与启示 ·················································································· 180

## 第十五章　内蒙古农产品绿色发展研究结论及政策建议 ·············· 183
  一、内蒙古农产品绿色发展研究结论 ····················································· 183
  二、推进内蒙古农产品绿色发展的政策建议 ············································ 186

## 参考文献 ································································································ 191

# 附　　录

**附录一　绿色农产品生产调查问卷** ·························································· 218

**附录二　绿色农产品消费调查问卷** ·························································· 229

**后　　记** ······························································································· 236

# 绪 论

# 引　言

　　绿色发展是有效应对严峻资源环境形势、主动适应社会主要矛盾变化以及构建现代化经济体系的内在要求。党的十八大以来，以习近平同志为核心的党中央，总结国内外经济社会发展与生态文明建设的经验得失，从理论高度提出了习近平绿色发展理念。绿色发展是对传统工业化模式的根本性变革，将为人类发展开创物质文明与生态文明的和谐发展道路，体现了科学发展的主旨和内涵。我国传统产业占国民生产总值的90%以上，在整个经济社会发展中起着基础性和关键性作用。党的十九大报告明确指出，支持传统产业优化升级，推进绿色发展。因此，践行绿色发展理念，坚持节约资源和保护环境的基本国策，促进传统产业升级与绿色转型既是提升产业竞争力的必然选择，也是绿色发展及经济转型升级的重中之重。

　　2021年，习近平总书记在参加十三届全国人大四次会议内蒙古代表团审议时指出，要把内蒙古建设成为国家重要能源和战略资源基地、农畜产品生产基地。内蒙古自治区（以下简称内蒙古）是国家重要的能源基地，能源产业作为支柱产业之首，在推动经济社会发展和保障国家能源安全方面发挥着重要作用；作为中国北方重要的农牧业生产基地，内蒙古绿色农畜产品的发展对全国绿色农畜产品发展进程的推进具有至关重要的作用。能源产业和农业产业作为内蒙古重要的传统产业，其绿色发展不仅是内蒙古经济社会可持续发展的必由之路，也是贯彻党中央对内蒙古"两个基地"战略定位的必然举措。

　　本书以内蒙古传统产业中的能源产业和农业产业作为重点研究对象，在梳理其产业发展概况的基础上，分析其绿色发展取得的成效、绿色发展过程中遇到的问题与难点，并梳理出具体的科学问题，采用计量经济学的研究方法进行了实证检验，研究结论对促进内蒙古传统产业绿色发展具有重要的决策支持作用。

## 上篇　内蒙古传统产业绿色发展研究——以能源产业为例

1. 内蒙古能源产业现状及绿色发展取得的成效研究

通过对内蒙古能源产业总体概况、能源产业绿色发展基础、取得成效进行分析研究发现：总体上，内蒙古能源产业方面，能源结构清洁低碳转型持续进行；单位国内生产总值能耗逐年下降，能源效率显著提升；清洁能源发电占比增长迅速，电源结构不断优化。能源产业绿色发展基础主要体现在新能源供应能力显著加强、政策支持体系不断完善两个方面。此外，在煤炭清洁高效开发利用与清洁能源产业规模方面，能源产业绿色发展取得了一定成效，主要表现在绿色煤矿建设稳步健康发展、燃煤发电机组节能减排升级改造有序进行、现代煤化工产业化示范取得初步成效、风电产业平稳发展、光伏产业迅猛发展、水电产业发展稳中求进，以及生物质发电产业发展前景良好。

2. 内蒙古能源产业绿色发展存在的问题研究

通过分析内蒙古能源产业绿色发展中存在的问题可以发现，内蒙古能源产业绿色发展面临的突出挑战主要包括能源资源综合利用水平不高、清洁能源消纳问题突出，以及能源技术自主创新能力不足。进一步分析新能源产业发展的金融支持问题发现，内蒙古金融业整体发展水平不断提升，目前仍以银行业为主导，证券业和保险业对自治区经济发展的贡献程度有待进一步激发。而金融支持内蒙古新能源产业发展过程中，仍存在产业风险高致使融资困难、融资结构不合理、信贷支持规模有限、直接融资渠道受阻、政府支持与引导作用有待加强等问题。

3. 内蒙古新能源产业发展金融支持效应研究

基于宏观数据构建向量自回归模型（VAR模型），实证分析内蒙古新能源产业发展中的金融支持效应后发现：内蒙古新能源产业发展与其金融规模、金融效率、政府财政扶持之间存在长期稳定的均衡关系，虽然短期内内蒙古金融效率对新能源产业发展有一定抑制作用，但长期来看，金融规模的不断扩大、金融效率的持续提高和政府财税扶持力度的加大均有助于促进内蒙古新能源产业的发展。

# 下篇　内蒙古传统产业绿色发展研究——以农业为例

1. 绿色农产品生产行为及其影响因素研究

基于绿色农产品生产实地调研数据，本研究运用交叉分析法考察受访者不同特征与其绿色农产品生产与否的关系，并在交叉分析的基础上，运用二分类Logistic模型识别受访农户绿色农产品生产行为的主要因素。研究结果表明，受访者倾向于生产绿色农产品，但不同个体特征、生产经营特征、认知特征和其他特征的受访者是否生产绿色农产品有明显差异；受访者劳动力数占家庭总人口数的比例、种植规模、绿色农产品种植年限、绿色农产品生产及认证培训活动参与次数和地区变量对受访者绿色农产品生产行为有显著影响，而受访者年龄、受教育年限、务农年限、家中有无干部、家庭总收入和绿色农产品认知对其绿色农产品生产行为则无显著影响。

**2. 绿色农产品生产对农户收入的影响研究**

从理论上看,绿色农产品的"优质"能够换来"优价",绿色农产品生产具有提高农户收入的作用。为检验现实中绿色农产品生产的农户收入效应,本研究基于绿色农产品生产实地调研数据,运用 TEM 模型实证检验与衡量绿色农产品生产对农户种植业每亩纯收入的影响,实证结果表明,绿色农产品生产确实具有"提高农户收入"的作用,理论分析与实证结论相吻合。

**3. 绿色农产品购买行为及其影响因素研究**

基于绿色农产品消费实地调研数据,本研究以消费者消费量大的绿色蔬菜为例,运用交叉分析法考察受访者不同特征与绿色蔬菜消费量占比的关系,并在交叉分析的基础上,运用 Tobit 模型和 OLS 模型实证识别受访者绿色蔬菜消费量占比的主要影响因素。研究结果表明,多数受访者购买并消费过绿色农产品,但不同个体特征、家庭特征、动机特征、认知(能力)特征、机会特征和营销特征的受访者所表现出的绿色农产品购买行为有明显差异;受访者性别、受教育年限、共同生活 12 周岁及以下儿童数、家庭总收入、环保购买动机、健康购买动机、绿色农产品标识认知数、绿色农产品相关信息知晓度、是否因离家近因素购买绿色农产品、绿色农产品定价评价和购买绿色农产品时价格因素的重要程度对其绿色蔬菜消费量占比有显著影响,而受访者年龄、婚姻状况、共同生活 60 周岁以上同住老人数、食品安全购买动机和是否因便利因素购买绿色农产品对其绿色蔬菜消费量占比则无显著影响。

**4. 消费者对绿色农产品的支付意愿研究**

市场经济中"优质优价"是市场价格机制在农产品质量安全调解领域发挥作用的重要指标,同时也是激发生产者生产安全优质农产品积极性的重要手段。消费者对绿色农产品支付意愿的大小决定绿色农产品市场能否长远发展并不断壮大。本研究以羊肉为例,基于消费者实地调研数据,利用选择实验法,识别消费者对羊肉质量安全属性的选择偏好,并计算其支付意愿。研究结果表明,受访者对羊肉有机认证的支付意愿最高,愿意为有机认证属性每斤(1 斤 = 0.5 千克,下同)多支付 18.60 元;其次是可追溯信息,为 16.3 元/斤;再次是产地信息,为 16.02 元/斤;对包装形式属性的支付溢价最低,仅为 10.32 元/斤。可见,羊肉上述 4 种质量安全属性中,消费者对有机认证属性的支付溢价最高,且与市场上普通羊肉 23 元/斤的平均价格相比,受访者对有机羊肉的支付溢价占普通羊肉平均价格的 80.87%,说明消费者愿意为生产者生产的绿色农产品进行溢价支付,消费者的绿色农产品溢价支付行为可激发生产者从事绿色农产品生产经营活动。

本书相关研究成果不仅可以对内蒙古传统产业绿色发展起到理论支撑作用,同时可以为相关部门决策参考提供现实依据。其中,能源产业绿色发展的研究成果对于促进内蒙古自治区实现能源经济转型、能源产业结构升级、提升区域竞争力具有十分重要的理论和现实意义。相关研究成果不仅为能源产业绿色发展,以及金融支持新能源产业提供理论支撑,而且对于促使金融更好地服务于新能源产业发展,推进金融体系不断完善以及内蒙古新能源产业绿色发展壮大,起着至关重要的现实作用。另外,以农产品绿色化为重点的农业产业绿色发展研究成果在理论与现实层面对于推进内蒙古农业生态文明建设,提高食品安全与生活质量,促进农业经济绿色发展等方面同样发挥着重要作用。相关研究成果不仅有助于进一步识别绿色农产品发展的客观规律与特点,为丰富和完善绿色农产品发展理论体系奠定基础,而且对政府探讨如何推动农业绿色发展、促进农业增效,最终引导农业绿色产业发展具有实际指导意义。

# 第一章
# 内蒙古传统产业绿色发展研究背景

## 一、研究背景

绿色发展理念是对发展规律的科学反映，是中国共产党对自然界发展规律、人类社会发展规律、中国特色社会主义建设规律在理论认识上的升华和飞跃，更是对全球生态环境的变化和我国当前发展所面临的突出问题的积极回应。习近平总书记在党的十九大报告中对此做了充分肯定："大力度推进生态文明建设，全党全国贯彻绿色发展理念的自觉性和主动性显著增强，忽视生态环境保护的状况明显改变。"同时进一步指出"发展是解决我国一切问题的基础和关键，发展必须是科学发展，必须坚定不移贯彻创新、协调、绿色、开放、共享的新发展理念。"

中国特色社会主义进入新时代，我国经济已由高速增长阶段转向高质量发展阶段，正处在转变发展方式、优化经济结构、转换增长动力的攻关期。从传统产业来看，随着要素成本上升、资源环境压力加大、产能过剩持续以及后发国家工业化和发达国家再工业化的双重挤压，以往依靠要素驱动和依赖低成本竞争的增长模式越来越难以为继，迫切需要转型发展。在此背景下，必须把绿色发展融入内蒙古传统产业的发展之中。

2021年，习近平总书记在参加十三届全国人大四次会议内蒙古代表团审议时指出，要立足新发展阶段、贯彻新发展理念、构建新发展格局，把内蒙古建设成为国家重要能源和战略资源基地、农畜产品生产基地。这是党中央为内蒙古量身定制的战略定位和行动纲领，内蒙古要坚定不移走以生态优先、绿色发展为导向的高质量发展新路子，推进能源和战略资源基地优化升级，促进农畜产品生产基地优质高效转型，统筹推进传统产业绿色发展升级。鉴于此，按照党中央对内蒙古的战略定位，本书选取了能源和农业产业为重点研究对象，分别在上篇和下篇对能源产业和农业产业绿色发展进行系统研究。

在内蒙古的传统产业中，能源产业的主导地位日益突出，在推动内蒙古经济社会发展和保障国家能源安全方面发挥着重要作用，但同时也面临着低效高耗的能源利用方式和突出的生态环境问题的威胁。内蒙古如何突破资源型经济的桎梏，将能源资源优势厚植为经济优势和发展优势，走出一条以绿色为底色的高质量发展之路是内蒙古经济社会可持续发展亟待解决的关键。2018年，习近平总书记在十三届全国人大一次会议内蒙古代表团审议时着重指出，内蒙古是国家重要能源资源基地，要做好现代能源经济这篇文章，立足能源资源优势，延长产业链，加快用高新、先进技术改造传统产业及企业，提高能源资源综合利用效率。2019年，习近平总书记在十三届全国人大二次会议内蒙古代表团审议时强调，经济发展和生态环境保护的关系要统筹好，立足本地资源禀赋特点，探索符合发展定位、体现内蒙古优势和特色，生态优先、绿色发展的高质量发展新道路。习近平总书记的重要讲话及殷切嘱托，是对内蒙古发展定位、发展路径的高度概括和科学认识，为内蒙古经济实现高质量发展指明了方向。基于内蒙古能源产业的重要地位，贯彻落实习近平总书记对内蒙古能源经济发展新要求，未来能源的发展方向将向绿色、高效、低碳、清洁转变，形成传统能源和新能源共存的新格局。当前，顺应能源发展新趋势，转变能源产业发展理念，推动能源清洁低碳化发展，逐步实现能源产业绿色发展显得尤为重要。鉴于此，本项目的主要研究内容之一是以内蒙古能源产业绿色发展研究为主，通过对内蒙古能源产业绿色发展概况及成效进行深入分析，揭示其绿色发展过程中存在的主要问题，并据此探讨推进内蒙古能源产业绿色发展的对策建议，对内蒙古能源结构的调整及能源产业的高质量发展具有重要意义。

此外，还要把绿色发展理念引入到乡村振兴等重要战略之中，在产业发展的横向层面获取绿色发展的空间，以引领、约束协调产业发展实践，提升其绿色发展的要素或成分，真正实现绿色发展的要求。农产品绿色发展就是将绿色发展引入乡村振兴战略中的重要体现，农产品绿色发展也是现代农业发展的内在要求。内蒙古是中国北方重要的农牧业生产基地，作为中国农畜产品生产和消费大区，内蒙古绿色农畜产品的发展对全国绿色农畜产品发展进程的推进具有至关重要的作用。内蒙古自治区是国家13个粮食主产区和8个粮食规模调出省（区）之一，2020年，全区粮食总产732.8亿斤，占全国粮食总产量的5.47%；2020年末，全区猪牛羊存栏7 279.4万头（只）、猪牛羊禽四种肉类产量268万吨，占全国肉类产量的3.46%。其中，羊肉产量113万吨，稳居全国首位，占全国23%，是产量唯一过百万吨的地区；牛肉产量66.3万吨，居全国第一；羊绒产量0.63万吨，位居全国第一，占全国42.8%；奶牛存栏129.3万头，牛奶产量611.5万吨，产量占全国17.7%，居全国首位。可见内蒙古农畜产品生产对全国农畜产品生产的贡献突出。因此，内蒙古积极响应"绿色思潮"，大力开展绿色农产品生产、推崇绿色消费是中国绿色畜产品大力发展的需要，也是实现农业增产、农民增收的必然要求。随着农业不合理生产方式的施行，农业生产、生态环境恶化的危机日益加深，食品安全问题日益突出，在此背景下，内蒙古大力发展绿色农产品势在必行。鉴于此，本项目另外一个主要研究内容是内蒙古农产品绿色发展研究，通过梳理相关现状与成效，首先，从绿色农产品生产入手，实证检验了农户绿色农产品生产行为及其影响因素，并检验生产绿色农产品对农户收入的影响；其次，研究了绿色农畜产品的消费行为，基于大量消费者调研数据，分析了消费者对绿色农产品的认知与购买行为，利用规范的实证分析方法，识别了消费者对绿色农产品的支付意愿。最后，总结内蒙古农产品绿色发展中存在的问题，提出促进农产品绿色化发展的政策建议。

## 二、研究内容

本部分研究内容具体按如下三个部分展开阐述。

绪论：首先，介绍研究背景、研究内容、研究方法与研究意义；其次，系统梳理国内外研究现状，在总结前人研究成果的基础上，提出本书研究的重点与不同；最后，阐述本书研究的理论基础，在理论分析的基础上凝练科学问题，从而进行系统研究。

上篇：内蒙古传统产业绿色发展研究——以能源产业为例。本部分的研究以内蒙古能源概况为切入点，在对内蒙古能源产业绿色发展成效进行深入分析的基础上，探讨了其绿色化发展过程中存在的主要问题，并将新能源产业发展中金融支持的探究对象具体到内蒙古自治区，从理论和实证两个方面探寻金融支持新能源产业发展的作用机制和影响效果，分析金融支持内蒙古新能源产业发展的现状及存在的问题，最后据此提出了促进内蒙古能源产业绿色发展的对策建议。

下篇：内蒙古传统产业绿色发展研究——以农业为例。选取中国绿色农产品发展的重要践行区——内蒙古自治区为研究区域，基于绿色农产品生产和消费实地调研数据，从绿色农产品生产和消费两方面出发，对绿色农产品生产的农户收入效应和消费者绿色农产品购买行为与支付意愿进行研究，总结绿色农产品生产和消费过程存在的不足，并提出进一步推进绿色农产品发展的政策建议。

## 三、研究方法

本研究基于不同研究问题，采用不同的研究方法。主要包括文献查阅法、问卷调查法、实地访谈法、比较分析法与实证分析法。

1. 文献查阅法

采用文献查阅法了解产业发展现状，了解与本研究主题相关的理论基础，梳理产业绿色化发展成效，为后续研究的顺利开展和创新奠定基础。

2. 问卷调查法

为了准确识别受访者绿色农产品的生产和消费行为，本研究针对性地设计农户及消费者调查问卷，采用一对一、面对面实地访谈与问卷调查的方式收集第一手数据。

3. 实地访谈法

通过实地访谈法，与政府部门、能源企业、金融机构等相关部门进行深入座谈，全面掌握内蒙古能源产业、农牧业产业绿色发展的相关情况。

4. 比较分析法

运用比较分析法比较了绿色农产品与普通农产品生产的每亩纯收入、成本、产量、售价的差额，从统计上阐释绿色农产品生产对农户种植业每亩纯收入的影响。

5. 实证分析法

采用多种计量经济学模型实证分析了内蒙古自治区能源产业及农牧业产业绿色发展的效应、行为及影响因素。

## 四、研究意义

在响应国家节能减排号召及建设资源节约型和环境友好型两型社会的新形势下，探讨和研究产业绿色发展，对促进内蒙古自治区实现经济转型、产业结构升级、提升区域竞争力具有十分重要的理论意义和现实意义。

1. 理论意义

传统产业如何实现绿色发展离不开正确的理论支持和指导，但基于内蒙古经济社会特征，系统而全面地阐释能源及农牧业传统产业绿色发展模式和运行机制的研究成果并不丰富。本研究可以为优化传统产业绿色发展路径选择和制度创新，为丰富和发展供给侧结构性改革理论产生一定的理论价值。

一方面，能源产业的健康持续发展不仅对内蒙古经济本身产生重要作用，而且对生态环境及整个社会发展具有重大意义。通过明确相关概念的内涵与外延，为探寻能源产业绿色化发展提供一定的理论支撑。

另一方面，国内外学术界对绿色农产品生产农户收入效应的研究较少，对绿色农产品生产的内涵及其特点的综合研究，不仅可以拓宽农产品绿色发展的研究视角，而且有助于从理论上进一步识别农产品绿色发展的客观规律与特点，为丰富和完善农产品绿色发展理论体系奠定基础。

2. 现实意义

党的十九大报告中明确要求：推进绿色发展……建立健全绿色低碳循环发展的

经济体系。从近年来整体发展态势和水平来看，内蒙古传统产业绿色发展客观来说仍处于起步阶段还处于产业幼稚期。因此，本研究对推进和加快传统产业绿色发展具有现实意义。

一方面，在环境与资源均出现瓶颈约束的内蒙古，如何保证能源经济绿色发展显得尤为重要。本研究在识别能源产业绿色发展作用机理的基础上，通过分析能源产业绿色发展现状，概括总结出其中所面临的主要问题，根据相关结论提出促进内蒙古能源产业更好地实现绿色化发展的可行路径，因而有着至关重要的现实意义。

另一方面，作为一种安全、环保、健康农产品，农产品绿色发展已成为中国乃至全球农业经济发展的主导方向。农产品绿色发展是转变农业生产方式、顺应广大消费者绿色消费需求、推进农业生态文明建设、实现农业可持续发展的重要途径和手段（王世喜等，2015），对提高城乡居民的食品安全与生活质量、促进农业乃至整个国民经济的发展具有重要的现实意义。因此，研究结论对如何进一步推动农产品绿色发展、促进农业增效具有实际指导作用，同时对生产者生产绿色农产品是否能够提高其收入水平予以有效论证。

# 第二章
# 内蒙古传统产业绿色发展研究综述

## 一、能源产业绿色发展研究

从国内外文献来看,目前相关领域的研究主要集中于3个方面:第一,对新能源产业发展的研究;第二,对金融与产业发展关系的研究;第三,对新能源产业发展中金融支持的研究。

### (一)对新能源产业发展的研究

由于传统化石能源的供给和使用问题严重影响了经济社会的可持续发展,新能源相关问题逐渐成为研究热点。纵观国内外研究成果,专家学者主要对新能源产业发展的现状、影响因素及融资问题展开了研究。

1. 新能源产业发展现状研究

Travis(2006)对美国光伏发电产业发展情况进行分析后指出,太阳能是一种新型能源,利用其发电不仅效率高,还可有效解决现存的能源问题。Fico et al.(2010)介绍了巴西生物质能产业发展情况,指出在其发展过程中存在着生物质能源利用效率低、政府扶持力度不足等问题,应适当拓宽生物质能源利用面,并加强政府扶持力度。Jing et al.(2018)研究指出,在国际市场上,中国太阳能产业的竞争力呈上升趋势,但太阳能光伏产品的出口结构仍主要以中低端产品为主。方促进(2013)对江西省新能源产业发展情况进行分析后指出,江西省新能源产业整体创新能力较弱,科技水平不高,并据此提出了改善其新能源产业发展现状的具体对策。乔梅等(2016)研究指出,现阶段我国新能源产业发展面临三大阻碍:一是产业结构布局不合理,政府补贴及税收优惠存在配置不当等问题;二是生产者自主研发能力普遍较薄弱;三是消费者难以接受高于传统化石燃料的成本,消费积极性不高。陈翔宇(2016)认为内蒙古新能源产业发展的优势在于丰富的资源及国家和自治区层面的大力支持,指出目前自治区新能源产业发展面临生产成本较高、核心技术缺失和补贴不足等劣势,并据此提出了政策建议。林伯强(2018)指出,我国新能源产业发展成效显著,在新能源发电量、装机容量等方面已位居世界前列,但仍然存在政府补贴不足、弃风弃光等问题,为此应主要从市场和技术两方面着手,以促进能源结构转型目标的达成。

2. 新能源产业发展的影响因素研究

国外学者方面,Joy(2002)对墨西哥各类新能源项目进行评估后发现,影响新能源产业发展的主要因素是技术、经济、政府财政和社会环境。Graham et al.(2003)认为,推动新能源产业发展的原动力是科技创新,但产业技术研发过程中所需资金巨大,且回报风险极高,绝大多数企业对于投资新能源产业极其谨慎,因此需要政府的积极引导与扶持。Mischa(2006)研究指出,德国新能源产业发展成功的原因,一方面是由于国内新能源储备丰富,具有适合产业发展的良好自然资源环境,另一方面则得益于国家出台的大量新能源产业扶持政策。Jenner et al.(2011)基于26个欧盟国家1992—2008年的相关数据量化分析后发现,政策扶持能够促进光伏产业发展,但作用极其有限,主要原因在于政策的制定脱离实际,与本国国情及行业发展特点不相符。Tracey(2018)认为,技术创新、需求驱动、政府干预、合理的溢价补偿等均为影响新能源产业发展的主要因素。Onno et al.(2019)以风电产业和太阳能光伏产业为研究对象,发现其竞争优势与国家可再生能源政策之间存在正向变动关系。

国内学者方面,孟浩等(2010)建立了评价新能源产业发展水平的指标体系,指出资源、技术、人才、环境和市场是影响新能源产业发展的五大决定性因素。尹润锋(2012)基于结构方程模型分析了我国新能源产业发展的影响因素,指出对新能源产业发展影响最大的因素是技术研发水平和经济基础,政策环境紧居其次。孙雷(2012)构建了河北省新能源产业发展影响因素的分析框架,并指出区位因素、空间聚集、技术进步、人力资本和政府政策对新能源产业发展有着积极促进作用。李萌(2014)以企业自身能力和外部环境作用为出发点,建立了我国新能源产业发展的动力机制模型,并运用结构方程估计得出结论:在我国新能源产业发展能力不断提升的过程中,经济、技术、政策所起的作用较大,资源禀赋的作用稍逊之。闫晶(2015)基于系统动力学方法探讨了我国新能源产业的成长动力机制,研究表明新能源产业成长受企业竞争与协作等内在要素和市场需求、技术进步、政府推动等外在要素共同影响。刘德伟(2016)选取我国新能源行业62家上市公司2014年的财务报告数据,利用因子分析法得出:科研、融资和政策优惠是影响我国新能源产业发展的3个主要因子。董军等(2014)从资源禀赋和开发利用两方面分析了内蒙古新能源发展现状,并对其发展的主要影响因素(包括法律政策、管理、市场因素等)进行分析,最后给出政策建议。许箫迪等(2018)强调,政府的激励政策会提高新能源企业生产的积极性,政府可适当加大企业创新扶持力度,拓宽其融资渠道，建立专项扶持体系，以实现政府和新能源企业之间的激励相容。

3. 新能源产业发展的融资问题研究

对新能源产业融资问题的研究，国外学者主要围绕新能源产业融资经验分析和如何加强新能源产业支持来展开。Ryan et al.（1998）、Amulya（1999）通过研究表明，稳定且可预测的能源政策会降低新能源企业的融资成本，反之能源政策不稳定则会增加其融资成本。有研究认为，专项补贴、风险投资、私募股权和低利率长期贷款等，是适合发展中国家新能源产业发展的融资支持模式。Tang et al.（2012）选取欧洲、新泽西州和澳大利亚三个不同市场，通过随机过程估计未来收入，定性分析碳收入债券后得出：十年期的碳收入债券可满足可再生能源企业大部分资金需求，因此可考虑将其作为主要融资工具。Ng（2016）指出，亚洲金融产品缺乏多样性且资本市场不成熟，是导致其新能源产业融资缺口大的主要原因，并强调新能源企业可通过发行债券来弥补其融资缺口。Mazzucato et al.（2018）基于彭博新能源财经2004—2014年的财务数据，研究了可再生能源产业不同融资参与者的投资意愿，发现公共金融机构的风险偏好高于私人投资者。

国内学者大多从分析融资现状出发，并据此提出改善新能源产业融资困境的政策建议。张亮（2009）指出，较大的融资缺口限制了我国新能源产业的发展，其中激励政策缺失、资本市场不完善、企业自身缺乏融资能力等是融资缺口形成的主要原因。薛楠等（2013）指出，在我国新能源产业融资中直接融资和风险投资所占份额较少，银行贷款比重最大。因此，政府要充分发挥其职能，强化新能源产业政策引导，加大财税扶持力度，不断拓宽其融资渠道。史丹等（2015）指出，新能源产业发展初期面临的主要问题是融资与技术问题，通过分析我国新能源产业在不同融资渠道上（银行贷款、国内资本、国际资本和风险资本市场）的约束和障碍，提出了相应的优化建议。赵一林（2017）指出，新能源产业发展需要充分利用新三板、债券市场等多种融资渠道，同时也应当注重融资模式的创新，建议大力推广产业政府引导基金、PPP（公私合伙）模式等。曹小林（2018）基于我国经济新时代视角下的融资特点，结合产业生命周期理论，分析了我国新能源产业不同生命周期的融资风险，并据此提出了优化不同生命周期融资风险的控制路径。

## （二）对金融与产业发展关系的研究

国外学者较早地注意到金融与产业发展之间的关联性。Bagheot（1873）通过研究金融与经济发展及产业调整之间的关系，指出金融发展能够优化资源配置、促进产业结构调整。Edward et al.（1973）和 Beger et al.（1993）分别从金融体系和金融模式展开分析论证，研究表明金融、经济发展和产业发展之间存在相互联系。Fisman et al.（2003）研究了金融市场在整个社会资源配置中的作用，结论显示金融市场发展水平与产业关联度增长率呈正相关。Christa（2006）通过分析明确了金融与产业发展的关系，认为金融能够促进产业发展，但是融资渠道不同，所产生的效果存在一定差异。Berardi（2007）、Gladstone（2008）运用实证模型对金融支持产业发展的效应做出了数量上的证明，结论表明其支持作用具有显著性。Ilyina et al.（2012）指出，金融发展能够促进资金优化配置，引导金融资金流向发展前景广阔、技术水平先进的新兴产业，进而推动其发展。Amore et al.（2013）以美国制造业为研究对象，利用1980—1990年的相关数据进行实证研究后发现，金融业的整体发展促进了制造业的创新和产业结构的升级。Rioja et al.（2016）认为，金融体系的完善与产业发展升级之间存在密切联系，完善的金融体系能够推动产业快速发展，其中对于高新技术产业的推动作用最为强烈。

国内学者方面，史诺平（2010）在介绍金融发展与产业结构调整作用机制的基础上，选取金融机构资金的来源效率、运用效率和配置效率，运用VAR模型实证分析了金融发展与产业结构调整之间的具体关系，研究表明：两者之间存在长期相关关系。程婵娟等（2012）认为，金融主要从金融市场和金融政策两个方面作用于产业结构调整，并概括了金融支持产业结构调整的作用机制，具体包括：资本形成、资本导向、产融结合、信用揭示和风险管理。王立国等（2015）运用VAR模型实证检验了1992—2012年我国金融发展与产业结构升级之间的关系，结果表明：金融规模扩大、结构合理化对产业结构升级有积极促进作用，但产业结构升级并没有对金融发展产生积极回馈。赵丽丽（2016）以甘肃省为研究区域，基于VAR模型实证分析了金融发展与产业结构调整之间的关系，结果显示：二者之间存在长期均衡关系，并且金融发展规模和储蓄结构与产业结构优化存在双向因果关系。马敏（2018）基于内蒙古1978—2016年的相关数据构建VAR模型，实证分析了内蒙古产业结构优化中的金融支持效果，研究发现二者之间存在长期均衡关系，内蒙古金融规模对产业结构优化有正向作用且贡献度较大，金融效率在短期内对产业结构优化有抑制作用。

### （三）对绿色能源产业发展金融支持的研究

自20世纪90年代开始，国外学者就对能源产业发展中的金融作用进行了相关研究。Dunkerley（1995）认为，私人融资和部门融资能够极大地促进发展中国家能源产业的发展，因此有必要不断完善金融体系，调整金融结构。Morck et al.（1999）研究表明，银行对信用评级高、处于成熟期的企业贷款意愿较强，新兴产业发展由于风险较高，因此融资渠道相对狭窄。Klaus（1999）研究了风能开发中的金融支持情况，指出金融支持风能融资要注意合理利用银行业融资、创新金融工具、设立能源基金等。Painuly（2003）指出，发展中国家的新能源产业发展空间较大，但缺乏有效的融资渠道，仅仅依靠银行信贷体系很难满足其资金需求，因此要积极引进金融资本，完善市场机制。Strei mikiene et al.（2005）将东盟成员国利用欧盟结构基金为新能源项目提供资金支持作为案例进行分析,指出该基金对促进新能源产业发展有积极影响。SándorSzabó(2007)认为,金融市场的不断完善可以减轻新能源产业的融资压力,尤其是可增加可再生能源发电产业的竞争力。Maksimovic(2016)基于微观企业层面,选取32个国家的26家制造企业的相关数据进行实证分析后得出:金融支持对加快经济发展、提高经济发展质量有积极促进作用,其中直接融资对新技术产业发展的支持作用显著,间接融资更多是推动传统产业的可持续发展。

国内学者对新能源产业发展金融支持的研究,主要集中在金融支持模式选择方面。陈芳平等(2010)认为信贷及资本市场能够提供充足的资金投入,以保障可再生能源产业的发展壮大。陈柳钦(2011)研究指出,为促进新能源产业与金融业达成双赢局面,必须创新发展新能源金融,建立并开发适合新能源产业发展的金融机构和产品。朱世宏等(2012)指出,在新能源产业发展中,其金融支持存在融资渠道狭窄、金融环境较差等问题,并强调不能单凭政策财政补贴,应当积极进行金融创新不断拓宽融资方式。刘洪昌等(2013)研究指出,新能源产业发展的资金需求与传统融资模式的不匹配状况,是导致新能源产业发展金融支持效果不佳的主因。高大伟(2014)、李娟等(2014)在分析河南省和黑龙江省新能源产业发展现状的基础上,得出一致结论,即政府扶持与拓宽金融渠道是当前促进新能源产业发展的有效手段。高晓燕等(2017)分别从资金集聚、投资导向、科技创新3个方面阐释了绿色金融对新能源产业发展的影响,并指出目前我国绿色金融对新能源产业发展的促进作用存在瓶颈制约,应当主要从完善新能源产业政策、提高绿色金融创新水平两方面着手,从而缓解新能源产业的融资问题。

实证分析中具有代表性的观点有:苏江(2013)从金融整体规模、金融市场结构和金融运行效率3个方面,实证检验了生物质新能源产业发展与金融支持之间的相互关系。结果显示,金融支持可以通过以上3个方面积极推动生物质新能源产业的发展。徐枫等(2013)基于1992—2009年29个国家的数据,构建面板VAR模型实证分析了金融支持对新能源产业发展的影响效果,结果表明,直接投资和间接投资都可以促进新能源产业发展,但间接投资的作用大于直接投资。徐枫等(2014)通过数据包络分析和逻辑模型,对沪深股市中发展较为成熟的风电、太阳能光伏行业各20家上市公司的金融支持效率进行实证分析后指出,间接融资在我国新能源产业发展中的作用愈发明显,直接融资的促进作用极为有限。李治国和潘鑫馨(2015)基于20家新能源上市公司2003—2012年的财务数据,综合运用因子分析以及面板数据模型两种方法对金融支持我国新能源产业发展的效果进行实证分析,结果显示,金融规模的扩大、金融效率的提高以及金融结构的改善均能促进新能源产业的发展。尹肖妮等(2015)利用2000—2013年的时间序列数据,通过计量模型实证分析了影响我国新能源产业发展的金融规模、金融结构和金融效率情况，结果显示，以上3项均与新能源产业发展呈正相关，其中金融规模与新能源产业发展的联动性很好，对其影响较大，而金融效率和金融结构的促进作用不明显。匡毅（2015）利用2000—2013年的跨国数据，构建面板VAR模型对新能源产业发展的动力资本和金融支持进行实证研究，结果显示，银行信贷和证券市场是新能源产业发展的重要动力。郑诗情等（2018）基于1996—2015年的时间序列数据，分别从金融规模、金融效率、金融结构和金融创新这四方面实证分析了金融发展对新能源产业的影响作用，实证结果显示，以上4个因素均不同程度地促进了新能源产业的发展，其中金融规模和金融效率的贡献较大。

### （四）研究评述

通过以上文献梳理可以发现，国内外学者在新能源产业发展、金融与产业发展的关系等方面的研究很细致，并取得了丰富的研究成果，对本研究的开展具有一定的借鉴作用，但总的来说以往尚存在几点不足。

其一，从研究对象看，国内外学者大多从新能源的某个子行业如太阳能光伏产业、风电产业等单独展开研究，专门针对新能源产业开展的全方位、系统性的深入研究比较少；另外，对新能源产业发展的研究基本都停留在国家整体层面，在宏观大环境下展开，对区域性、省市级的研究较少。

其二，国内外学者针对金融与产业发展的关系以及具体作用机制已经做了很多研究，但是具体到金融与新能源产业这一新兴产业发展的关系以及作用效应的研究仍较为缺乏；另外，以往的研究者或是在理论上对金融支持新能源产业发展进行分析，或是在效果上进行实证，同时进行理论分析和实证检验的研究较少。

鉴于以上研究背景，本部分以内蒙古为研究区域，致力于研究其新能源产业发展中的金融支持情况。不仅从理论方面深入探讨金融支持新能源产业发展的作用机理，而且从实证角度检验内蒙古金融体系支持新能源产业发展的作用方式和影响程度，同时结合金融支持内蒙古新能源产业发展中存在的不足提出对策建议，以期进一步完善内蒙古金融支持体系，促使其更好地服务于新能源产业的发展。

## 二、农产品绿色化发展研究

自20世纪50年代以来，国内外学者对绿色农产品发展相关理论和实践展开了广泛和深入的研究，研究成果丰富，本部分在此基础上对绿色农产品概念及其内涵、绿色农产品生产与消费行为等相关内容进行回顾并做出述评。

国内外学者对绿色农产品的研究主要集中于以下四方面：①绿色农产品概念及

其内涵相关研究；②有关绿色农产品生产相关内容的探讨，包括绿色农产品生产行为影响因素和生产效益两方面内容；③消费者对绿色农产品的购买行为相关研究，包括消费者对绿色农产品的认知、消费者对绿色农产品的购买动机和消费者对绿色农产品购买行为的影响因素三方面内容；④对消费者绿色农产品支付意愿及支付意愿应用方法的探讨，包括绿色农产品支付意愿研究以及陈述性偏好方法在支付意愿领域的具体应用两方面内容。

### （一）绿色农产品概念及其内涵相关研究

绿色农产品内容较为丰富、涉及范围较广，常见的称谓有"无公害农产品""绿色农产品""有机农产品""安全农产品"和"生态农产品"等，需要说明的是国外并无"绿色"说法，取而代之的是"生态"或"有机"等，有机农产品或生态农产品是有机农业、生态农业发展的必然产物。国外学者对绿色农产品相关概念的研究主要表现为对有机农业及有机农产品概念及其内涵的探讨。有机农业起源于 19 世纪 30 年代，英国真菌学家霍华德（Albert Howard）坚持在农业生产中禁用化肥、农药，主张将天然肥料用于喂养土地，此后有机农业逐渐发展起来。Altieri（2012）、Kamga et al.（2013）认为有机农业是指禁用化学合成的农药、肥料，按照有机农业标准生产，通过分解有机物，使农业生产、生态环境达到平衡的农业。针对有机农产品概念及其内涵的研究，学者的观点主要分为以下 3 种：有机农产品是纯天然、无污染农产品（Conway，1986；Kretzschmar et al.，2005）；有机农产品是遵循农业生态平衡、可持续发展并使用天然投入品生产的农产品（Verhoog et al.，2007）；有机农产品是按照欧共体条例 834/2007 和 889/2008、地方政府、国际和国家机构相关生产标准生产的农产品（Kahl et al.，2012）。

绿色农产品是绿色农业发展的产物，自 2003 年中国绿色食品协会在"亚太地区有机农业与绿色食品市场通道建设"国际研讨会上首次提出"绿色农业"一词后，绿色农产品逐渐发展起来。虽然至今国内学者对绿色农产品概念的界定并没有统一，但他们对绿色农产品的定义主要分为下述 4 种观点：绿色农产品又称为"三品"即无公害农产品、绿色食品和有机食品（郭宇飞，2014），是高品质、亲环境农产品的总称（严力蛟等，2003；胡定寰，2005；郑佳，2017）；绿色农产品是指从最初的生产到最终的销售环节不受任何有害物质污染，安全、优质、绿色、无毒、无害并且能为人类提供生产生活所需的各类农产品的总称（王华书等，2004；张秀芳等，2004；朱林耀，2005）；绿色农产品是依照可持续发展原则，参照指定方式生产，获得绿色农产品使用标志认证的天然、优质农产品（李建平等，2004；靳明等，2005；朱晨冉，2014）；绿色农产品是生态农业、绿色农业等农业生产模式的升华，是以农产品生产和加工为主的集安全、优质、环保于一身的新型农产品（黄漫宇等，2014）。

## （二）对绿色农产品生产相关内容的探讨

关于绿色农产品生产行为影响因素研究。国外学者对绿色农产品生产影响因素的研究较少，现有研究主要表现为：学者从绿色农产品消费、受访者个体特征、环境因素等外部因素角度探讨绿色农产品生产行为的影响因素。第一，绿色农产品消费影响角度，Taylor（1994）从消费角度出发，研究了消费者选择绿色农产品和普通农产品消费对绿色农产品生产行为的影响；Flynn et al.（1999）分析了消费者农产品质量安全属性偏好对生产供给的影响。第二，受访者个体特征影响视角，Xiong等（2011）研究了中国农户生产绿色农产品的意愿及影响因素，研究表明，受访者年龄、家庭总收入负向影响绿色农产品生产意愿，政府补贴、生产规模、是否加入合作组织、农产品价格因素、农业技术培训与指导等对绿色农产品生产意愿有正向影响；其中受访者年龄变量显著影响其绿色农产品生产意愿的结论与 Burton et al.（1999）、Genius et al.（2006）和 Läpple et al.（2011）的研究结论相一致。第三，环境因素影响方面，Frank et al.（1982）、Prunier et al.（2009）、Ceylan et al.（2010）和 Mittal et al.（2014）探讨了环境因素对生产者生产绿色农产品的影响，认为环境因素显著影响种植户绿色农产品生产行为。此外，Thorupkristensen et al.（2007）分析了作物管理措施对有机农产品生产的影响；Nelson et al.（2010）的研究表明有机农产品种植受参与式保障体系（Participatory Guarantee Systems，PGS）的影响；Tsutsumi et al.（2017）研究了有机和非有机饲料对牛肉生产的影响。

关于绿色农产品生产效益研究。国外学者对绿色农产品生产效益的研究相对较少，现有研究主要基于微观农户视角，分析受访者生产绿色农产品的经济效益（Fairweather et al.，1999；Oriordan，2001；Oelofse et al.，2010）。Clark（2009）以印第安纳州有机稻谷生产为例研究农户生产效益情况，指出在有机作物价格高于常规作物价格的前提下，有机农产品生产能提高经营者的收入，这与 Pimentel et al.（2005）、Ruben et al.（2011）和 Qiao et al.（2018）认为有机农产品生产收益高于常规作物生产收益的结论相一致；但 Klepper et al.（1977）和 Tovar et al.（2005）的研究发现常规、有机农产品生产的回报率相同，换言之有机农产品生产并不能提高生产者的经济收入。此外，Mcbride et al.（2009）以有机乳制品为研究视角，研究奶户的成本收益情况，研究发现，每英担有机乳制品的净收益为 1.69 美元，因此有机乳制品生产能相对提高奶户的经营性收入。

自绿色农产品大力发展以来，针对绿色农产品生产及其影响因素、绿色农产品生产效益和绿色农产品发展中存在的问题及如何推进绿色农产品发展等方面，国内学者们展开了广泛而深入的研究。

关于绿色农产品生产行为影响因素研究。绿色农产品生产的最终目的在于增加农户收入，那么哪些因素影响农户生产绿色农产品则成为国内学者们研究的关键。目前国内学者认为绿色农产品生产行为影响因素主要表现为以下三点：第一，农户个体及家庭特征，陈雨生等（2009）依据计划行为理论，论证了影响北京市农户无公害蔬菜生产行为的主要因素，得出受访者受教育程度正向影响无公害蔬菜生产的研究结论，这与罗小锋等（2010）关于受访者文化水平影响其无公害生产技术采用的研究结论相一致；赵建欣等（2013）基于山东省寿光、河北省定州共308户农户实地调研数据，利用双变量相关分析和OLS模型，检验了农户家庭人口学特征对绿色农产品生产行为的影响，研究结果显示：性别、年龄、劳动力数量以及种植业经营收入显著影响农产品质量安全水平，而受访者家庭规模、户主学历、农业劳动力数量、家庭总收入、外出务工与否则对绿色农产品生产行为无显著影响。第二，生产者预期收益（王可山等，2010；耿宁等，2013），吕美晔等（2004）以安徽皖南山区茶叶为例，运用二元Logistic模型实证检验了农户生产绿色农产品的意愿，结果显示，农户土地规模、技术指导、销售情况及预期收益正向影响其绿色农产品生产意愿。第三，外部因素（陈凤霞等，2010；肖歆等，2015），范清文（2016）采用因子分析同时结合多元线性回归模型实证检验农户绿色农产品生产行为的影响因素，结果显示种植规模、劳动力数、化肥施用量、农机数量、技术员人数、合作组织数、农户人均可支配收入、地方财政支出额、固定资产投资和工业化程度等正向影响农户的绿色农产品生产行为，上述变量在不同程度上提升了绿色农产品产值。陈长英（2017）基于实地调研数据，采用Logistic模型和因子分析识别了影响浙江省农户无公害农产品生产意愿的主要因素，研究结果表明，政府重视、市场认可、社会服务组织对违规生产的处罚措施对无公害农产品生产有正向影响。此外，李光泗等（2006）根据南京市农户实地调研数据，分析了无公害农产品认证对农业投入品化肥、农药的影响，研究指出无公害农产品生产中化肥使用量明显增加，无公害农产品认证负向影响农药使用量，但该认证对农药使用量的影响并不显著。

关于绿色农产品发展及存在问题研究。自绿色农产品发展以来，针对绿色农产品发展中存在的问题及如何推进绿色农产品发展，国内学者们纷纷展开研究。朱乃芬（2004）、喻法金等（2011）指出农户对绿色农产品的认知不足是影响绿色农产品发展的主要因素；莫丽红（2005）在对广西无公害农产品发展现状进行分析的基础上，指出目前无公害农产品农户生产积极性低、无公害生产技术标准体系不完善、投入品生产及销售管理不到位、产地环境污染严重等问题是制约无公害农产品发展缓慢的主要原因；胡月英（2009）通过对安徽省绿色农产品一体化经营现状进行描述，总结归纳出安徽省绿色农产品发展中存在的主要问题：农户绿色农产品认知不足，龙头企业规模小、辐射带动作用弱，服务体系不健全和利益分配机制不完善；卢立果（2011）在分析西安市绿色农产品发展成效的同时提出西安市绿色农产品发展存在的问题：农户绿色农产品认知不足，监管力度不强、生产不绿色、以次充好、假冒伪劣产品较多，组织化程度低，资金投入不足和无公害农产品、绿色农产品、有机农产品发展不均衡等；倪学志（2012）研究认为绿色农产品有效供给不足是阻碍绿色农产品大力发展的主要因素。此外，针对绿色农产品发展中存在的问题，国内学者提出了针对性的解决对策。李庆江等（2008）认为政府推动、协同配合、健全的体制机制、资金投入和市场准入是促进无公害农产品发展的主要措施；武兆瑞等（2009）提出加强无公害农产品产地和产品认证、加大监管和违规惩罚力度有助于推进无公害农产品发展进程；邵长建（2009）在对临沂市有机农产品进行分析的基础上提出加强有机农业基地建设、加大技术和资金投入、强化组织领导等对策建议。

关于绿色农产品生产效益研究。与国外研究情况相类似，国内学者对绿色农产品生产效益研究的文章也相对较少，已有研究中学者主要基于统计分析方法研究绿色农产品生产对农户收入的影响，多数学者的研究表明，绿色农产品生产能够起到"提高农户收入"的作用。2002年辽宁省物价局课题组对绿色水稻生产的经济效益及其对农民增收的影响进行了分析，袁学国（1997）、沈佐民等（2005）、刘晓霞（2006）和范志伟（2016）等的研究表明绿色农产品生产可起到"提高农户收入"的作用，这与刘瑞峰等（2008）关于新疆伊吾县有机农产品生产能提高农民收入、陈瑞冰等（2009）及管明等（2012）关于有机水稻生产能明显提高农民收益、吴愉萍等（2011）关于宁波市无公害农产品生产能提高经营者生产效益、拜锦美等（2016）关于扬州市有机农产品生产具有良好经济效益的研究结论相一致。此外，部分学者从宏观角度也对该问题进行了相关研究，例如任熹真等（2002）认为龙头企业与农户形成利益共同体有助于农户增收；刘容珍等（2007）认为有机农产品生产能够起到"提高农户收入"的作用，有利于促进农村经济发展。

### （三）消费者对绿色农产品的购买行为相关研究

目前国外学者对绿色农产品购买行为的研究已相对成熟，研究成果较为丰富，主要集中于下述三方面：消费者对绿色农产品的认知研究，消费者对绿色农产品的购买动机研究和消费者对绿色农产品购买行为的影响因素研究。

关于消费者绿色农产品认知研究。消费者对绿色农产品的认知是其购买行为的基础，良好的认知有助于消费者科学、理智消费。国外学者对消费者绿色农产品认知的研究主要侧重于认知对消费者购买行为的影响、消费者绿色农产品认知的具体内容、消费者对绿色农产品认知水平的影响因素等方面。多数研究表明，消费者对绿色农产品的认知程度决定其购买行为（Yiridoe，2005；Smith et al.，2010；Zhu et al.，2013；Klaus et al.，2014；Ágata et al.，2014；Cheung et al.，2015；Suki et al.，2015；Petrescu，2017）；国外学者通过研究消费者对绿色农产品标签的辨识及标签代表的质量属性（Worner et al.，1999）、绿色农产品生产相关问题（Roddy et al.，1996）和消费者对绿色农产品概念的理解（Krystallis et al.，2005）来明晰绿色农产品认知的具体内容；此外，Briz（2009）和Klaus et al.（2014）建立计量模型识别了影响绿色农产品认知水平的主要因素，二者均认为消费者受教育程度、年龄、收入、地区等是影响其认知程度的主要因素。

关于消费者绿色农产品购买动机研究。动机决定行为，消费者对绿色农产品的购买动机在一定程度上决定其购买行为。已有研究表明，消费者对绿色农产品的购买动机分为以下四种：第一，食品安全动机，消费者对食品安全的认知与关注是影响其购买行为的主要因素之一（Loureiro et al.，2007；Suki et al.，2015）。第二，环境保护动机（Hjelmar，2011），Klaus et al.（2014）的研究指出消费者越关注环境保护，其购买绿色农产品等环境友好型农产品的概率就越高，绿色农产品因其生产过程的绿色化越来越得到广大消费者的青睐。第三，健康动机（Davies et al.，1995；Honkanen et al.，2006；Efthimia et al.，2006；Roitnerschobesberger et al.，2008；Chen，2009），与普通农产品生产相比，绿色农产品在生产过程较少甚至不使用农药、农膜、化肥等化学合成原料，因此理性的消费者出于自身健康考虑会更倾向于购买绿色农产品。第四，动物福利动机，消费者对动物福利信息的关注是其购买绿色农产品行为的动机之一（Olesen et al.，2010）。此外，学者对上述动机进行了利己（Lusk et al.，2007）和利他（Bougherara et al.，2009；Michaud et al.，2013）的区分。

关于绿色农产品购买行为影响因素研究。近年来绿色农产品中绿色蔬菜、水果（Hay，1989）、蛋类和肉类产品（Jolly et al.，1989）越来越受到国外消费者的喜爱。随着消费者对绿色农产品消费的日益增加，国外学者对绿色农产品购买行为及其影响因素的研究也逐渐增多。国外学者对绿色农产品购买行为的研究主要表现为对绿色食品和有机食品消费影响因素的研究。就绿色食品而言，Wilcock et al.（2004）、Nadine et al.（2011）和Biswas et al.（2015）分析了影响绿色食品需求的因素；Buzby（1995）提出绿色农产品消费受消费者健康关注程度变量影响；Torjusen et al.（2001）和Govindasamy et al.（1998）认为绿色食品供应中存在问题，消费者绿色食品认知不足以及绿色食品不"绿色"是影响消费者绿色食品消费的主要因素；Lee et al.（2013）指出消费者的消费文化是影响其绿色消费的主要因素。就有机食品而言，Thompson et al.（1998）在其研究中指出，有18岁以下孩子的家庭更倾向于购买有机农产品，而高学历如有研究生学历的消费者不大可能购买；Loureiro et al.（2002）剖析了消费者选择有机和常规苹果生产方式的购买行为，指出有孩子、环境保护和食品安全高度关注者更倾向于选择有机苹果；Falguera et al.（2010）认为价格是制约消费者有机食品购买意愿的主要因素；Gracia et al.（2008）和Napolitano et al.（2010）认为消费者对有机食品的认知是其是否购买有机食品的关键因素。

关于绿色农产品认知研究。目前国内学者对绿色农产品认知的研究主要表现为对绿色农产品认知现状以及认知水平影响因素两方面。第一，绿色农产品认知现状方面，通过对绿色农产品的认知情况进行调查与研究，国内多数学者认为消费者的绿色农产品认知处于较低水平（周应恒，2004；张海英，2010；孔伟炎，2011；杨文君等，2017）；傅丽芳等（2014）在对黑龙江省居民绿色农产品认知进行调研的基础上得出，多于60%的受访者只是听说过绿色农产品，而对绿色农产品质量控制措施相关知识的认识与了解程度较低。第二，认知水平影响因素方面，王志刚（2003）认为性别变量显著影响天津市消费者的绿色农产品认知，男性认知明显高于女性认知；周洁红（2004）的研究表明，受访者受教育程度、家庭结构、对蔬菜质量安全相关知识的关注程度以及对蔬菜质检相关标准的信任与否显著影响消费者蔬菜安全认知；曾寅初等（2007）基于实地调研数据，实证检验了消费者对绿色牛奶的认知水平及其主要影响因素，结果显示：受访者性别、受教育程度、职业特征和对绿色农产品的关注及信任程度是影响受访者绿色农产品认知的主要因素；同时笔者通过研究，也提出受访者绿色农产品认知水平较低的结论；白光林等（2012）认为受访者性别、年龄、婚姻与否、受教育程度对其绿色农产品认知有显著影响；张小霞等（2006）、白世贞等（2017）指出受访者学历、家庭总收入显著影响其绿色农产品认知水平。

关于绿色农产品购买行为及其影响因素研究。国内学者认为目前绿色农产品购买行为存在两个特征：城镇居民的绿色农产品购买经验比农村居民的绿色农产品购买经验丰富（王兆锋等，2007）；消费者购买的绿色农产品多为蔬菜、水果、粮食、肉奶类和奶制品等（王田等，2005）。绿色农产品购买影响因素方面（冯忠泽等，2008；张婷等，2010；罗丞，2010；唐学玉等，2012；刘瑞峰，2014），国内学者认为消费者绿色农产品购买的影响因素主要分为受访者个体及家庭特征、对绿色农产品的认知、对绿色农产品的购买动机和态度因素等。尹世久等（2013）认为年龄、家庭结构、对自身健康的关注程度显著影响受访者有机食品购买强度；郭斌等（2014）基于汉口地区城镇居民实地调研数据，采用Probit模型识别了城镇居民绿色农产品购买行为的主要影响因素，结果显示，受访者家庭人口数、年龄、对绿色信息的关注程度正向影响其绿色农产品购买行为，而受教育年限变量负向影响受访者绿色农产品购买行为；韦得胜等（2014）也采用Probit模型同时结合统计分析方法论证了影响北京市消费者绿色蔬菜购买行为的主要因素，结果显示，受访者受教育年限、家庭总收入、对绿色蔬菜质量安全相关信息的重视与信任程度显著影响消费者绿色蔬菜购买行为。戴迎春等（2006）、赵昶等（2008）、王锋等（2009）、杜鹏等（2012）认为消费者绿色农产品认知正向影响其绿色农产品购买行为。尹世久等（2008）基于计划行为理论，运用Logistic模型识别消费者对有机食品购买行为的主要影响因素，得出消费者的健康购买动机即对自身健康的关注程度影响其有机食品购买行为。杨伊侬（2012）认为消费者对有机食品的态度正向影响其购买行为。

**（四）对消费者绿色农产品支付意愿及支付意愿应用方法的探讨**

关于绿色农产品支付意愿研究。消费者对绿色农产品支付意愿的大小关系绿色农产品市场能否长远发展并不断壮大。近年来国外学者主要从消费者对绿色农产品的支付意愿及其影响因素和消费者对绿色农产品的溢价支付比例方面阐释消费者对绿色农产品的支付意愿。第一，消费者对绿色农产品的支付意愿（Hobbs et al.，2002；Dickinson et al.，2005；Ana et al.，2005；Angulo et al.，2007；Batte et al.，2007；Kehagia et al.，2007；Bolton et al.，2008；Conter et al.，2008；Mondelaers et al.，2009；Azucena et al.，2009；Millock et al.，2014）及其影响因素方面。研究发现，受访者性别、婚姻、家庭总收入、对绿色农产品的认知以及购买动机等影响消费者对绿色农产品的支付意愿。Laroche et al.（2013）认为性别、婚姻变量显著影响消费者绿色农产品支付意愿，已婚女性的支付意愿更高；Soler et al.（2002）的研究表明目前市场上的有机食品价格过高，消费者对有机食品的支付意愿受其家庭总收入等人口统计变量的影响（Boccaletti et al.，2000）；Arvola et al.（2008）和Voon（2011）等指出消费者有机食品支付意愿受受访者个人情感及道德感的影响；Tarkiainen et al.（2005）认为环保或动物福利购买动机是影响消费者绿色农产品支付意愿的主要因素。第二，消费者对绿色农产品的溢价支付比例方面。Enneking（2004）的研究结果显示，德国消费者愿意为第三方认证牛肉多支付20%的溢价；Govindasamy et al.（2009）的研究表明，相对于普通农产品，年轻女性且有较高收入、有机农产品购买经验丰富的消费者对有机农产品有10%的支付溢价；Yue et al.（2009）分析与比较了消费者对采用本地生产和有机生产标准产出的西红柿的支付溢价，结果表明受访者愿意为有机番茄多支付14.95%的支付溢价；Loo et al.（2011）通过分析与测算消费者对不同认证鸡肉的支付意愿，得出受访者愿意为有机认证鸡肉支付103.5%的溢价；Probst et al.（2012）指出西非消费者愿意为西非餐厅中的有机蔬菜多支付19%的溢价，支付意愿为1.04美元/盘。

关于支付意愿应用方法相关研究。基于消费者偏好，国外学者研究支付意愿的方法主要分为显示性偏好方法（Revealed Preference Approach）和陈述性偏好方法（Stated Preference Approach）两种方法（Mas-Colell，1995）。显示性偏好理论认为，消费者的消费行为揭示了他（她）对某一产品的偏好，因此可通过其购买行为反推其偏好（Samuel，2004）；陈述性偏好理论则是通过观察消费者对某种产品属性的偏好进而分析偏好对其选择行为的影响（Sarig，2003）。实证研究中，当无法获得消费数据或实际消费行为未发生时，陈述性偏好法成为研究消费者选择行为的主要替代做法。条件价值评估法（Contingent evaluation method，CVM）和选择实验法

（Choice experimental method，CEM）是陈述性偏好方法的主要代表方法。近年来，部分国外学者运用条件价值评估法测算了消费者对产品的支付意愿（Kehlbacher et al.，2012；Zhang et al.，2012），但相比于评价单一属性的传统价值评估方法例如CVM方法，选择实验法因其能对产品多重属性进行估计，故能弥补传统价值评估方法的不足，正因如此，作为用来研究消费者对食品属性偏好与支付意愿的主要方法，选择实验法越来越得到学术界重视。选择实验法最早由Louviere et al.（1983）、Louviere et al.（1983）提出，而后逐渐应用起来。通过选择实验法，学者们主要研究消费者对产品政府认证（Van，2011）、动物福利、标注的细菌感染信息等偏好与支付溢价。消费者对食品特有属性的偏好会促使其对该属性形成溢价支付意愿，Ortega et al.（2011）的研究表明，中国消费者对政府认证猪肉的支付溢价最高，其次为第三方认证、可追溯信息属性，对有附加信息标签的支付意愿最低；Meuwissen et al.（2005）的研究表明，荷兰消费者愿意为猪肉动物福利支付45%的溢价；Mørkbak et al.（2010）的研究指出，丹麦消费者愿意为猪肉禁用抗生素和减少沙门氏菌含量属性支付额外溢价。此外，Conner et al.（2008）、Villalobos et al.（2010）、Onken et al.（2011）和Tonsor（2011）也运用选择实验法对消费者支付意愿进行了相关研究。

  关于绿色农产品支付意愿研究。目前国内学者对绿色农产品支付意愿的研究主要集中于绿色农产品支付意愿及其影响因素、溢价支付比例方面。第一，绿色农产品支付意愿方面，目前消费者对有机食品的支付意愿最高，其次是绿色食品，对无公害农产品的支付意愿最低（王锋等，2009），这不同于张晓勇等（张晓勇等，2004）关于"消费者对绿色食品支付意愿最高"的研究结论。此外，周应恒等（2004）基于南京市消费者的实地调研数据，测算其对超市农产品的支付意愿；应瑞瑶等（2012）的研究表明城市消费者对低碳猪肉的支付意愿为3.87元/斤；王志刚等（2006）分析了北京消费者对HACCP的支付意愿，王可山等（2007）分析了北京市消费者对质量安全畜产品的支付意愿，马骥等（2009）实证检验了北京市城镇居民对有机农产品的支付意愿，陈雨生（2010）在理论分析的基础上实证测算北京市消费者的支付意愿等。第二，绿色农产品支付意愿影响因素方面，绿色农产品支付意愿影响因素主要分为受访者个体及家庭特征、绿色农产品认知和农产品风险认知等。陈新建等（2012）在对北京、广州、上海、深圳4个城市消费者进行实地调研的基础上，实证检验了受访者对有机水果支付意愿的影响因素，结果显示：受访者年龄、收入、受教育程度和食品质量安全认知等变量显著影响消费者的支付意愿；余建斌（2012）在对广州市消费者进行实地调研的基础上得出，受访者收入水平、家庭结构和农产品质量安全相关信息等影响其绿色农产品支付意愿。王二朋等（2011）认为绿色农产品认知、张蓓等（2014）发现消费者的食品安全关注程度对其绿色农产品支付意愿有显著影响。第三，绿色农产品溢价支付比例方面，靳明等

(2008) 指出中国消费者愿意为绿色农产品多支付 20% 的溢价；张海英等 (2009) 基于实地调研数据，得出广州市消费者对绿色农产品有 20% 的支付溢价；刘宇翔 (2013) 基于河南省 381 份消费者调研数据，通过实证分析得出"有机粮食定价应是普通粮食 1.5～1.8 倍"的研究结论。

关于支付意愿研究方法研究。相比于国外学者对农产品支付意愿研究方法的应用，国内学者主要应用条件价值评估方法（CVM）同时结合二元 Logit 回归模型展开分析，相对而言运用选择实验法分析消费者绿色农产品支付意愿的文章较少。通过条件价值评估法，周应恒等 (2006) 测算了消费者对农药低残留青菜的支付意愿同时识别了消费者对农药低残留青菜支付意愿的影响因素；李秉龙等 (2008) 分析了北京消费者对乳品质量安全的支付意愿；刘军弟 (2009) 研究指出消费者愿意为有机猪肉多支付 27.27% 的溢价；赵元凤 (2011) 基于呼和浩特市和林格尔县的 200 份实地调研数据，实证测算得出受访者愿意为安全液态奶支付 29.33% 的价格；周应恒等 (2012) 基于南京市消费者的实地调研数据，通过实证分析得出受访者愿意为低碳猪肉多支付 26.33% 的溢价，低碳猪肉溢价支付意愿为 18.95 元；陈新建等 (2012) 指出消费者愿意为有机水果多支付 30% 的溢价；解强 (2016) 基于感知价值视角，实证测算了消费者对绿色农产品的溢价支付意愿。选择实验法应用方面，靳明等 (2007) 通过研究指出，受访者对绿色农产品的平均支付溢价为 20%～30%；王怀明等 (2011) 实证估算了中国消费者对猪肉质量安全标签的支付意愿，研究表明消费者对猪肉可追溯标识的支付意愿较高；姜百臣等 (2013) 以供港猪肉为例，实证测算得出，受访者愿意为该猪肉多支付 44% 的溢价。

### （五）研究述评

随着社会经济的快速发展，国内外学者对绿色农产品生产与消费相关理论与实践的研究不断深入。相比于国内学者的研究，国外学者的研究已相对较成熟，研究成果较为丰富。国外学者主要从绿色农产品概念及其内涵、绿色农产品生产与消费方面展开研究的，其中，对绿色农产品生产相关内容的探讨主要集中于绿色农产品生产行为影响因素和生产效益方面；对绿色农产品消费相关内容的研究主要表现为对消费者绿色农产品认知、消费者绿色农产品购买动机、消费者绿色农产品购买行为影响因素、消费者绿色农产品支付意愿及支付意愿应用方法的探讨。

国外学者对绿色农产品的研究经验丰富，值得国内学者参考与借鉴。近年来，国内学者有关绿色农产品生产与消费相关内容的研究逐渐丰富起来，从总体研究内容来看，国内学者主要从绿色农产品概念及其内涵、生产行为的影响因素、发展中存在的问题及解决对策、生产效益、消费者对绿色农产品的认知与购买行为、消费者对绿色农产品的支付意愿和支付意愿的具体应用方法方面展开研究。虽然国内学者的研究较为丰富，研究成果也相对突出，但与国外研究相比仍存在许多不足：

①国内学者对"绿色农产品能否提高农户收入"的实证研究偏少;②从研究内容来看,国内多数学者在研究消费者对绿色农产品支付意愿时设定的价格并非市场即时价格,故不同特征、不同收入水平消费者对绿色农产品支付意愿的调查存在偏差;③从研究方法来看,相比于国外消费者对绿色农产品支付意愿与支付水平的多样化的研究方法,国内消费者的研究方法单一,主要采用条件价值评估法,该方法由于只能评估一种属性的变化,故不能测算消费者对具有多重属性产品的支付溢价;选择实验法是一种假想价值评估法,以往学者多采用选择实验法研究市场上已经交易的食品,这与选择实验法的应用前提相悖。

综上所述,本部分根据以往研究不足给予拓展,以内蒙古绿色农产品发展为例,在借鉴国内外学者相关研究经验的基础上,对绿色农产品生产的主要影响因素进行识别,实证检验绿色农产品生产的农户收入效应;同时实证分析绿色农产品消费对生产的驱动作用,即研究绿色农产品消费的主要影响因素及消费者的绿色农产品支付溢价,以期为政策制定者的"优质优价"策略提供决策依据。本研究旨在弥补国内学术界对绿色农产品生产农户收入效应及绿色农产品支付意愿方面研究的不足,研究成果无疑对内蒙古绿色农产品发展具有明显的应用价值。

# 第三章
# 内蒙古传统产业绿色发展研究理论基础

## 一、金融支持新能源发展理论基础

### (一) 新能源及新能源产业

新能源是相对于煤炭、石油等传统能源而言的。目前被广泛认可的新能源概念于1981年联合国新能源和可再生能源会议上提出,具体表述为:新能源和可再生能源是常规能源之外所有能源的统称,其基于新技术和新材料,具备环保性和可再生性,能够取代储量有限、高污染的传统化石能源(郭立伟,2012)。在此基础上,联合国开发计划署(UNDP)具体将新能源划分为三类:大中型水电、新可再生能源(现代生物质能、小水电、风能、太阳能、海洋能、地热能)、传统生物质能。

新能源产业源于新能源的开发和利用,是包括原材料供应、零部件制造、整机组装制造、能源利用转化、新能源销售等环节在内的整个新能源产业链上所有企业和单位的集合。根据内蒙古新能源的特点及其发展侧重,本部分主要针对新能源电力产业进行研究,具体从产业链上看,涉及生产设备制造及发电运营两个环节;从行业来看,主要包括当前应用范围相对较广、具备规模化生产能力的风力发电、太阳能光伏发电、水电和生物质能发电4个细分行业。

### (二) 金融支持

金融支持的概念有狭义和广义两种理解。狭义的概念是指政府实施管制性金融手段,如干预银行信贷、差别化贷款利率等,调配金融资源从而满足特定产业的资金需求。广义的概念是指政府金融政策与市场配置手段的有效统一,具体来说,就是产业发展所需资金不仅能够通过政府实施金融政策引导有效获得,还可以由市场自发调配取得。新能源产业的特殊性,决定其发展过程中既需要政府金融政策的扶持，同时也必须有金融市场资金的调配，因此本部分更倾向于广义的概念，即金融支持是指金融机构在实现自身盈利的过程中，根据经济发展的实际需要，在政府相关政策的指导下，开展的一系列支撑和促进经济发展的活动。具体表现为：通过扩大金融总量、调整金融结构、提高金融效率、完善金融市场来实现对产业发展的促进作用。

### （三）产业生命周期理论

Gort et al.（1982）首次提出产业生命周期理论，该理论指出：从产生到衰退是所有产业发展都要经历的过程。通常来说，产业生命周期具体分为4个阶段，分别是初创期、成长期、成熟期和衰退期，处于不同发展阶段的产业，其发展特点及特定的资金需求也大相径庭。因此，分析新能源产业在不同生命周期资金需求的差异性，对于满足其不同融资要求、促进其健康发展有着重要作用。

新能源产业的发展过程与传统产业大致相同，符合产业生命周期理论的一般规律。不同点在于：新能源产业进入成熟阶段后，由于自身技术水平较高，依靠其技术创新和大量研发投入仍然能在成熟期保持很久。即使进入衰退期，新能源产业也不会迅速衰退，而是有可能进入到新的成长期。因此，本部分以产业生命周期理论为基础，明确了新能源产业的生命周期，如图3-1所示，具体分为初创期、成长期、成熟期和衰退期（再成长期）。在初创期，新能源产业发展刚起步，许多新技术尚处于探索研发阶段，产业资金需求巨大；在成长期，新能源产业规模迅速扩大，为降低生产成本、扩大市场，继续融资扩产是现阶段的主要趋势；在成熟期，产品的市场需求基本稳定，此时的竞争主要源于产业内部和产业链上下游企业间的博弈，因此如何获得扩张性资本，实现规模化、成本集约化主流生产模式是该阶段的重点；在再成长期，新能源产业发展有衰退迹象，但通过技术创新等方式对其进行产业转型升级，可继续进入新一轮的成长期。

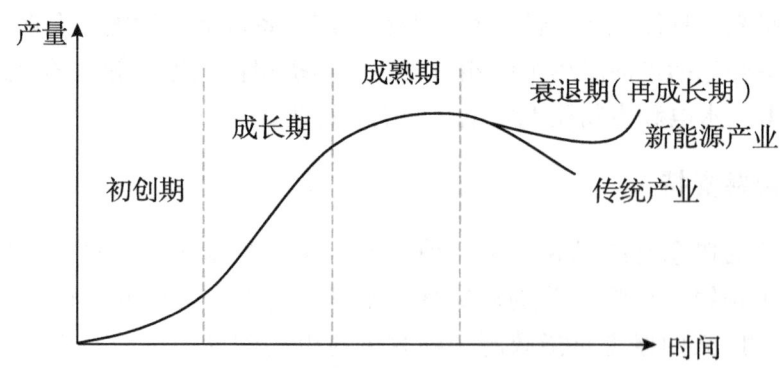

图3-1 新能源产业的生命周期

## （四）金融发展理论

金融发展理论是金融支持的理论溯源，其主要构成及具体内容如下。

1. 金融结构理论

Raymond（1969）是金融结构理论的创始人，他指出金融结构是一国现存金融工具和金融机构的总和，并强调金融发展的实质是金融结构的变动，通过对一国金融结构剖析能够掌握该国金融发展水平和金融发展趋势。为了测算不同国家或地区的金融发展水平，戈德史密斯创造性地提出了金融相关比率（FIR），该指标具体是指某地区一定时点上现存金融资产总额占其国民生产总值之比，这一比值越大表明金融发展水平越高。此外，戈德史密斯认为金融工具和金融机构对金融发展也具有巨大促进作用，随着金融工具和金融机构种类及数量的不断增加，金融结构日趋完善，所能提供的融资方式及资金支持就越多，越能高效的推动产业发展。

2. 金融抑制与金融深化理论

Ronald（1973）以发展中国家为研究对象，在论证金融与经济发展相互关系的基础上，提出了金融抑制与金融深化理论。金融抑制是指政府实行金融管制政策过度干预金融市场活动，造成金融体系发展滞后，进而阻碍经济发展形成金融抑制和经济落后的恶性循环。例如，政府在利率管制下实行金融机构信贷配额制，导致资金供求的真实状况很难精确判断，使银行等金融机构的媒介功能无法有效发挥，资金配置效率下降，严重制约经济发展进程。当"金融抑制"发生时，政府应立即放弃对金融的行政干预，恢复金融市场调节资本供需平衡和优化资源配置的能力，实现市场机制下金融活动与经济发展的良性互动，此调整过程即为"金融深化"。具体手段表现为：充分发挥金融体系的资金积聚功能，最大限度地吸收社会闲散资金，为产业及经济发展提供稳定的资金支持。

3. 金融约束理论

Herman（1997）从不完全信息市场角度提出了金融约束理论，其核心观点是：由于信息不对称，允许金融市场完全自由配置金融资源很可能会提高银行等金融机构的经营风险，因此需要政府有选择性地进行政策干预。金融约束不同于金融抑制的强制性，它以宏观经济稳定、通货膨胀率低且可预测、实际利率大于零为前提，在出现信息不对称或信息不完全导致市场失灵的情况下，由政府出面发挥其积极的干预作用，具体通过控制存贷款利率、约束市场竞争和限制资产替代等措施，为金融部门提供租金作为激励，促使银行等金融主体主动规避和分散风险，积极吸收存款，提高贷款质量，从而推动金融与经济发展。

## （五）金融支持新能源产业发展的作用机制

基于新能源产业的行业特点及其发展过程中特定的金融需求，本节主要从金融规模、金融结构、金融效率3个方面,定性分析金融支持新能源产业发展的作用机制,为下文现状分析及实证检验提供理论依据。

1. 金融规模是新能源产业资本形成的基础

新能源产业作为战略性新兴产业,具有初始投资大、建设周期长等特点,从初期技术研发到后期成果产业化再到投放于市场,其间需要巨额资金支持。现阶段新能源产业仍处于起步阶段,自身资本积累不足,单纯依靠自有资本很难满足产业发展需求,而政策性财政支持不具备长期提供资金的可能性,只是一个短期引导,产业发展必须依靠金融体系的支持填补资金缺口。因此,有效的资本形成是新能源产业发展壮大的基础条件,而金融规模的扩大正好可以为新能源产业的发展提供充足的资金供给。金融规模的扩大,是指通过金融手段能够获得和使用的资金数额的增加。其促进作用具体表现为:金融系统借助于其独特的资金聚集机制,通过吸收社会闲散资金不断扩大金融总量,增加金融市场资金供给,从而为新能源产业发展所需融资提供数量上的保障,加速产业资本形成,有效促进科技成果研发及转化。因此,一定的金融规模是新能源产业资本形成的基础。

2. 金融结构为新能源产业拓宽融资渠道

金融结构是指金融总体各组成部分之间相互配合的状态,通常可以从金融体系和金融工具两方面进行概括。从金融体系结构来看,现有的金融体系主要由中央银行、商业银行、保险公司、证券公司等众多金融机构组成。不同的金融机构可以提供不同的融资渠道,从而拓宽新能源产业的融资选择范围,在一定程度上能够降低融资成本,提高融资成功率。从金融工具结构来看,现有金融工具种类繁多,主要包括股票、债券、基金等。由于新能源产业融资必须通过这些特定的金融工具,因此金融工具的种类直接决定了新能源产业融资渠道的数量,符合新能源产业发展的金融工具越多,其融资方式就越便利,可获得的资本也就越多。综上,品种丰富的金融工具,门类齐全的金融机构,以及由此形成的较完善的金融结构,可拓宽新能源产业融资渠道,降低其融资风险,提高融资有效性。

3. 金融效率决定新能源产业资本形成规模

金融效率是指金融部门调动储蓄并将其转化为投资的效率。从新能源产业的角度来看,金融规模是其资本形成的基础,金融结构为其资本形成提供了平台,而要最终实现储蓄资源转化为投资资本,则必须经过合理且高效的配置,这种影响储蓄资源转化为投资资本的效率,即金融效率。金融效率的提高主要从两方面促进新能源产业的发展。一是融资增量效应,即在一定的金融规模下,金融效率提高将增加新能源产业的金融资源配置总量,从而扩大资本形成规模,促使其加大投资不断提高生产水平;二是资金导向效应,即金融效率提高会使金融资源更具有导向性,不断流向前景好、效率高的新能源产业,从而促使其加强产品及技术研发,不断提升市场竞争力。综上所述,金融效率提高带来的融资增量效应和资金导向效应,可以将有限的金融资源高效地转化为支持新能源产业发展的资金,从而扩大其资本形成规模。

由上可知,拓展金融规模,能够保证新能源产业持续不断的资金供给;优化金融结构,能够拓宽新能源产业融资渠道,满足其多元化的融资需求;而高效的金融效率,是金融结构将有限的金融资源转化为新能源产业发展可利用资金的决定性因素,直接决定了金融支持新能源产业发展的有效性。金融规模、金融结构和金融效率相互依存,构成完整的金融支持体系,共同决定了金融支持新能源产业发展的效用和力度。综上,金融支持新能源产业发展的作用机制如图3-2所示。

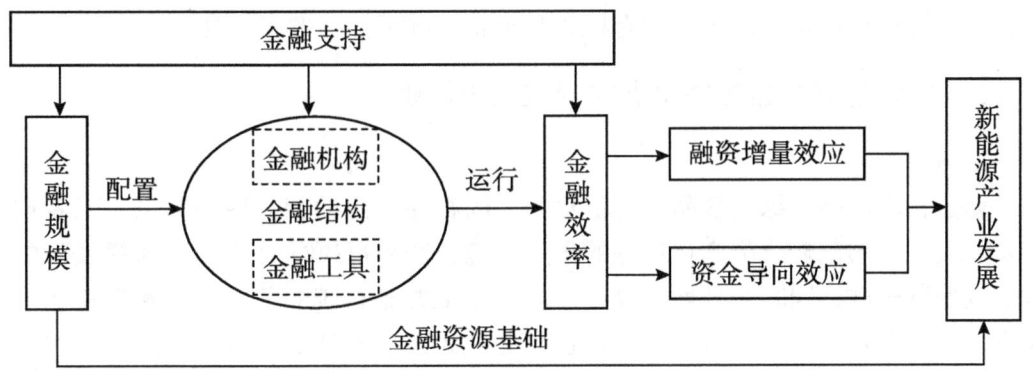

图 3-2 金融支持新能源产业发展的作用机制

## 二、绿色农产品发展理论基础

### (一)概念界定

1. 绿色农产品

绿色农产品涉及范围广,内容较为丰富,目前,国内外学者对"绿色农产品"概念的界定并没有形成统一共识,因此本部分在前人研究(徐玉霞,2005;成昕,2009;陈云飞,2011;赵晓华等,2014)的基础上,对绿色农产品的概念进行界定。本部分所述的绿色农产品是指依照可持续发展原则,在无公害农产品基础上发展起来的,参照特定生产工艺和流程,经相关认定机构认可同时允许使用绿色农产品标识的无毒、无害、安全、优质、无污染的农产品,具体包括无公害农产品、绿色食品和有机食品。

2. 无公害农产品

无公害农产品是指产地环境符合无公害农产品生产标准,投入品及生产质量控制措施严格执行无公害农产品标准,经农业农村部农产品质量安全中心认定并批准使用无公害农产品标识的农产品。

3. 绿色食品

绿色食品是指依照可持续发展原则,投入品及生产质量控制措施严格执行绿色食品生产标准,经中国绿色食品发展中心认定,允许并批准使用绿色食品标志的安全、优质食品。绿色食品包括 A 级和 AA 级绿色食品,A 级绿色食品生产中允许使用限量的化学合成的生产资料,AA 级绿色食品则不允许使用任何化学合成的农药、肥料、兽药、各种添加剂等对环境有害或有损于人身体健康的物质。

4. 有机食品

有机食品是指生产过程中不使用任何化学合成的肥料、农药、添加剂等有害物质以及转基因工程技术及其产物,按照有机农产品生产标准生产出来的,经法定有机食品认证机构认定,许可使用有机食品标识的纯天然、健康食品。

### (二) 绿色农产品相关概念间的联系与区别

1. 联系

无公害农产品、绿色食品、有机食品之间存在一定的相关性与联系:三者均属于安全农产品的范畴,都产自良好的生产环境,产品都执行"从土地到餐桌"的全程质量控制标准,同时产品均通过产品质量认证并施行统一的标志与管理;无公害农产品是三者发展的初级阶段,绿色食品是从无公害农产品向有机食品发展的一种过渡性产品,有机食品是目前国内食品发展的最高级别,从无公害农产品经绿色食品再到有机食品,农产品品质越来越高,生产标准也越来越严格。

2. 区别

无公害农产品、绿色食品、有机食品的区别具体如表 3-1 所示,三者不同的认证流程如图 3-3、图 3-4、图 3-5 所示。

表 3-1　无公害农产品、绿色食品、有机食品的区别

| 类别 | 无公害农产品 | 绿色食品 | 有机食品 |
| --- | --- | --- | --- |
| 起源背景 | 20 世纪 90 年代 | 20 世纪 90 年代 | 20 世纪 30 年代 |
| 生产基础 | 当年检测合格即可 | 无转换期要求 | 2～3 年转换期 |
| 生产与质量标准 | 初级 | 中级 | 高级 |
| 投入物 | 禁止使用国家明令禁用的化肥、农药等 | 允许限量使用国家规定的化学合成物质 | 禁用任何化学合成原料、生长剂、添加剂等 |
| 基因工程 | 允许使用,无限制 | 禁用转基因技术 | 禁用一切基因种子、技术和产品等 |
| 认证机构 | 农业农村部农产品质量安全中心 | 中国绿色食品发展中心 | 有机食品认可委员会 |
| 认证流程 | 见图 3-3 | 见图 3-4 | 见图 3-5 |
| 申报范围 | 食用的植物、畜禽、微生物、水产品及其初加工品 | 含多数食品和经国家卫生行政管理部门公告的食品、药品品种 | 蔬菜、水果、饮料、牛奶,其他农产品、调料、油料、蜂产品以及药物、酒类等可食用的食品 |

（续表）

| 类别 | 无公害农产品 | 绿色食品 | 有机食品 |
|---|---|---|---|
| 认证方法 | 检查、检测认证 | 检查、检测认证分 A 级和 AA 级 | 检查员制度 |
| 认证收费 | 检测费 | 检测费、标志管理费、标志使用费 | 申请费、认证检查费、颁证费、标志管理费 |
| 颁证时效 | 三年 | 三年 | 一年 |
| 产品结构 | 初级农产品 | 初级、加工农产品 | 初级、初加工农产品 |
| 国际认知 | 基本不了解 | 日本、韩国 | 普遍认知 |
| 品质口味 | 口味、营养成分基本无异于常规食品 | 口味、营养成分稍好于常规食品 | 口味好、营养成分全面、干物质含量高 |
| 产品价格 | 无统计数 | 高于普通食品的 10%~20% | 高于普通农产品的 50%至几倍 |
| 消费群体 | 中低收入群体 | 较高收入群体 | 少数高收入群体 |

资料来源：前人研究整理。

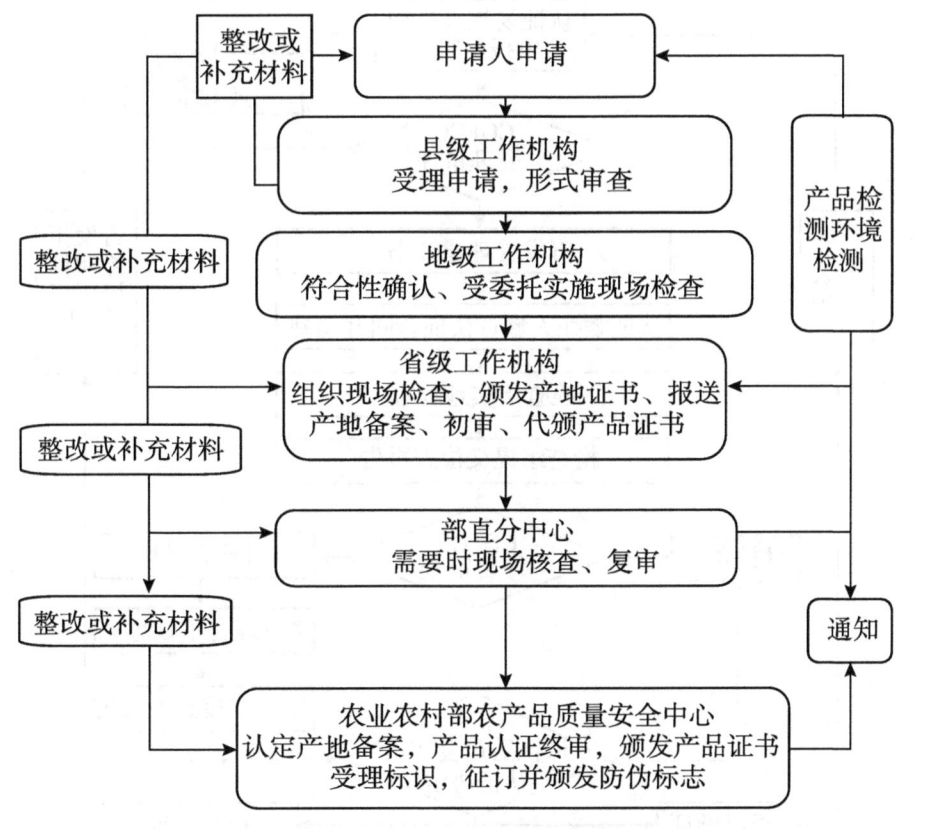

**图 3-3 无公害农产品认证流程**

（资料来源：中国绿色食品发展中心）

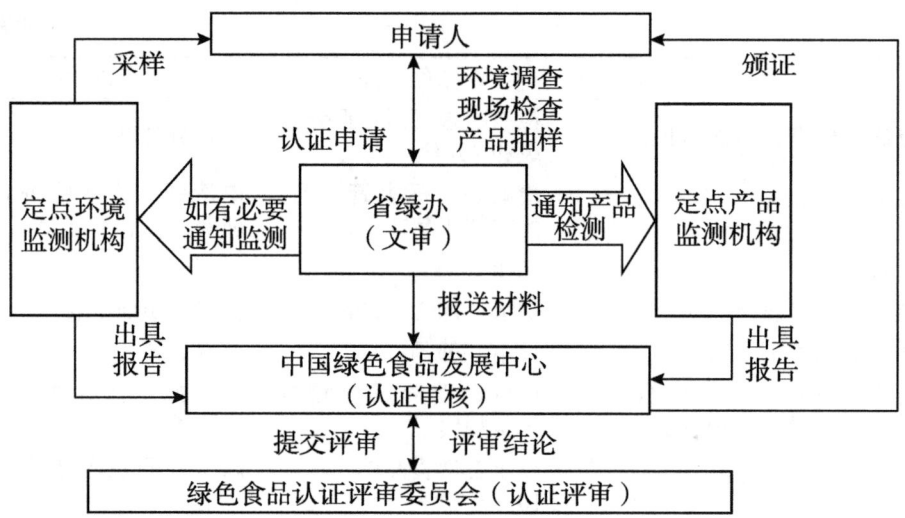

图 3-4 绿色食品认证流程

（资料来源：查阅资料整理）

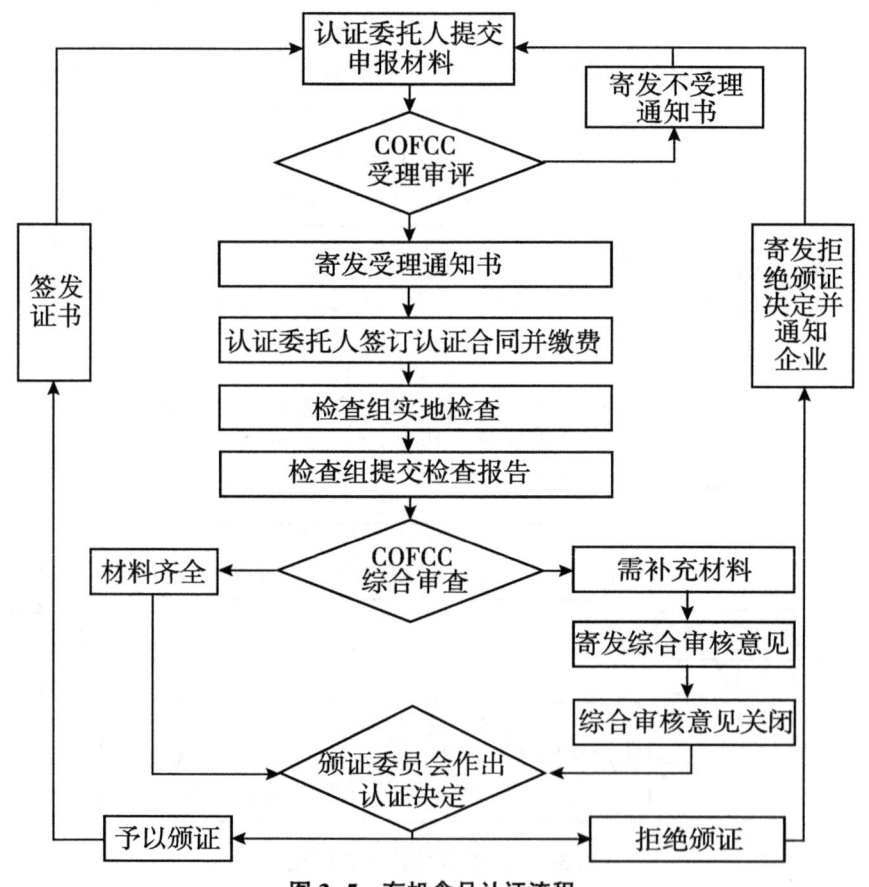

图 3-5 有机食品认证流程

（资料来源：中国绿色食品发展中心）

## （三）需求与供给理论

### 1. 需求定理

需求是消费者在特定时期内，在不同价格水平下，愿意并且能够购买的商品或服务的数量；它代表商品需求量与价格之间的关系，反映了不同价格水平下商品的需求量。该概念反映出，商品或服务形成有效需求必须具备两个条件：一是消费者具有购买意愿；二是消费者在有购买欲望的前提下，具备对商品现行价格进行支付的能力；有效需求建立在购买欲望和购买能力的基础上，有购买意愿而无支付能力、有支付能力却无购买欲望都不能形成有效需求。结合本部分，绿色农产品的需求来自多方面，根据西方经济学原理，作为"理性人"，只有在最大化自身效用同时在预算约束内，个体消费者才会消费绿色农产品；个体消费者绿色农产品有效需求的加总形成绿色农产品市场的总体需求。由于消费者消费绿色农产品时会受到消费者偏好、商品价格、自身收入和替代品价格的影响，故绿色农产品需求可以看成是上述几种因素的函数，表示为：

$$Q_d = f(P_p, P_1, \cdots, P_n, \cdots, I) \tag{3-1}$$

其中，$Q_d$ 为绿色农产品需求数量，$P_p$ 代表绿色农产品价格，$P_1, \cdots, P_n$ 为其他农产品例如替代品价格，$I$ 表示消费者收入。由上述函数形式可知，绿色农产品需求函数可以表示为价格的函数。根据需求量与价格的关系，在其他条件不变时，绿色农产品需求量与其价格呈反向变动关系，即绿色农产品需求量随着价格的上升而下降，反之绿色农产品需求量随着价格的下降而增加（刘清娟，2012）。根据上述分析，可以画出绿色农产品需求曲线，见图3-6。

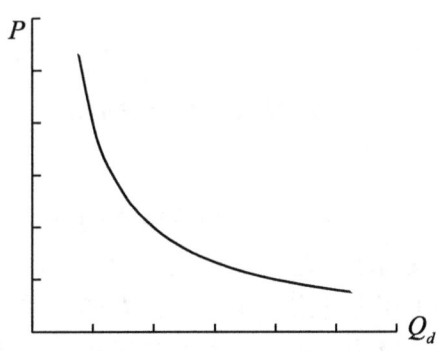

图 3-6　绿色农产品需求曲线

### 2. 供给定理

供给是在某一特定时期内，在不同的价格水平下，生产者愿意并且能够供应的商品的数量。相对于需求定理，形成有效供给也必须具备两个条件：一是生产者有出售商品的意愿；二是在具备商品出售意愿的基础上，生产者还需具备生产商品的能力；上述两个必备条件缺一不可，任何一个条件的缺失，都无法形成有效供给。

绿色农产品供给可以看成是以绿色农产品为特定对象的供给。生产者生产绿色农产品的目的在于最大化其经济利润，生产者生产绿色农产品需要在明晰绿色农产品既定价格水平和生产技术水平的前提下，进行科学、合理的投入，同时选择最佳的生产规模。由于绿色农产品生产受农产品价格、生产技术条件、生产投入品价格以及其他商品例如替代品价格的影响，故绿色农产品供给可以表示为绿色农产品价格、生产技术、绿色农产品投入品例如肥料、种子价格和其他农产品价格的函数，具体表示如下：

$$Q_s = f(T, P_p, P_{1 \cdots n}, I_{1 \cdots m}, \cdots) \tag{3-2}$$

其中，$Q_s$ 为绿色农产品产量，$P_p$ 为绿色农产品价格，$P_{1 \cdots n}$ 表示其他农产品价格，$I_{1 \cdots m}$ 代表投入品价格。根据供给量与价格的关系，在其他条件不变的情况下，绿色农产品供给量与其价格同向变动，即绿色农产品售价越高，其供给量越多，反之，绿色农产品供给量则会下降。根据上述分析，可以画出绿色农产品供给曲线，见图3-7。

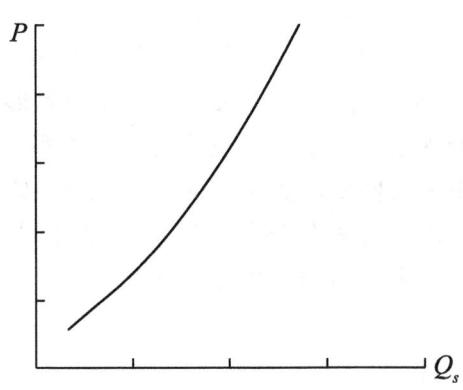

图3-7　绿色农产品供给曲线

3. 弹性理论

由需求定理可知，绿色农产品需求量与价格之间存在反向变动关系，即绿色农产品价格越高，消费者对其需求量越低；反之，消费者对其需求量越高。绿色农产品价格对其需求量的影响可用弹性来表示。绿色农产品需求价格弹性（$E_d$）是指绿色农产品价格对其需求量的影响，是绿色农产品需求量变动率对其价格变动率的比率。需求价格弹性表示如下：

$$E_d = \frac{\Delta Q/Q}{\Delta P/P} = \frac{P}{Q} \times \frac{\Delta Q}{\Delta P} \tag{3-3}$$

需求价格弹性受诸多因素例如消费者产品需求程度、替代品价格、消费者经济收入的影响，故产品不同，需求价格弹性也不同。同绿色农产品需求价格弹性一样，绿色农产品价格对其供给量影响的反应程度可以用供给价格弹性来表示，即用绿色农产品供给量与其价格变动的比率来表示。供给价格弹性表示如下：

$$E_s = \frac{\Delta Q/Q}{\Delta P/P} = \frac{P}{Q} \times \frac{\Delta Q}{\Delta P} \tag{3-4}$$

绿色农产品供给弹性中，绿色农产品价格决定其供给量，在其他条件不变时，价格越高，绿色农产品供给量越大。农户生产绿色农产品的目的在于利润最大化，绿色农产品的售价决定农户的种植业收入，若售价可以弥补其成本，农户有利可图，则农户生产绿色农产品便有积极性。

综上所述，农户生产的绿色农产品在现有市场经济条件下存在供给和需求的关系。作为绿色农产品的生产者，农户按照利润最大化原则组织生产，根据其种植业收入盈利与否决定是否生产绿色农产品；作为绿色农产品的消费者，其对绿色农产品的接受程度和支付溢价决定农户的绿色农产品行为。从经济学角度来分析，只有绿色农产品供给和需求达到均衡，绿色农产品市场才会均衡。从供求角度分析市场上的绿色农产品供给和需求状况，可从宏观上把握整个绿色农产品市场发展情况，为有关绿色农产品生产和消费的政策提供决策支持依据。

### （四）外部性理论

外部性理论来源于《政治经济学原理》对"灯塔理论"和《经济学原理》对"外部经济"的具体阐释。外部性理论是指市场经济中经济主体（包括生产者和消费者）在从事经济活动中获得的私人收益、产生的私人成本与社会收益、社会成本相偏离、不吻合、不一致的现象。外部性包括正外部性和负外部性，正外部性是指经济主体从事经济活动获得的私人收益小于同一活动产生的社会收益；负外部性则表现为经济主体从事经济活动时产生的私人成本低于该活动应付出的社会成本。绿色农产品生产和消费是外部性理论中正外部性的典型代表。

绿色农产品生产和消费来源于市场经济中绿色农产品生产者、消费者及生产与消费相关主体在经济活动中的相互作用与影响。就需求方而言，消费者的绿色农产品消费行为在增加消费者个人福利即有益于消费者身体健康的同时因减少了社会治污成本及其相关管理成本，故增加了社会的整体利益；然而绿色农产品的价格一般高于普通农产品，在如今绿色农产品市场上以假乱真、以次充好现象并存的前提下，消费者搜寻、识别真正绿色农产品的成本远高于消费普通农产品的成本，因此，对消费者而言，消费者消费绿色农产品的过程增加了消费者的私人成本。从供给方视角来看，绿色农产品生产主体在生产绿色农产品时需要保持生产生态环境平衡、确保土壤无污染、品种优良、农药无污染等，为达到上述要求，绿色农产品生产主体必须选用先进的生产工艺、技术，而这种从长远角度出发、遵循可持续发展原则换言之承担了社会责任的生产行为不仅为企业和消费者带来了福利，而且产生了社会效益、生态效益，但可想而知绿色农产品生产主体也付出了高昂的私人成本，在承担普通生产成本的同时还需承担环境保护成本以及绿色农产品认证检测费、标志管理费、标志使用费等相关成本，因此，绿色农产品生产过程也增加了生产者的私人成本。综上所述，绿色农产品生产和消费行为增加了社会的整体利益，但是社会并没有为这种生产和消费带来的正外部影响买单，所有新增成本均需生产企业或消费者承担，鉴于此，在环保产权界定不清晰、社会对绿色农产品生产者和消费者缺乏相应补偿的前提下，绿色农产品生产和消费带来的社会收益就大于私人收益，这样绿色农产品生产和消费的正外部性就产生了。

当市场属于完全竞争市场时，绿色农产品生产和消费的正外部效应如图3-8所示。图中 $MC$ 为绿色农产品生产或消费的边际私人成本曲线，$MSC$ 代表绿色农产品生产或消费的边际社会成本曲线，$D$ 为绿色农产品生产或消费的边际私人收益曲线，$MEC$ 代表边际外在成本，$-MEC$ 为边际外在收益，此时 $MSC=MC-MEC$。理论上，由需求曲线 $D$ 和边际社会成本曲线 $MSC$ 决定的 $Q^*$ 应为绿色农产品的有效产出量或消费量、$P^*$ 为对应的成本价格，但此时这一价格并没有使生产者得到其生产的所有收益，换言之图中所显示的 $AC$ 没有在生产者的所有收益中反映出来，因此，生产者因无法获利可能选择不生产，但若使生产者得到图中所示的 $A$ 点对应的价格，消费者则会因价格太高而拒绝购买。鉴于此，为使交易顺利进行，作为"理性人"，市场经济中的消费者会选择 $Q_1$（边际私人成本曲线 $MC$ 与边际私人收益曲线 $D$ 的交汇处）作为其消费的最优消费量，此时由生产者和消费者市场交易形成的最终价格 $P_1$ 既包含了 $MSC$ 也补偿了 $MEC$，对生产者和消费者来说均相对有利，但结果是使 $P_1$ 价格相对过高，生产者和消费者都因承担了一部分新增成本而产生了正外部效应。

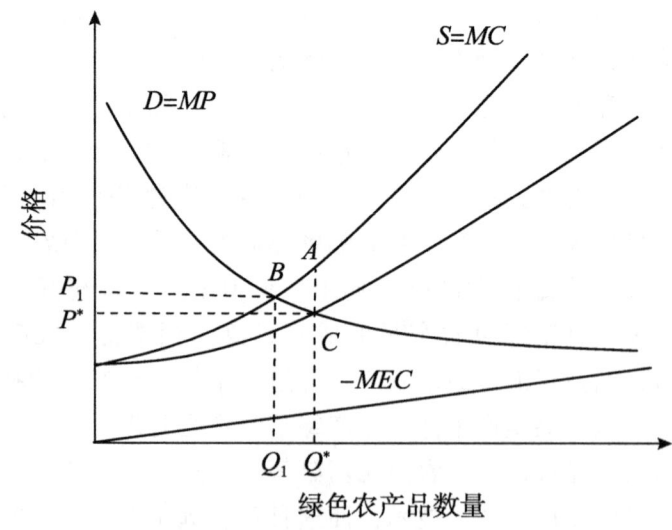

图3-8 绿色农产品生产和消费的正外部效应

## （五）信息不对称理论

随着 Akerlof（1970）《柠檬市场》一文的发表，信息不对称问题正式引起人们的关注。信息不对称是市场参与主体之间因拥有的信息不完全而导致的信息匮乏方利益受损的现象。学者们认为信息富有方的垄断信息、食物供应链复杂、信息搜查成本高（尹志洁，2008）、市场缺陷和政府监督不到位（徐秋艳，2017）等是市场参与者间信息不对称的主要原因。信息不对称是农产品质量安全问题发生的主要原因，就市场参与主体而言，信息不对称主要表现为下述几点。

（1）信息不对称存在于农产品生产者与消费者之间。市场上农产品生产者往往因其拥有的成本、质量、技术实力、经济实力等方面信息的绝对优势，在利润最大化目标的驱使下，针对消费者绿色农产品认知不足的劣势，对产品进行虚假宣传，进而误导消费者的消费行为。根据消费者产品属性认知程度的不同，产品特征属性一般分为三类（Yin et al.，2017）：一是"搜寻"属性，该属性在使用前是可见的，因而指导消费者进行购买；二是"经验"属性，在使用后是可见的，从而引导消费者重复购买；三是"信用"属性，即消费者所关注、期望的反映商品品质的属性，但该属性在使用后却不可见，因此消费者在不消费商品的前提下根本无法获知商品的经验和信用属性，这就导致生产者和消费者之间的信息不对称，消费者可能会因虚假信息的误导而选择消费。

（2）农产品生产者之间的信息不对称。从农产品生产方面来看，农产品生产资料例如化肥、农药、种子等供应者关于生产资料供应的相关信息不会提供给生产者，生产者无法获知生产资料质量方面的信息，农产品生产者之间存在严重的信息不对称。

（3）生产者、消费者与政府之间的信息不对称。就生产者而言，目前农产品经营多为小农户、小规模经营，产品销售时缺乏质量安全标识，例如无公害、绿色、有机农产品标识，而政府鉴于过高的监管成本，很难将质量安全信息传递给生产者。从消费者来看，拥有相对较多信息的政府理应将有效信息传递给消费者，但一些原因阻碍了政府和消费者之间的信息沟通；上述两方面原因最终导致生产者和消费者之间的信息不对称。

综上所述，农产品生产者之间、生产者及消费者与政府之间、生产者和消费者之间的信息不对称最终导致农产品质量安全问题的产生。

## （六）农户行为理论

根据"经济人"假设，市场经济活动中的人是理性的，其从事经济活动的目的在于最大化其自身利益。农户是农业生产经营活动的主要参与者，是常住于农村地区，以家庭为单位从事农业生产经营活动的一种经济组织（史清华，1999）；农户行为是指与农户农业生产经营活动相关的经济活动的统称,农户经济行为则是农户为实现自身或家庭利益而从事的农业生产、交换、分配及消费的一系列经济活动(魏茂青,2013;张旭光,2016)。

农户行为理论是人类学、经济学和社会学等学科的综合理论成果(侯国庆,2017)。目前有关农户行为理论的国内外研究成果较为丰富,主要围绕"农户行为"是否理性而展开,具体包括以俄国学者舒尔茨为代表的"理性小农"学派、以美国学者恰亚诺夫为代表的"非理性"观点学派和以黄宗智为代表的"折中"观点学派。

1. "理性小农"学派与"利润最大化"理论

作为"理性小农"学派的典型代表人物,舒尔茨(1964)在《改造传统农业》一书中提出"理性小农"的论断,"理性小农"学派认为,小农是市场经济中的"经济人",其行为与市场上微观经济主体的行为无实质上的差别,农户有足够的理性通过从事农业生产实现"利润最大化"的目的(王娜,2016)。此后,"理性小农"学派又对"理性小农"理论相关内容给予了拓展。Becker(1965)构建了农户生产模型,该模型从农户家庭生产成本角度出发,主张农户在生产决策时以成本最小化原则组织农业生产,同时农户消费时遵循效用最大化原则,生产和消费决策的最优共同成为"利润最大化"目标的组成部分;而后 Popkin(1979)、刘云茹(2016)指出理性的农户在做生产决策时,会依据其个人偏好和价值评估对市场发出的信号做出选择,若生产成本低于其收入,农户有利可图,其会毫不犹豫地投入到农业生产活动中。由此可见,"理性小农"学派是"利润最大化"理论的追求者。

2. "非理性"观点学派与"劳动消费均衡"理论

以恰亚诺夫为代表的"非理性"观点学派认为,小农是非理性的,农户生产的最终目标是满足农户自身的家庭消费,从事"自给"性的小农经营,追求生产风险最小化而非利润最大化。农户在生产决策时,会受到诸如风险、家庭消费和道德方面等不确定性因素的影响,当农户自身家庭消费得到满足时,为规避风险,农户会失去继续从事农业生产经营的动力;此时的农户不是基于成本收益之间的比较,而是依据自身及家庭消费的"满足"程度来决定是否继续投入生产。理论上,经济主体在从事农业生产时,若生产的边际收益小于市场平均工资,则其在农业生产中会拒绝继续投入劳动力;但对于小农来说只有当家庭消费得到满足时,他们才会停止继续投入劳动力,否则即使生产的边际收益小于市场平均工资,他们仍旧会持续投入劳动力,因此,从这种程度上讲,"非理性"观点学派认为农户行为是非理性的、保守的、低效率的。总之,"非理性"观点学派是基于劳动均衡理论,以"生产活动与家庭消费之间的均衡"而非"利润最大化"为其生产经营活动的最终目标。

3. "折中"观点学派与"有限理性"

以黄宗智为代表的"折中"观点学派认为,长期以来,农户是"有限理性"

的，是理性和非理性行为的综合体。20世纪中旬，西蒙提出了著名的"有限理性"假说，"有限理性"假说是指，在主、客观条件的约束下，人们的经济行为是"有意识地理性的，同时这种理性又是有限的"。当农户从事小规模经营时，由于耕地规模受限，农户倾向于自身及家庭消费的均衡，追求的是家庭效用的最大化；但当生产经营处于大规模时，农户则以"利润最大化"为其生产经营的目标。目前，由于受市场经济及家庭劳动结构的双重制约，农户的生产经营行为介于"家庭效用最大化"和"利润最大化"之间，因此农户行为是"有限理性"的。类似的，弗兰克·艾利斯对"有限理性"进行了相关阐释，他认为农户"有限理性"受多重因素的影响，只有当农户需求得到满足时，农户才会表现出理性行为，否则为非理性行为。

综上所述，农户做出的生产行为决策主要基于3种理论："理性小农"与"利润最大化"理论、"非理性"观点学派与"劳动消费"均衡理论、"折中"观点学派与"有限理性"。基于内蒙古目前农户绿色农产品生产经营规模较小的现状，若绿色农产品生产成本低于其收入，农户有利可图，其会毫不犹豫地投入到农业生产活动中，故本部分认为农户在决定是否生产绿色农产品时以"利润最大化"为主要目标，农户生产经营行为是理性的。

### （七）消费者行为理论

1. 消费者行为概念及其理论演变

消费者行为学涵盖范围较广、门类全，涉及经济学、社会学、市场营销学等多个学科（晏国祥，2008）。关于消费者行为概念，毕继东（2010）认为消费者行为是指消费者为满足自身需求，对产品或服务进行搜寻、购买、评价与处置的行为（毕继东，2010）；徐文成（2017）指出消费者行为包括消费者对产品或服务的认知、购买行为以及各种环境因素之间的互动过程。

纵观消费者行为理论，其大致经历了4个阶段并形成了4种不同的行为模式（唐兵，2010）。第一阶段为20世纪70年代以前的"收入决定模式"，由于消费者行为受其收入水平的制约，所以该阶段消费者行为模式称为"收入决定模式"。第二阶段为20世纪70年代后期至80年代初期的"认知决定模式"，霍尔的"随机游走假说"是"认知决定模式"的典型代表，"随机游走假说"认为消费者对产品的认知影响其行为，由此"认知决定模式"产生。第三阶段为20世纪80年代以后的"动机决定模式"，动机决定行为，消费者对产品的购买动机决定其购买行为，故此模式称为"动机决定模式"。第四阶段为20世纪90年代以后的"心理行为决定模式"，该模式认为消费支出随着意愿的增强而增加。

2. 效用、偏好理论与消费者支付意愿

消费者行为理论又被称为效用理论，效用是消费者消费商品时感知到的满足程度,包括基数和序数效用。基数效用是基于同类商品无差别假定,运用边际分析法计算的效用,数值越大,基数效用水平就越高;序数效用是采用无差异曲线方法测算的效用,序数效用无具体数值,只能按效用高低排序,是一种主观心理活动(张文静,2017);而本部分研究的绿色农产品和普通同产品相比既存在差异性又具有可比性,因此基数效用和序数效用并不适合研究消费者消费绿色农产品的效用,故本部分借助指数效用来研究并比较消费者消费绿色农产品和普通农产品的效用。

指数效用是指消费者消费两种不同质量商品的效用之比。本部分所研究的绿色农产品和普通农产品的质量不同,因此指数效用能科学反映消费者的效用水平。偏好产生效用,消费者的消费效用建立在商品偏好的基础上,在不考虑商品实际购买力时,陈述性偏好成为描述消费者效用水平的主要方法。消费者溢价支付意愿可度量消费者的偏好,故消费者溢价支付意愿同时也能测算消费者效用。假设 $W$ 为消费者对某商品的支付意愿,则支付意愿 $W = p \times q$,其中,$p$ 为商品消费价格,$q$ 为商品数量,消费者对商品的支付意愿反映了消费者消费商品的效用即其消费商品的满足程度。若消费者消费普通商品的价格为 $p_1$,相对应 $q_1$ 为该商品的需求量,则 $W_1 = p_1 \times q_1$ 为消费者消费普通商品的支付意愿;假设 $p_2$ 为消费者消费绿色农产品的支付意愿,$q_2$ 代表相对应的需求数量,则 $W_2 = p_2 \times q_2$ 为消费者消费绿色农产品的支付意愿;那么绿色农产品相对于常规农产品的支付意愿用指数函数表示为 $W_{21} = W_2/W_1 = p_2 q_2 / p_1 q_1$。此时若 $y$ 代表消费者为绿色农产品支付的溢价比例,$x$ 代表此溢价比例下的绿色农产品购买比例,则消费者对绿色农产品的溢价支付意愿表示如下:

$$\forall q_1 = 1 \tag{3-5}$$

$$W_1 = p_1 \times q_1 = p_1 \times 1 = p_1 \tag{3-6}$$

$$W_2 = p_2 \times q_2 = p_1(1+y) \times x \tag{3-7}$$

$$W_{21} = W_2/W_1 = p_1(1+y)x/p_1 = (1+y)x \tag{3-8}$$

通过运用指数效用计算消费者的绿色农产品溢价支付意愿可知 $W_{21}$ 既能反映消费购买绿色农产品的偏好,又能测算消费者消费绿色农产品的满意程度。消费者对商品溢价支付意愿的计算可为消费者不同质量商品之间的比较提供理论上的基础,一般而言,$W_{21}$ 越大,其反映的效用就越大。

# 上篇
# 内蒙古传统产业绿色发展研究
## ——以能源产业为例

# 引 言

内蒙古位于祖国北部边疆，是全国第一能源资源大区，煤炭、石油、天然气等化石能源资源以及风能、太阳能等可再生能源资源富集，发展潜力巨大。凭借良好的能源资源禀赋优势，基于建设全国重要能源基地的战略定位，内蒙古已初步形成以煤炭、煤电、可再生能源、煤制燃料、天然气等为重点的能源基地，能源产业成为内蒙古经济发展的"六大支柱产业"之首。2018 年内蒙古能源工业增加值占规模以上工业增加值的比重为 52.6%，能源行业利润占规模以上工业利润的 63.1%，成为推动工业经济增长的"第一功臣"，对 GDP 贡献率为 17.7%；实现工业税收 702 亿元，对财政贡献率达 41.2%；直接就业人员 35 万人，对工业从业人员贡献率达 30.7%。全区原煤产量 9.26 亿吨，位居全国第一；电力装机总容量突破 1.2 亿千瓦，位居全国第二（其中火电装机 8 227 万千瓦、位居全国第三，风电装机 2 869 万千瓦、位居全国第一）；发电量 4 828.3 亿千瓦时，位居全国第三；外送电量 1 806 亿千瓦时，位居全国第一；煤制油产量 103 万吨、煤制气产量 15.7 亿立方米，分别占全国的 10.8%和 30.75%；原油产量 124.8 万吨；天然气产量 300 亿立方米，约占全国的 1/5，位居全国第三。

作为内蒙古支柱产业之首，能源产业的主导地位日益突出，在推动内蒙古经济社会发展和保障国家能源安全方面发挥着重要作用，但同时也面临着低效高耗的能源利用方式和突出的生态环境问题的威胁。2017 年内蒙古单位 GDP 能耗为 0.95 吨标准煤/万元，远高于同期全国平均水平（0.54 吨标准煤/万元）。煤炭资源的开采以及以煤炭为主的火力发电造成严重的大气、水体和土壤污染。2017 年内蒙古二氧化硫、氮氨化物及烟（粉）尘排放量分别为 54.63 万吨、50.55 万吨、53.62 万吨，占全国比重分别为 6.24%、4.02%、6.73%；废水排放量 10.42 亿吨，占全国比重 1.49%；一般工业固体废物产生量 27 952.51 万吨，占全国比重 8.43%。当前，内蒙古正处于调整经济结构和转变发展方式的关键时期，如何突破资源型经济的桎梏，将能源资源优势厚植为经济优势和发展优势，走出一条以绿色为底色的高质量发展之路是内蒙古经济社会可持续发展亟待解决的关键。

2018 年习近平总书记在十三届全国人大一次会议内蒙古代表团审议时着重指

出,内蒙古是国家重要能源资源基地,要做好现代能源经济这篇文章,立足能源资源优势,延长产业链,加快用高新、先进技术改造传统产业及企业,提高能源资源综合利用效率。2019年习近平总书记在十三届全国人大二次会议内蒙古代表团审议时强调,经济发展和生态环境保护的关系要统筹好,立足本地资源禀赋特点,探索符合发展定位、体现内蒙古优势和特色,生态优先、绿色发展的高质量发展新道路。习近平总书记的重要讲话及殷切嘱托,是对内蒙古发展定位、发展路径的高度概括和科学认识,为内蒙古经济实现高质量发展指明了方向。

基于内蒙古能源产业的重要地位,贯彻落实习近平总书记对内蒙古能源经济发展新要求,未来能源的发展方向将向绿色、高效、低碳、清洁转变,形成传统能源和新能源共存的新格局。当前,顺应能源发展新趋势,转变能源产业发展理念,推动能源清洁低碳化发展,逐步实现能源产业绿色化发展显得尤为重要。

在能源绿色化发展中,新能源的发展占据重要地位。新能源产业科技含量高、环境污染少,是能源行业发展的新趋势。发展新能源产业,顺应了经济"新常态"下我国政府提倡的经济高质量发展要求,可有效缓解能源供需矛盾和生态环境压力。但值得注意的是,新能源产业发展过程中需要巨额资金支持,政府财政投入及补贴仅是杯水车薪,难以满足其长期发展需求,往往需要借助金融市场功能。金融作为现代经济的核心,最大的特点就是实现资源的最优配置,引导资金流向,在产业发展中发挥着关键的推动作用。而金融支持与新能源产业发展的资金需求是否互相匹配将直接影响到新能源产业持续发展的效果,因此有必要对新能源产业发展中的金融支持情况进行深入探讨。

鉴于此,本书上篇的研究内容以内蒙古能源产业为例,通过对内蒙古能源产业绿色发展成效进行深入分析,揭示其绿色发展过程中存在的主要问题,并分析了新能源产业发展过程中金融支持问题,据此探讨推进内蒙古能源产业绿色化发展的对策建议,对内蒙古能源结构的调整及能源产业的高质量发展具有重要意义。

# 第四章
# 内蒙古能源产业发展现状

## 一、内蒙古能源产业总体概况

内蒙古依托能源优势,经过不断开发建设,现阶段已形成较为完善的能源生产和供应体系,包含煤炭、电力、石油、天然气及可再生能源等。以下主要从能源结构、能源效率和电源结构3个方面对内蒙古能源概况进行分析总结。

### (一)能源结构清洁低碳转型持续进行

能源结构分为生产结构和消费结构。2008年以来内蒙古能源生产结构和消费结构均出现向清洁能源转型的趋势,如表4-1所示。

表4-1 2008—2017年内蒙古能源生产及消费结构

| 年份 | 能源生产结构 | | | | | 能源消费结构 | | | | |
|---|---|---|---|---|---|---|---|---|---|---|
| | 能源生产总量(万吨标准煤) | 构成及占比(%) | | | | 能源消费总量(万吨标准煤) | 构成及占比(%) | | | |
| | | 原煤 | 原油 | 天然气 | 水电、核电和其他能源 | | 煤炭 | 石油 | 天然气 | 水电、核电和其他能源 |
| 2008 | 33 440.86 | 94.52 | 0.75 | 4.00 | 0.74 | 16 407.63 | 88.09 | 8.99 | 2.47 | 0.44 |
| 2009 | 40 185.85 | 92.87 | 0.67 | 4.84 | 1.62 | 17 473.68 | 86.36 | 9.10 | 3.37 | 1.17 |
| 2010 | 49 740.18 | 92.35 | 0.53 | 5.42 | 1.70 | 18 882.66 | 86.60 | 8.96 | 3.02 | 1.42 |
| 2011 | 59 738.06 | 92.50 | 0.49 | 5.55 | 1.47 | 21 148.52 | 87.08 | 9.15 | 2.34 | 1.43 |
| 2012 | 64 027.06 | 92.44 | 0.44 | 5.38 | 1.73 | 22 103.30 | 87.59 | 8.36 | 2.30 | 1.75 |
| 2013 | 58 554.29 | 91.25 | 0.47 | 6.15 | 2.14 | 17 681.37 | 81.44 | 8.19 | 3.30 | 7.07 |

(续表)

| 年份 | 能源生产结构 | | | | | 能源消费结构 | | | | |
|---|---|---|---|---|---|---|---|---|---|---|
| | 能源生产总量（万吨标准煤） | 构成及占比（%） | | | | 能源消费总量（万吨标准煤） | 构成及占比（%） | | | |
| | | 原煤 | 原油 | 天然气 | 水电、核电和其他能源 | | 煤炭 | 石油 | 天然气 | 水电、核电和其他能源 |
| 2014 | 60 205.75 | 91.04 | 0.46 | 6.21 | 2.29 | 18 309.06 | 81.73 | 7.48 | 3.27 | 7.52 |
| 2015 | 56 253.32 | 89.81 | 0.45 | 6.88 | 2.86 | 18 927.07 | 82.92 | 6.50 | 2.09 | 8.49 |
| 2016 | 52 690.41 | 89.21 | 0.47 | 6.86 | 3.45 | 19 457.05 | 82.36 | 6.48 | 1.81 | 9.35 |
| 2017 | 54 620.13 | 90.49 | 0.33 | 5.24 | 3.94 | 19 914.97 | 79.88 | 7.02 | 2.30 | 10.80 |

数据来源：《内蒙古统计年鉴2018》。

能源生产结构中，原煤、原油在能源生产总量中的比重逐年下降，从2008年的94.52%和0.75%分别下降到2017年的90.49%和0.33%；而天然气、水电、核电和其他能源等清洁能源在能源生产总量中的占比不断提高，天然气生产比重从2008年的4.00%上升到2017年的5.24%；水电、核电和其他能源生产占比从0.74%提高到3.94%。

能源消费结构中，煤炭、石油在能源消费总量中的占比有所下降，截至2017年底，煤炭和石油所占比重分别从2008年的88.09%和8.99%分别降至79.88%和7.02%；天然气加上水电、核电和其他能源等清洁能源消费量占比快速提升，从2008年的2.91%提升到2017年的13.10%，增长10.19个百分点。

综上分析，内蒙古能源结构正在向清洁低碳化转型，其中煤炭、石油等化石能源的生产与消费占比持续降低，但现阶段煤炭仍是主要能源，以煤为主的能源结构仍将维持较长时间；而清洁能源的生产与消费比重逐年提升，发展潜力巨大。

## （二）单位GDP能耗逐年下降，能源效率显著提升

单位生产总值能耗，指地区每产生万元生产总值消耗的能源消费量，是衡量能源利用水平及效率的综合性指标。近十年内蒙古单位GDP能耗逐年递减，从2008年的2.16吨标准煤/万元下降到2017年的0.95吨标准煤/万元，年均下降0.13吨标准煤/万元。此外，其递减趋势可明显划分为两个阶段，第一阶段是2008—2014年的快速下降时期，该阶段内蒙古单位GDP能耗年均下降率上升；第二阶段是2014—2017年的平稳下降时期，此期间内蒙古单位GDP能耗年均下降率降低。如图4-1所示。

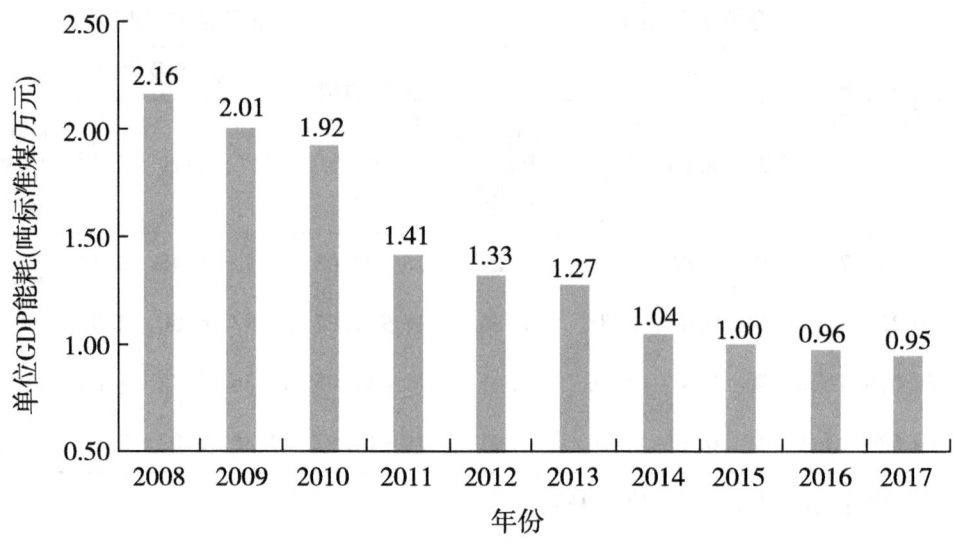

**图 4-1　2008—2017 年内蒙古单位 GDP 能耗情况**

（数据来源：2008—2013 年及 2015 年的数据来源于《内蒙古统计年鉴 2018》；
2014 年、2016 年和 2017 年的数据均根据对应年度
《内蒙古自治区国民经济和社会发展统计公报》计算所得）

综上分析，2008 年以来内蒙古单位 GDP 能耗持续下降，节能降耗成效显著，能源利用效率不断提高。但近 3 年能源效率的改善速度明显放缓，继续降低内蒙古单位生产总值能耗的任务依然十分艰巨。

## （三）清洁能源发电占比增长迅速，电源结构不断优化

内蒙古发电能源受其能源构成情况影响，主要包括火电、水电、风电和太阳能发电。近年来内蒙古电力供应能力持续加强，发电总量逐年增加，从 2008 年的 2 057 亿千瓦时增加至 2017 年的 4 422 亿千瓦时，年均增长率为 8.88%。其中主力电源——火电比重逐年下降，火电发电量占比从 2008 年的 97.62% 下降至 2017 年的 84.49%。水电份额波动较大，水电发电量占比在 2013 年达到最高 0.99%，此后占比逐年降至 2017 年的 0.52%。而在此期间，以风能和太阳能为主的清洁能源迅猛发展，发电量快速增加。风电发电量占比从 2008 年的 1.85% 增至 2017 年的 12.46%，增长最明显；起步相对较晚的太阳能发电，发电量占比由 2011 年的 0.03% 增至 2017 年的 2.52%。具体如表 4-2 所示。

综上，内蒙古电源结构仍主要以火力发电为主，风电、水电、太阳能发电仅作为补充。但其电源结构正在不断优化，火电比重呈下降趋势，风电和太阳能发电发展势头良好，潜力巨大。

表 4-2　2008—2017 年内蒙古发电总量及构成情况

| 年份 | 总发电量（亿千瓦时） | 构成（占总发电量的比重）（%） | | | |
|---|---|---|---|---|---|
| | | 火电 | 水电 | 风电 | 太阳能发电 |
| 2008 | 2 057 | 97.62 | 0.53 | 1.85 | — |
| 2009 | 2 250 | 94.89 | 0.80 | 4.31 | — |
| 2010 | 2 600 | 92.58 | 0.77 | 6.69 | — |
| 2011 | 3 135 | 92.15 | 0.57 | 7.24 | 0.03 |
| 2012 | 3 344 | 90.58 | 0.87 | 8.49 | 0.06 |
| 2013 | 3 623 | 88.68 | 0.99 | 10.16 | 0.17 |
| 2014 | 3 861 | 88.45 | 0.91 | 10.00 | 0.65 |
| 2015 | 3 923 | 87.23 | 0.92 | 10.40 | 1.45 |
| 2016 | 3 950 | 85.44 | 0.68 | 11.75 | 2.10 |
| 2017 | 4 422 | 84.49 | 0.52 | 12.46 | 2.53 |

数据来源：《中国电力年鉴》（2009—2017）及内蒙古自治区电力行业协会发布的《2017 年内蒙古自治区电力统计数据》。

## 二、内蒙古能源产业绿色发展基础

### （一）新能源供应能力显著加强

能源有效供应是产业发展的基础。2008 年以来，内蒙古新能源在能源生产结构中的比重持续增加，供应能力显著增强，为新能源产业发展奠定了坚实基础。如表 4-3 所示，2008—2018 年以来，内蒙古能源生产结构中的原煤、原油占比总体呈现下降趋势，其中原煤生产占比从 94.52% 下降到 89.83%，下降 4.69 个百分点；原油生产占比从 0.75% 下降到 0.31%，下降了 0.44 个百分点。天然气、水电、核电和其他能源占比总体呈现增长趋势，天然气生产占比从 4.00% 上升到 5.18%，增长了 1.18 个百分点；水电、核电和其他能源等新能源生产量占比从 0.74% 上升到 4.68%，增长了 3.94 个百分点，发展潜力巨大。

### （二）政策支持体系不断完善

产业的稳步成长，需要政府各方面政策的支持。近年来，国家高度重视新能源产业，相继出台多项政策助力其健康发展，内蒙古积极响应国家政策，并结合自身实际情况，从产业政策、财税政策、投资政策、国土政策等多角度出发，陆续出台多项能源文件,在政策层面上大力推动新能源产业发展,为其营造了良好的政策环境。内蒙古促进新能源产业发展的主要政策及具体内容,如表4-4所示。

表4-3 2008—2018年内蒙古能源生产总量及构成

| 年份 | 能源生产总量（万吨标准煤） | 构成（占能源生产总量的比重）（%） | | | |
|---|---|---|---|---|---|
| | | 原煤 | 原油 | 天然气 | 水电、核电和其他能源 |
| 2008 | 33 440.86 | 94.52 | 0.75 | 4.00 | 0.74 |
| 2009 | 40 185.85 | 92.87 | 0.67 | 4.84 | 1.62 |
| 2010 | 49 740.18 | 92.35 | 0.53 | 5.42 | 1.70 |
| 2011 | 59 738.06 | 92.50 | 0.49 | 5.55 | 1.47 |
| 2012 | 64 027.06 | 92.44 | 0.44 | 5.38 | 1.73 |
| 2013 | 58 554.29 | 91.25 | 0.47 | 6.15 | 2.14 |
| 2014 | 60 205.75 | 91.04 | 0.46 | 6.21 | 2.29 |
| 2015 | 56 253.32 | 89.81 | 0.45 | 6.88 | 2.86 |
| 2016 | 52 690.41 | 89.21 | 0.47 | 6.86 | 3.45 |
| 2017 | 54 620.13 | 90.49 | 0.33 | 5.24 | 3.94 |
| 2018 | 56 086.86 | 89.83 | 0.31 | 5.18 | 4.68 |

数据来源：内蒙古统计年鉴（2009—2019）。

表4-4 内蒙古促进新能源产业发展的主要政策

| 政策名称 | 颁布时间 | 发布单位 | 主要内容 |
|---|---|---|---|
| 《内蒙古自治区可再生能源发展专项资金管理暂行办法》 | 2012.12 | 内蒙古自治区财政厅 | 规范可再生能源发展专项资金管理,提高资金使用效益 |
| 《关于印发内蒙古自治区风能资源开发利用管理办法实施细则的通知》 | 2013.05 | 内蒙古自治区发展和改革委员会 | 重点针对内蒙古风力发电消纳问题提出了有关措施 |
| 《内蒙古自治区人民政府关于促进光伏产业发展的实施意见》 | 2014.08 | 内蒙古自治区人民政府 | 集中建设现有重点光伏产业园区,实施一批重点光伏产业项目 |
| 《内蒙古自治区财政厅地方税务局关于明确光伏发电耕地占用税政策的通知》 | 2015.07 | 内蒙古自治区财政厅 | 明确光伏发电耕地占用税的征收情况 |
| 《内蒙古自治区发展和改革委员会关于内蒙古自治区进一步加强风电管理工作的通知》 | 2016.07 | 内蒙古自治区发展和改革委员会 | 要求各盟(市)严格执行国家风电计划指标,不在计划指标内的项目不核准 |

（续表）

| 政策名称 | 颁布时间 | 发布单位 | 主要内容 |
| --- | --- | --- | --- |
| 《内蒙古自治区发展和改革委员会关于进一步加强可再生能源开发建设管理的通知》 | 2017.03 | 内蒙古自治区发展和改革委员会 | 对清洁能源资源开发、消纳和基地建设提出具体要求 |
| 《内蒙古自治区能源发展"十三五"规划》 | 2017.06 | 内蒙古自治区人民政府 | 调整优化能源结构，大力发展新能源，加快新能源外送基地建设 |
| 《内蒙古自治区发展和改革委员会关于进一步推进风电清洁供暖项目实施的通知》 | 2018.01 | 内蒙古自治区发展和改革委员会 | 建立风电清洁供暖与配套新建风电项目可再生能源电价补贴申报联动机制 |
| 《关于光伏扶贫建设补助资金管理使用的通知》 | 2018.07 | 内蒙古自治区扶贫开发办公室 | 对补助资金拨付进度、监管力度及如何使用提出具体要求 |
| 《内蒙古自治区新兴产业高质量发展实施方案（2018—2020年）》 | 2018.11 | 内蒙古自治区办公厅 | 对新能源设备进行投资，风电装备重点项目共6个，总投资213 800万元 |

资料来源：根据内蒙古自治区人民政府政务公开信息整理所得。

# 第五章
# 内蒙古能源产业绿色发展取得的成效

近年来,内蒙古秉持绿色发展理念,通过推进煤炭清洁高效转换以及加强清洁能源开发利用,能源产业逐步走上科学有序的绿色发展之路。

## 一、煤炭清洁高效开发利用卓有成效

内蒙古以煤为主的能源结构在短期内较难改变。因此,加快煤炭产业绿色转型,提高煤炭资源综合利用效率,是能源产业实现高质量发展的基础。煤炭清洁高效开发利用是能源绿色发展最现实的选择。目前,内蒙古以绿色煤矿建设及煤炭消费的两大主要领域——燃煤发电和煤化工为重点抓手,煤炭清洁高效开发利用成效显著。

### (一)绿色煤矿建设稳步健康发展

2017年内蒙古印发了《内蒙古自治区绿色矿山建设方案》,该方案明确指出:2017年底前各盟(市)按照"谁破坏、谁复垦"原则,明确落实矿山环境治理及绿色矿山建设责任主体,全面推进生产矿山按照绿色矿山建设标准加快改造升级;2018年新设立矿山执行绿色矿山标准建设;2018年底前完成35个国家级绿色矿山创建。自2011年国家公布首批国家级绿色矿山试点单位以来,目前为止共发布四批国家级绿色矿山试点单位,共计607家。内蒙古共拥有36家国家级绿色矿山,超额完成任务,其中煤炭行业共包括国家级绿色矿山17家(表5-1),占比达47.22%,内蒙古煤矿绿色化建设正在稳步健康发展。

表5-1 内蒙古煤炭行业国家级绿色矿山名单

| 煤矿名称 | 批次 | 煤矿名称 | 批次 |
| --- | --- | --- | --- |
| 中国神华能源股份有限公司上湾煤矿 | 第一批 | 内蒙古平庄能源股份有限公司西露天煤矿 | 第四批 |

(续表)

| 煤矿名称 | 批次 | 煤矿名称 | 批次 |
| --- | --- | --- | --- |
| 神华准格尔能源有限责任公司黑岱沟露天煤矿 | 第一批 | 呼伦贝尔东明矿业有限责任公司东明露天煤矿 | 第四批 |
| 伊泰京粤酸刺沟矿业有限责任公司酸刺沟煤矿 | 第二批 | 内蒙古乌中旗温明矿业集团有限责任公司温根煤矿 | 第四批 |
| 华能伊敏煤电有限责任公司露天煤矿 | 第二批 | 神华宝日希勒能源有限公司露天开采煤矿 | 第四批 |
| 伊泰集团有限公司大地精煤矿 | 第二批 | 中国神华能源股份有限公司补连塔煤矿 | 第四批 |
| 神东天龙集团武家塔露天煤矿 | 第二批 | 内蒙古大雁矿业集团有限责任公司第三煤矿 | 第四批 |
| 伊泰宝山煤炭有限责任公司宝山煤矿 | 第三批 | 中国神华能源股份有限公司哈尔乌素露天开采煤矿 | 第四批 |
| 大唐国际发电股份有限公司胜利东二号露天煤矿 | 第三批 | 中国神华能源股份有限公司布尔台煤矿 | 第四批 |
| 伊泰同达煤炭有限责任公司丁家渠煤矿 | 第三批 | | |

资料来源：根据国土资源部公布的四批国家级绿色矿山试点单位名单整理所得。

### （二）燃煤发电机组节能减排升级改造有序进行

2017 年内蒙古煤炭消费量 38 595.52 万吨，其中燃煤发电用 21 592.94 万吨，占煤炭消费总量的 55.95%，因此，解决发电燃煤的清洁问题是煤炭高效清洁利用的重中之重。内蒙古主要从两个方面积极推进煤电节能减排升级改造，一是加快现役煤电机组（重点对 30 万千瓦及以上煤电机组）超低排放和节能改造。截至 2017 年底，全区累计完成并通过验收超低排放机组 109 台、规模 4 577 万千瓦，节能改造机组 40 台、规模 1 404 万千瓦。二是严格煤电机组准入控制，大力推广大容量、高参数先进燃煤发电机组。新建项目均采用 60 万千瓦及以上超临界机组，循环流化床低热值煤机组和供热机组均采用 30 万千瓦及以上超临界机组，并配套建设先进的高效脱硫、脱硝和除尘设施。目前内蒙古共有百万千瓦及以上火力发电厂 23 座，单机 30 万千瓦及以上超临界机组、60 万千瓦及以上超临界机组分别约占火电装机容量的 75% 和 40%，均高于全国平均水平。

### （三）现代煤化工产业化示范取得初步成效

现代煤化工作为污染物排放较低的煤炭利用方式，成功开辟了煤炭清洁高效利用的新途径。内蒙古抓住国家推进石油替代发展战略和煤炭清洁高效利用的政策机遇，着力打造现代煤化工生产示范项目。截至目前，煤制油、煤制气、煤制烯烃等五大国家级现代煤化工示范工程取得阶段性成果，如表5-2所示。截至2018年底，内蒙古煤炭转化率为38.4%，已获核准煤制油产能700万吨，煤制气280亿立方米、煤制烯烃300万吨、煤制乙二醇200万吨。预计项目全面建成后，每年可就地转化煤炭4亿多吨，内蒙古现代煤化工产业发展已然走在全国前列。

表5-2 内蒙古已投产及在建的主要现代煤化工项目情况

| 项目种类 | 已投产项目 | 在建项目 |
| --- | --- | --- |
| 煤制油 | 鄂尔多斯市神华直接液化煤制油项目（108万吨/年） | 鄂尔多斯市神华直接液化煤制油二期（220万吨/年） |
| | 鄂尔多斯市伊泰集团间接液化煤制油项目（16万吨/年） | 鄂尔多斯市伊泰集团精细化学品项目（120万吨/年） |
| | 乌兰察布市河北丰汇投资集团煤制油项目（10万吨/年） | 鄂尔多斯河北丰汇投资集团煤制油项目（20万吨/年） |
| | 阿拉善庆华集团煤制油项目一期及二期（10万吨/年） | 锡林郭勒盟京能集团煤制油项目（65万吨/年） |
| 煤制天然气 | 赤峰市大唐国际煤制天然气项目（40亿米$^3$/年） | |
| | 鄂尔多斯市汇能煤制天然气项目（16亿米$^3$/年） | |
| 煤制烯烃 | 包头市神华煤制烯烃项目（60万吨/年） | |
| | 锡林郭勒盟大唐国际煤制烯烃项目（46万吨/年） | |
| 煤制乙二醇 | 通辽市金煤化工煤制乙二醇项目（20万吨/年） | 通辽市康奈尔煤制乙二醇项目（30万吨/年） |
| | 鄂尔多斯市新杭能源煤制乙二醇项目（30万吨/年） | |
| 煤制二甲醚 | 鄂尔多斯市中天合创煤制二甲醚项目（300万吨/年） | |
| | 鄂尔多斯市新奥集团煤制二甲醚项目（40万吨/年） | |

资料来源：根据网络公开资料整理所得。

## 二、清洁能源产业规模持续扩大

清洁能源作为绿色低碳能源，是全球能源转型的根本方向。发展清洁能源产业则是改善能源结构、推进生态文明建设的重点。内蒙古依托风能和太阳能资源优势，在国家能源政策支持下，以风电产业和光伏产业为发展重点，产业规模和装备水平连续跃上新台阶。

新能源作为绿色低碳能源，是全球能源转型的根本方向，发展新能源产业则是改善能源结构、推进生态文明建设的重点。内蒙古作为我国重要能源资源基地，是新能源重点发展地区，近年来依托风能、太阳能、水能和生物质能等资源优势，在国家及自治区能源政策的大力推动下，新能源产业发展成效显著，本部分分别从风电产业、太阳能光伏产业、水电产业、生物质能发电产业4个细分产业出发，概括介绍内蒙古新能源产业发展的总体情况。通过分析发现内蒙古新能源产业的各个子行业所处的发展阶段不一致，其中风电产业发展趋于成熟；太阳能光伏产业发展迅猛；水电产业发展稳中求进；生物质发电产业初显成效。总体而言，内蒙古新能源产业发展迅速，质量提升显著，发展前景广阔。

### （一）风电产业平稳发展

据中国风能协会测算，内蒙古风能可开发量高于1.5亿千瓦，约占国内陆上风能可开发总量的一半以上，是我国陆上风能资源最富集的地区。"十一五"以来，内蒙古抓住我国推进节能减排、开发利用清洁能源的政策机遇，加快建设蒙西、蒙东两个国家级千万千瓦级风电基地，风电产业发展迅速。如表5-3所示，近十年内蒙古风电建设步伐明显加快，截至2018年底，风电累计装机容量高达2 869万千瓦，同比增长7.45%，较2009年风电累计装机容量增加约3.47倍。基础设施建设日益完备的同时，风电发电量持续攀升。2018年内蒙古风电发电量达到632亿千瓦时，同比增长14.70%，较2009年风电发电量增加535亿千瓦时，增长约5.52倍，风电发电量高居全国首位。

表5-3 2009—2018年内蒙古风电装机容量及发电量情况

| 年份 | 风电装机容量（万千瓦） | 风电发电量（亿千瓦时） |
| --- | --- | --- |
| 2009 | 642 | 97 |
| 2010 | 973 | 174 |
| 2011 | 1 457 | 227 |
| 2012 | 1 693 | 284 |
| 2013 | 1 852 | 368 |
| 2014 | 2 019 | 386 |
| 2015 | 2 425 | 408 |
| 2016 | 2 557 | 464 |

(续表)

| 年份 | 风电装机容量（万千瓦） | 风电发电量（亿千瓦时） |
| --- | --- | --- |
| 2017 | 2 670 | 551 |
| 2018 | 2 869 | 632 |

数据来源：《中国电力年鉴》（2010—2017）及国家能源局发布的《2017年、2018年风电并网运行情况》。

### （二）光伏产业迅猛发展

内蒙古地处太阳能富集区域，全区太阳能年总辐射量在 1 342～1 948 千瓦时/米$^2$，年日照时数在 2 600～3 400 小时，仅次于西藏自治区，居全国第二。近年来，内蒙古依托丰富的太阳能资源、硅矿和荒漠化土地资源，大力发展光伏产业，如表5-4 所示，2011 年内蒙古光伏发电装机实现了从无到有的突破，累计装机 9 万千瓦；截至 2018 年底，光伏发电累计装机容量高达 945 万千瓦，同比增长 27.19%，年均增长率为 94.42%。随着光伏发电装机规模的不断扩大，光伏发电量高速增长。内蒙古光伏产业在 2011 年尚处于发展初期，发电量仅为 1 亿千瓦时，随着光伏产业不断发展壮大，截至 2017 年底内蒙古光伏发电量为 112 亿千瓦时，同比增长 34.94%，较 2011 年光伏发电量增加 111 亿千瓦时。

表5-4　2011—2018 年内蒙古光伏发电累计装机容量及发电量情况

| 年份 | 光伏发电累计装机容量（万千瓦） | 光伏发电量（亿千瓦时） |
| --- | --- | --- |
| 2011 | 9 | 1 |
| 2012 | 38 | 2 |
| 2013 | 138 | 6 |
| 2014 | 302 | 25 |
| 2015 | 489 | 57 |
| 2016 | 637 | 83 |
| 2017 | 743 | 112 |
| 2018 | 945 | — |

数据来源：《中国电力年鉴》（2012—2017）及国家能源局发布的《2017年、2018年光伏发电统计信息》。

### （三）水电产业发展稳中求进

内蒙古属于干旱半干旱地区，水能资源相对较贫乏，全区水能资源总储藏量为 581.2 万千瓦，其中可开发利用量 262.5 万千瓦。近年来内蒙古水电建设步伐稳中求进，如图 5-1 所示，截至 2018 年末水电装机容量达 238 万千瓦，较 2009 年水电装机容量增加约 1.87 倍。水力发电量虽有所波动但总体仍呈增长趋势，2018 年水力发电量达 36.49 亿千瓦时，同比增长 82.5%，年均增长率 10.5%，较 2009 年水力发电量增加 21.67 亿千瓦时，增长约 1.46 倍，如图 5-2 所示。

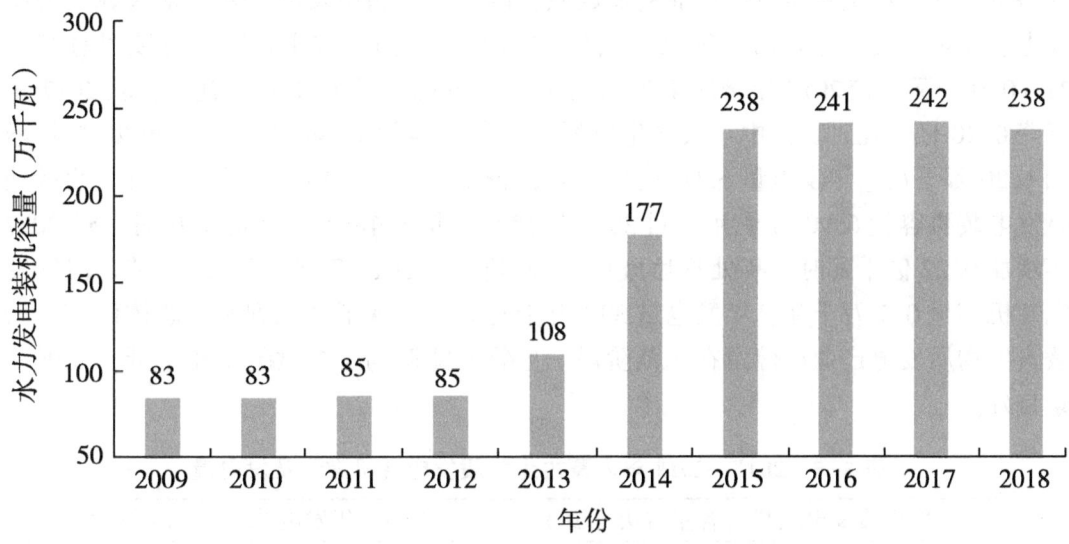

**图 5-1　2009—2018 年内蒙古水力发电装机容量**

［数据来源：中国电力年鉴（2010—2018）及内蒙古人民政府发布的《2018 年内蒙古新能源发电量实现快速增长》］

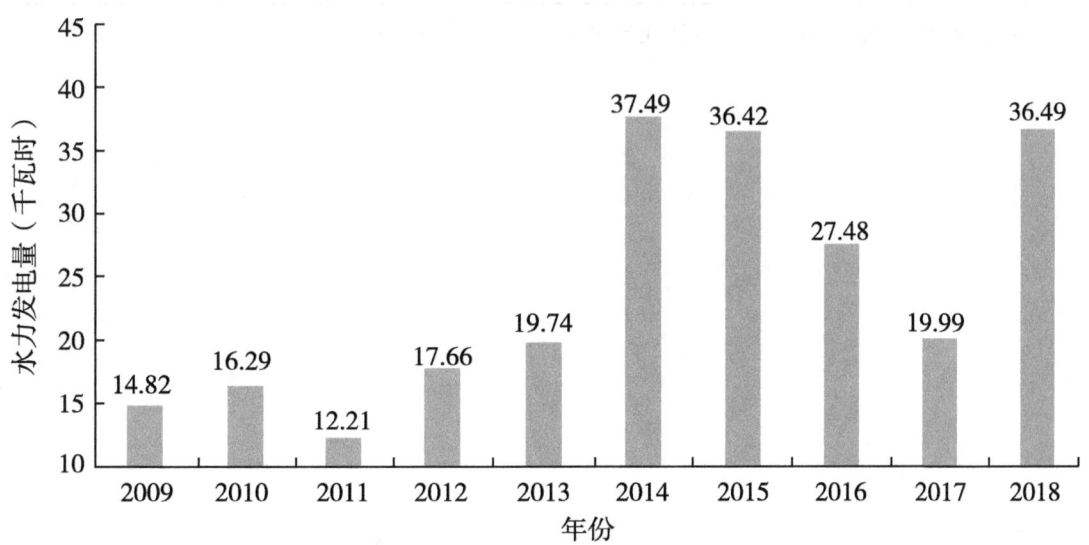

**图 5-2　2009—2018 年内蒙古水力发电量**

［数据来源：中国能源统计年鉴（2010—2018）及中华人民共和国国家统计局网站］

## (四) 生物质发电产业发展前景良好

内蒙古生物质能资源储量巨大,主要包括秸秆资源和牲畜粪便资源,据测算全区年均产秸秆1 831.69万吨,牲畜年产粪便约1.17亿吨。近年来在资源和政策的支持下,内蒙古生物质发电产业初显成效,内蒙古生物质发电主要包括农林生物质发电、垃圾焚烧发电和沼气发电。截至2018年末,内蒙古生物质发电装机总容量21.40万千瓦,较2017年增加4.20万千瓦;年发电总量7.30亿千瓦时,较2017年下降0.40亿千瓦时。其中:农林生物质发电装机容量14.40万千瓦,较2017年增加4.20万千瓦;年发电量5.56亿千瓦时,较2017年下降0.64亿千瓦时。垃圾焚烧发电装机容量6.90万千瓦,同2017年持平;年发电量1.72亿千瓦时,较2017年增加0.22亿千瓦时;年处理垃圾量74万吨,较2017年增加约28万吨。沼气发电装机容量0.1万千瓦,年发电量338万千瓦时,实现了从无到有。总体而言,内蒙古生物质发电产业还停留在示范阶段,生物质能源的发电贡献率还很低,发展前景良好。

表5-5 2017—2018年内蒙古生物质发电装机容量及发电量

| 年份 | 生物质发电装机总容量(万千瓦) | | | 生物质年发电总量(亿千瓦时) | | |
| --- | --- | --- | --- | --- | --- | --- |
| | 农林生物质发电 | 垃圾焚烧发电 | 沼气发电 | 农林生物质发电 | 垃圾焚烧发电 | 沼气发电 |
| 2017 | 10.20 | 6.90 | 0.10 | 6.20 | 1.50 | 0 |
| 2018 | 14.40 | 6.90 | 0.10 | 5.56 | 1.72 | 0.033 8 |

数据来源:《中国生物质发电产业排名报告》(2018—2019)。

# 第六章
# 内蒙古新能源产业发展的金融支持分析

## 一、内蒙古金融业发展现状

金融是现代经济的核心,具有融通资金供求、优化资源配置、调节经济运行等作用。近年来,内蒙古金融业发展整体呈现出良好态势,金融规模日趋扩大,金融结构向多元化发展,金融效率不断提高。截至2018年底,内蒙古金融业机构资产总额达40 696.1亿元,逐步形成了以银行业、证券业和保险业为主的相辅相成的金融体系。如图6-1所示,2004年以来内蒙古金融业增加值稳步提升,截至2018年末金融业已实现增加值1 235.18亿元,同比增长12.30%,较2004年的55.89亿元增加近21.10倍。此外,内蒙古金融业对自治区经济社会发展的贡献也逐年提高,其增加值占内蒙古地区生产总值的比重从2000年的1.84%增加至2018年的7.14%,

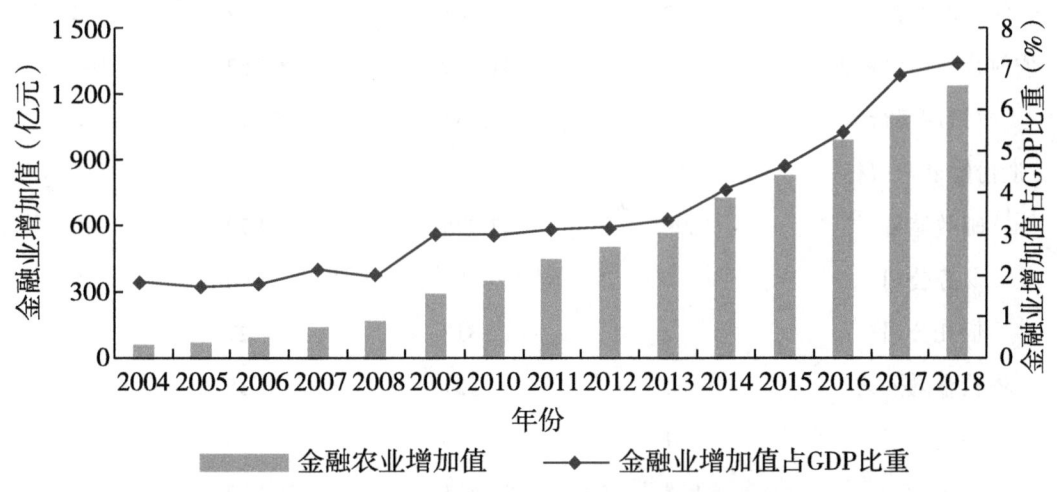

**图6-1 2004—2018年内蒙古金融业增加值及其占GDP比重情况**

[数据来源:根据内蒙古统计年鉴(2005—2019)相关数据整理、计算所得]

且有继续增长之势,但目前仍低于全国0.54个百分点。综上,内蒙古金融业整体发展水平及在自治区经济社会发展中的地位不断提升,但仍低于全国平均水平,对地区产业发展的支持力度还有较大的提升空间。

## (一)内蒙古银行业发展现状

近年来,内蒙古银行业稳健发展,已初步形成以国有大型商业银行为主,城市商业银行、农村金融机构、政策性银行、股份制商业银行等多种金融机构并存的银行体系,支持实体经济质量不断提升。如表6-1所示,截至2018年末,内蒙古共有银行业金融机构5 873个,较上年增加55个,银行业金融机构资产总额高达35 006亿元,同比增长1.87%,占全区金融业机构资产总额的86.02%,可见目前内蒙古金融业发展仍以银行业为主导。随着银行业金融机构体系日益完善,内蒙古各项存贷款规模持续扩大。如图6-2所示,各项存款余额从2004年的2 576.37亿元增长到2018年的23 261.35亿元,15年间增长了8.03倍;而各项贷款余额从2004年的2 239.76亿元增加至2018年的22 085.22亿元,增长了8.86倍。综上,作为内蒙古实体经济发展的主要融资渠道,银行业金融机构各项存贷款规模的不断扩大,将为其产业发展提供强有力的金融支持。

表6-1 2018年内蒙古银行业金融机构发展概况

| 机构类别 | 营业网点 | | | 法人机构(个) |
|---|---|---|---|---|
| | 机构个数(个) | 从业人数(人) | 资产总额(亿元) | |
| 国有大型商业银行 | 1 586 | 37 573 | 10 864 | 0 |
| 城市商业银行 | 602 | 13 766 | 8 237 | 4 |
| 农村合作金融机构 | 2 555 | 31 979 | 6 252 | 168 |
| 政策性银行 | 87 | 2 081 | 5 372 | 0 |
| 股份制商业银行 | 224 | 4 570 | 2 538 | 0 |
| 邮政储蓄 | 809 | 7 775 | 970 | 0 |
| 财务公司 | 6 | 186 | 608 | 5 |
| 信托公司 | 2 | 315 | 127 | 2 |
| 消费金融公司 | 1 | 251 | 35 | 1 |
| 外资银行 | 1 | 5 | 3 | 0 |
| 合计 | 5 873 | 98 501 | 35 006 | 180 |

数据来源:内蒙古统计年鉴(2019)、《内蒙古自治区金融运行报告》(2019)。

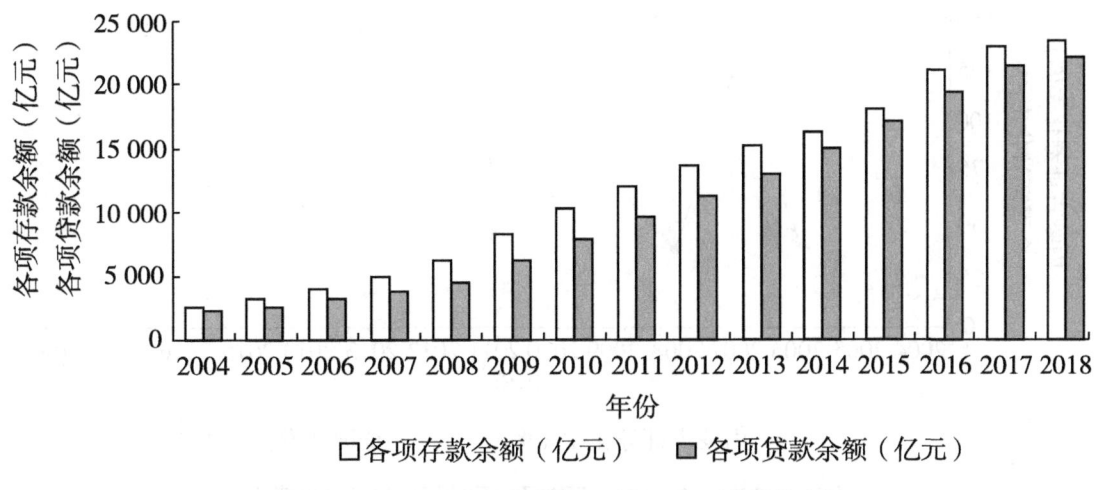

图 6-2 2004—2018 年内蒙古金融机构各项存贷款余额

[数据来源：内蒙古统计年鉴（2005—2019）]

### （二）内蒙古证券业发展现状

内蒙古证券业发展相对较缓慢，首先从辖区证券市场主体构成情况来看：截至 2018 年底，辖区内暂无法人基金公司和期货公司，持续多年只有恒泰证券和国融证券 2 家法人证券公司，目前证券分公司 17 家，证券营业部 101 家，仅比上年增加 1 家；上市公司 26 家，期货营业部 10 家，私募基金管理人 42 家，与上年相比均未变动。其次从证券业经营业绩来看：2018 年辖内 2 家法人证券公司传统经纪业务、投行、资管等业务收入呈下降趋势，盈利能力下降明显，其中托管股票总市值、证券交易额、代理买卖证券款、融资融券额相比上年分别下降 32.8%、24.7%、16.2% 和 36.4%；营业收入、手续费佣金净收入分别较上年下降 59.9% 和 26.7%；净利润减少 12.7 亿元。上市公司总市值 4 397.99 亿元，同比下降 33.23%。由上可知，内蒙古证券业经营机构规模、盈利水平均亟待进一步提升。证券化率，用于衡量地区证券市场的发展程度，具体是指各类金融证券总市值与地区生产总值的比值，实际计算中证券总市值通常用股票总市值来代表。证券化率越高，意味着证券市场在经济发展中的地位越重要。如图 6-3 所示，2004—2018 年，内蒙古证券化率波动较大，其变动趋势与全国证券化率变动趋势基本一致，并且始终低于全国平均水平，说明内蒙古证券市场发展相对落后，对自治区经济发展贡献并不明显。

### （三）内蒙古保险业发展现状

近年来，内蒙古保险业发展迅猛，经济补偿和风险保障功能充分发挥，服务经济社会能力有效提升，整体实力不断增强。截至 2018 年末，全区共有省级分公司 41 家，保险分支机构 2 897 家，比上年增加 71 家，保险公司资产总额共计 1 292.1

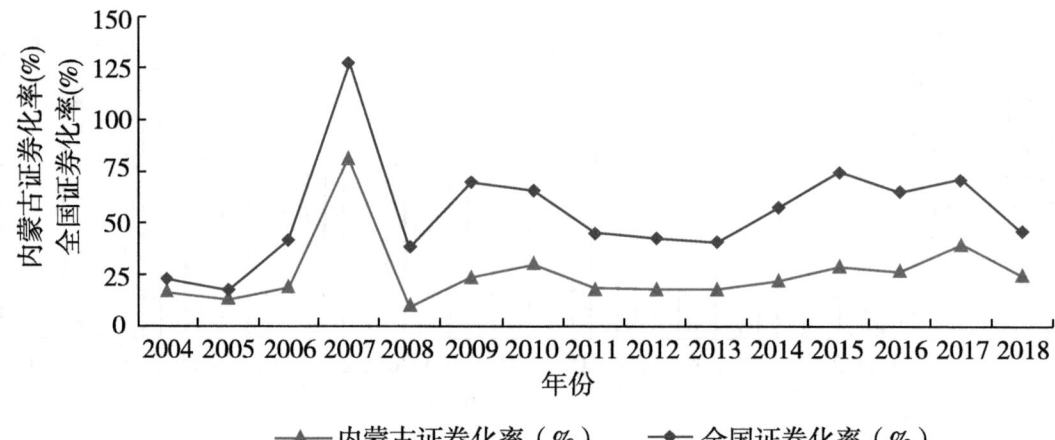

**图 6-3 2004—2018 年内蒙古及全国的证券化率对比情况**

[数据来源：根据内蒙古统计年鉴（2005—2019）、新浪财经全球宏观
经济数据库相关数据整理、计算所得]

亿元，同比增长 15.72%。随着内蒙古保险业市场格局的日臻完善，保费收入逐年增加，截至 2018 年底全年实现原保险保费收入 659.50 亿元，较上年增长 15.72%，是 2004 年原保费收入的 11.94 倍；其中财产险和人身险保费收入分别为 194.40 亿元和 465.10 亿元，增长率分别为 8.10% 和 19.23%。

保险深度是保费收入占地区生产总值之比，可衡量内蒙古保险业对其经济发展的贡献程度；而保险密度是按当地常住人口计算的人均保费收入，可反映内蒙古公民的参保意识。如表 6-2 所示，2004—2018 年 15 年间内蒙古保险密度和深度整体呈持续上升趋势，其中保险密度从 2004 年的 231.68 元/人逐年提高至 2018 年的 2 602.63 元/人，保险深度从 2004 年的 1.82% 提升至 2018 年的 3.81%，由此可见，内蒙古保险业助推经济与保障民生作用凸显，其经济保障功能和全区人民的保险意识均在不断提升，但与全国平均水平（2018 年全国保险密度和深度分别为 2 724.46 元/人和 4.22%）相比仍存在一定差距，还需进一步扩大其影响力。

**表 6-2　2004—2018 年内蒙古保费收入、保险深度及保险密度情况**

| 年份 | 保费收入（亿元） | 保险密度（元/人） | 保险深度（%） |
| --- | --- | --- | --- |
| 2004 | 55.24 | 231.68 | 1.82 |
| 2005 | 60.87 | 255.07 | 1.56 |
| 2006 | 71.95 | 300.75 | 1.46 |
| 2007 | 97.75 | 406.43 | 1.52 |
| 2008 | 141.35 | 585.61 | 1.66 |

（续表）

| 年份 | 保费收入（亿元） | 保险密度（元/人） | 保险深度（%） |
| --- | --- | --- | --- |
| 2009 | 171.31 | 707.29 | 1.76 |
| 2010 | 215.54 | 871.86 | 1.85 |
| 2011 | 229.78 | 925.89 | 1.60 |
| 2012 | 247.74 | 995.00 | 1.56 |
| 2013 | 274.69 | 1 099.81 | 1.62 |
| 2014 | 313.97 | 1 253.47 | 1.77 |
| 2015 | 395.48 | 1 574.96 | 2.22 |
| 2016 | 486.87 | 1 931.92 | 2.61 |
| 2017 | 569.91 | 2 253.85 | 3.54 |
| 2018 | 659.50 | 2 602.63 | 3.81 |

数据来源：根据内蒙古统计年鉴（2005—2019）相关数据整理、计算所得。

## 二、内蒙古新能源产业发展的金融支持现状

### （一）金融支持规模

金融相关率可作为衡量某地区金融规模的指标，其是指某区域一定时期内积累的金融资产总量与其国民总产值的比值，计算公式表示为 FIR = M2/GDP，由于广义货币供应量的数值无法获取，并且考虑到现阶段内蒙古金融业发展仍主要以银行业金融机构为主的实际情况，本部分参考多数学者做法，采用金融机构存贷款总额代表金融资产总量，并用其与地区生产总值的比值来具体测算内蒙古金融发展规模。一般认为，金融相关率越高，能转化的产业资本越多。如图 6-4 所示，2004—2018 年间内蒙古金融机构存贷款总额与其地区生产总值呈同向变动关系，且二者比值即金融相关率始终大于 1，变动趋势主要表现为在波动中逐年增长，表明内蒙古金融深化程度不断增强，金融规模正在逐年扩大，一定程度上促进了产业发展，进而推进了内蒙古经济的增长。虽然无法获得新能源产业金融支持规模的具体统计数据，但是从近年来内蒙古金融资产总量、金融规模、新能源产业产值均呈同步增长趋势可以侧面反映出：金融规模不断扩大，金融机构信贷投放量持续增加，可转化产业资本相应增多，新能源产业自然也成为信贷投放量增加的惠及对象。

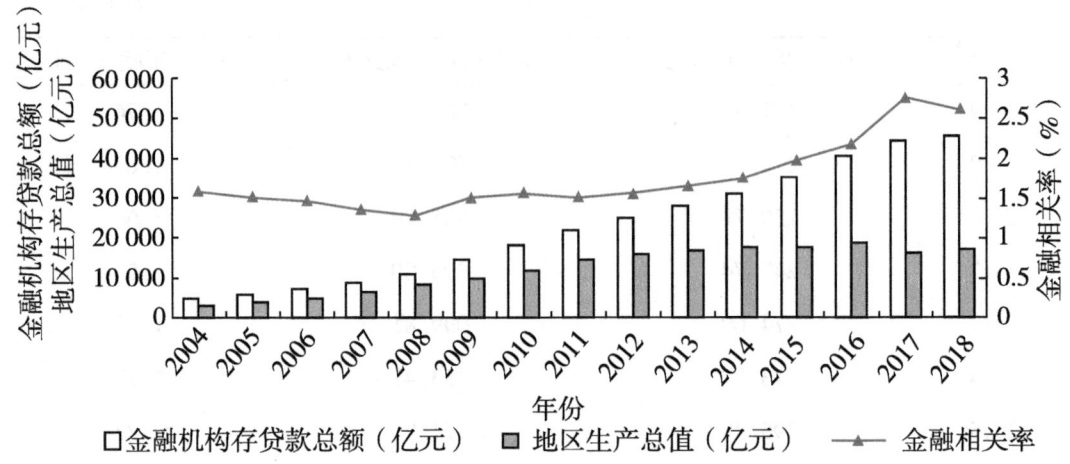

图 6-4　2004—2018 年内蒙古各项金融规模相关指标

[数据来源：根据内蒙古统计年鉴（2005—2019）相关数据整理、计算所得]

### （二）金融支持结构

目前，内蒙古金融支持新能源产业发展主要通过以下两种渠道：一是以信贷为主的间接融资；二是以证券为主的直接融资。其中，间接融资的支持作用表现为银行金融机构通过信贷投放为新能源企业和项目发展提供资金支持。近年来，内蒙古银行金融机构逐步建立健全绿色信贷政策体系，专注绿色金融产品与服务创新，着重将信贷业务向新能源产业等绿色产业倾斜。截至 2018 年末，内蒙古绿色信贷余额达 1 463.3 亿元，较年初增加 208.9 亿元，同比增长 14.5%，分行业看，主要投向绿色交通运输项目、可再生能源及清洁能源项目、工业节能节水环保项目，占绿色信贷余额的比重为 88.65%。分机构看，政策性银行和国有大型商业银行是绿色信贷投放的主力，占全部金融机构绿色信贷的 87.5%。表 6-3 列举了内蒙古银行业金融机构支持新能源产业发展的典型案例。

表 6-3　内蒙古银行业金融机构支持新能源产业发展的典型案例

| 银行业金融机构 | 金融支持详细情况 |
| --- | --- |
| 国家开发银行内蒙古分行 | 截至 2019 年 6 月末，向察右中旗大板梁风电场一期 49.5MW 风电项目、通辽市奈曼旗 55MWp 光伏项目等发放贷款 24.46 亿元；分别支持了阿拉善右旗风电二期 49.5MW 工程、包头红泥井风光同场 40MWp 光伏等相关项目，贷款余额约 373 亿元 |
| 中国农业银行内蒙古分行 | 截至 2018 年底，对达拉特光伏发电应用领跑基地的贷款余额达 11.52 亿元；对内蒙古可再生能源及清洁能源项目发放贷款 34.11 亿元 |

（续表）

| 银行业金融机构 | 金融支持详细情况 |
|---|---|
| 中国进出口银行<br>内蒙古分行 | 2018年9月，与装机容量全球第二的新能源企业协鑫新能源控股有限公司签订光伏精准扶贫"金融+"合作协议，为其批复5.4亿元贷款，支持其在内蒙古的光伏扶贫电站建设项目 |
| 中国工商银行<br>内蒙古分行 | 截至2018年6月末，已经向内蒙古中环光伏材料有限公司陆续投放19亿元；为内蒙古京能五间房电厂投放15亿元贷款，用于支持锡林郭勒盟700万千瓦风电外送基地项目建设；支持乌兰察布0.3亿元光伏扶贫项目贷款 |
| 中国银行<br>内蒙古分行 | 截至2017年底，为大唐霍林河新能源有限公司19.8万千瓦风电项目投放18.73亿元贷款；向大唐赤峰新能源有限公司的风电基地项目累计发放贷款15.34亿元 |
| 招商银行<br>呼和浩特分行 | 2014年累计为风力发电及天然气供应企业发放信贷4.41亿元，支持了三胜风电、京能国际辉腾锡勒风电场49.5MW机组工程项目和港能乌兰花风电场二期49.5MW风电项目 |

资料来源：根据网络公开信息整理所得。

直接融资的支持作用表现为新能源企业可以通过在证券交易所上市或发行股票和债券等金融工具，最大限度地吸收社会闲散资金，以满足企业资金需求。由于国内证券市场对于中小型新能源企业，依然存在较高的准入门槛，因此对于内蒙古境内的新能源企业来说，发行证券往往存在诸多限制，大多无法通过企业上市和发行债券来获得发展资本。截至目前，内蒙古辖区内26家上市公司中，新能源相关企业只有1家，并且其主要业务为火电，新能源发电只是其业务的一部分。可见目前内蒙古证券市场的直接融资功能并未充分发挥，仍有待进一步加强。

### （三）金融支持效率

金融效率是金融机构将储蓄转化为投资的效率，体现金融机构配置金融资源的能力。鉴于目前内蒙古实体经济的发展仍然依赖银行主导型金融市场，因此本部分以金融机构存贷比来测算内蒙古的金融效率，反映内蒙古金融机构调动储蓄资金并将其转化为投资在各产业间配置的能力。存贷比越高，资金转为投资的能力越强，金融效率越高。由图6-5所示，2004—2018年间内蒙古存贷比始终小于1，且以2008年为界，2004—2008年内蒙古存贷比处于波动状态，金融发展效率总体呈逐年下降趋势；2008—2015年内蒙古金融机构存贷比稳步提升，储蓄转为产业资本的能力逐渐增强，金融效率显著提高；2015—2018年内蒙古金融机构存贷比呈先下降后上升变动趋势。总体来看，内蒙古金融发展效率极不稳定，储蓄资金转换为投资的能力仍有待进一步提升。

具体考察内蒙古新能源产业发展的金融支持效率。由于缺乏内蒙古金融机构各项

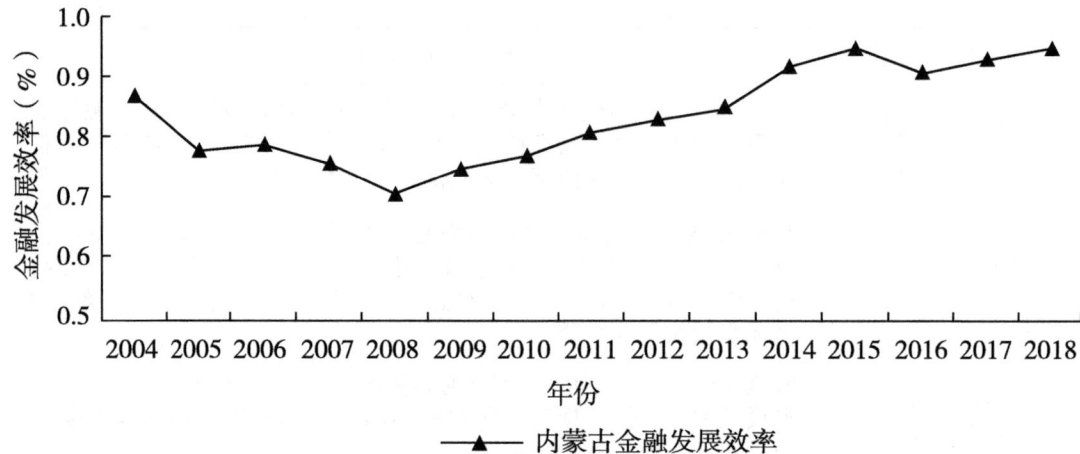

**图 6-5　2004—2018 年内蒙古金融发展效率变动情况**

[数据来源：根据内蒙古统计年鉴（2005—2019）相关数据计算所得]

贷款在不同产业间投放的相关统计数据，因此，本部分以中国工商银行内蒙古分行为例，通过探讨其信贷结构以初步了解金融机构对新能源产业发展的支持效率。如表 6-4 所示，截至 2018 年底，中国工商银行内蒙古分行共投放贷款 1 334 亿元，其信贷业务共涵盖 18 个细分行业，包括积极进入类 7 个、适度进入类 6 个、谨慎进入类 5 个。可以发现，风力发电行业和太阳能发电行业等新能源产业均归属于适度进入类行业，其贷款规模分别为 91 亿元和 22 亿元，分别占 2018 年工行内蒙古分行全部贷款余额的 6.82% 和 1.65%。而属于谨慎进入类的火力发电和煤炭行业，其贷款规模分别达 244 亿元和 159 亿元，占全部贷款余额的比重分别为 18.29% 和 11.92%，贷款规模及其占比远远大于风力发电行业和太阳能发电行业等新能源产业。这一现状充分说明银行业金融机构普遍实行保守经营原则，为了有效控制风险，对支持新能源产业发展的信贷规模有所限制，相比传统优势产业贷款投放较少，金融支持效率较低。

**表 6-4　2018 年中国工商银行内蒙古分行信贷行业结构**

| 行业类别 | 行业名称 | 2018 年末各行业贷款余额（亿元） | 占银行贷款总额比重（%） |
| --- | --- | --- | --- |
| 积极进入类 | 公路行业 | 188 | 14.09 |
| | 铁路行业 | 123 | 9.22 |
| | 城市轨道交通行业 | 14 | 1.05 |
| | 电力供应行业 | 11 | 0.82 |
| | 医院行业 | 7 | 0.52 |
| | 教育行业 | 2 | 0.15 |
| | 文化旅游行业 | 2 | 0.15 |

（续表）

| 行业类别 | 行业名称 | 2018年末各行业贷款余额（亿元） | 占银行贷款总额比重（%） |
|---|---|---|---|
| 适度进入类 | 化学原料制造行业 | 115 | 8.62 |
| | 风力发电行业 | 91 | 6.82 |
| | 城市基础设施建设行业 | 32 | 2.40 |
| | 城市公共事业行业 | 14 | 1.05 |
| | 太阳能发电行业 | 22 | 1.65 |
| | 零售行业 | 28 | 2.10 |
| 谨慎进入类 | 火力发电行业 | 244 | 18.29 |
| | 煤炭行业 | 159 | 11.92 |
| | 批发行业 | 58 | 4.35 |
| | 房地产行业 | 20 | 1.50 |
| | 钢铁行业 | 32 | 2.40 |
| 不涉及分类 | 其他行业 | 172 | 12.90 |

数据来源：根据中国工商银行内蒙古分行内部数据整理。

# 第七章
# 内蒙古能源产业绿色发展中存在的主要问题

## 一、内蒙古能源产业绿色发展面临的挑战

内蒙古是国家重要的能源基地,能源产业作为其支柱产业之首,在推动内蒙古经济社会发展和保障国家能源安全方面发挥着重要作用,但同时导致了低效高耗的能源利用方式和突出的生态环境问题。当前,顺应能源发展向绿色、高效转变的新趋势、贯彻落实习近平总书记对内蒙古能源经济发展的新要求,迫切需要转变发展理念,推动能源清洁低碳发展,逐步实现能源产业绿色化。因此,本章以内蒙古能源概况为切入点,在对内蒙古能源产业绿色发展成效进行深入分析的基础上,探讨了其绿色发展过程中存在的主要问题,旨在为相关部门提供决策依据。

### (一) 能源资源综合利用水平不高

近年来,内蒙古能源转化和节能减排工作取得了明显成效,单位生产总值能耗有所下降,能源利用水平持续提高,但与全国平均水平相比差距仍然较大。首先,能源转化的最终产品中低端产品占比较高,且能源输出远大于就地转化。内蒙古年均煤炭产量10亿吨,其中2/3以原煤形式运往区外销售,留在区内就地加工转化的煤炭,50%直接燃烧发电,约20%转化为煤化工产品,但燃煤发电是煤炭转化链条最短、转化效率较低的路径,煤化工产业也基本处于初级原材料生产环节,上下游产业链的延伸远远不够。目前,内蒙古煤炭转化率为38%,能源产业层次低、链条短,总体处于产业链及价值链中低端。其次,能源消耗在全国范围内仍然较高。2017年内蒙古单位GDP能耗为0.95吨标准煤/万元,远高于同期全国平均水平(为0.54吨标准煤/万元),属于能耗较高的地区之一。而且据近3年我国各省(区、市)万元地区生产总值能耗降速对比情况(表7-1),内蒙古万元GDP能耗降速相比其他省份较慢,排名一路下滑,呈逐年放缓趋势,节能减排效果在全国范围内并不显著,仍有待提高。

表 7-1　2015—2017 年全国各省（区、市）万元地区生产总值能耗降速排名

（单位：%）

| 排名 | 2015 年 | | 2016 年 | | 2017 年 | |
| --- | --- | --- | --- | --- | --- | --- |
| | 省（区、市） | 降速 | 省（区、市） | 降速 | 省（区、市） | 降速 |
| 1 | 吉林 | -10.69 | 甘肃 | -9.42 | 河南 | -7.90 |
| 2 | 云南 | -8.83 | 天津 | -8.41 | 贵州 | -7.01 |
| 3 | 福建 | -7.70 | 青海 | -7.94 | 山东 | -6.94 |
| 4 | 湖北 | -7.66 | 吉林 | -7.91 | 天津 | -6.24 |
| 5 | 贵州 | -7.46 | 河南 | -7.64 | 江苏 | -5.54 |
| 6 | 甘肃 | -7.46 | 贵州 | -6.94 | 江西 | -5.54 |
| 7 | 四川 | -7.25 | 重庆 | -6.90 | 湖北 | -5.54 |
| 8 | 天津 | -7.21 | 福建 | -6.42 | 上海 | -5.28 |
| 9 | 湖南 | -6.98 | 云南 | -5.35 | 安徽 | -5.28 |
| 10 | 江苏 | -6.73 | 湖南 | -5.34 | 湖南 | -5.24 |
| 11 | 河南 | -6.57 | 安徽 | -5.30 | 四川 | -5.18 |
| 12 | 重庆 | -6.31 | 山东 | -5.15 | 重庆 | -5.12 |
| 13 | 北京 | -6.17 | 河北 | -5.05 | 吉林 | -5.00 |
| 14 | 河北 | -6.14 | 四川 | -4.98 | 云南 | -4.92 |
| 15 | 广东 | -5.71 | 湖北 | -4.97 | 青海 | -4.71 |
| 16 | 安徽 | -5.58 | 江西 | -4.93 | 河北 | -4.42 |
| 17 | 山西 | -5.31 | 北京 | -4.79 | 陕西 | -4.19 |
| 18 | 广西 | -5.11 | 江苏 | -4.68 | 黑龙江 | -4.02 |
| 19 | 青海 | -4.26 | 黑龙江 | -4.50 | 北京 | -3.99 |
| 20 | 黑龙江 | -4.01 | 宁夏 | -4.30 | 浙江 | -3.74 |
| 21 | 内蒙古 | -4.00 | 山西 | -4.22 | 广东 | -3.74 |
| 22 | 上海 | -3.92 | 内蒙古 | -4.06 | 福建 | -3.50 |
| 23 | 江西 | -3.92 | 陕西 | -3.83 | 广西 | -3.39 |
| 24 | 山东 | -3.72 | 浙江 | -3.82 | 山西 | -3.37 |
| 25 | 新疆 | -3.63 | 海南 | -3.71 | 海南 | -2.03 |
| 26 | 浙江 | -3.53 | 上海 | -3.70 | 辽宁 | -1.61 |
| 27 | 辽宁 | -3.52 | 广西 | -3.64 | 内蒙古 | -1.57 |

(续表)

| 排名 | 2015 年 | | 2016 年 | | 2017 年 | |
| --- | --- | --- | --- | --- | --- | --- |
| | 省（区、市） | 降速 | 省（区、市） | 降速 | 省（区、市） | 降速 |
| 28 | 陕西 | -3.21 | 广东 | -3.62 | 新疆 | -0.89 |
| 29 | 海南 | -1.27 | 新疆 | -3.20 | 甘肃 | -0.75 |
| 30 | 宁夏 | 1.20 | 辽宁 | -0.41 | 宁夏 | 7.65 |
| 31 | 西藏 | — | 西藏 | — | 西藏 | — |

数据来源：根据历年国家统计局发布的《分省（区、市）万元地区生产总值能耗降低率等指标公报》整理所得。

## （二）清洁能源消纳问题突出

内蒙古清洁能源产业规模不断扩大，截至 2017 年，电力装机总容量 11 809 万千瓦，其中清洁能源装机 3 636 万千瓦（包括：风电装机 2 670 万千瓦、太阳能发电装机 743 万千瓦、水电装机 223 万千瓦），占电力装机总容量的 31%。随着清洁能源产业快速壮大，清洁能源消纳问题凸显。2017 年内蒙古弃风弃光电量 100 亿千瓦时，其中蒙西弃风电量 71 亿千瓦时，弃风率 17%，弃光电量 4 亿千瓦时，弃光率 11%；蒙东弃风电量 24 亿千瓦时，弃风率 11%，弃光电量 0.9 亿千瓦时，弃光率 4%。2018 年 12 月，国家发展改革委、国家能源局联合印发《清洁能源消纳行动计划（2018—2020 年）》，该计划附件内容对内蒙古风电消纳目标提出明确要求：2018—2020 年内蒙古弃风率目标分别为低于 12%、10% 和 8%，可见内蒙古清洁能源消纳问题主要集中在风电上。图 7-1 所示内蒙古近五年弃风情况，2014 年的弃风电量和弃风率均为近年来

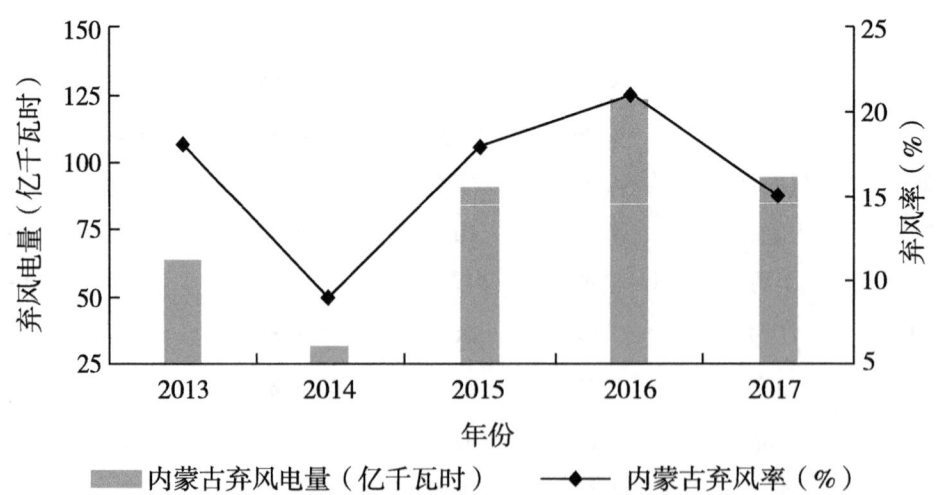

**图 7-1　2013—2017 年内蒙古弃风电量及弃风率情况**

（数据来源：国家可再生能源中心及历年国家能源局发布的《风电产业发展情况》）

最低值，分别为32亿千瓦时和9%。之后两年弃风电量和弃风率逐年提高，2016年弃风限电形势最为严峻，弃风电量124亿千瓦时，弃风率21%。2017年形势有所改善，弃风电量和弃风率双双下降，分别为95亿千瓦时和15%，但弃风率仍高于全国平均水平（2017年我国平均弃风率为12%）。内蒙古如何在三年内将弃风率从现在的15%降至8%，达到国家的要求，任务艰巨，压力巨大。

### （三）能源技术自主创新能力不足

科技创新是能源产业绿色、低碳发展的决定性力量。内蒙古在能源技术上虽已具备一定能力，但是关键的节能技术、高端技术和能源装备仍然依赖进口，研发基础薄弱，自主创新能力不强，产业对外技术依赖度较高。科技创新离不开资金投入，表7-2所列2017年全国各地区研究与试验发展经费情况。2017年内蒙古R&D经费投入132.3亿元，与国内其他省份相比，研发经费投入相对较少；R&D经费投入强度为0.82%，远低于全国R&D经费投入强度的平均水平2.13%。而且研发经费主要依靠企业自筹，政府资金的引导作用仍有待加强。2017年内蒙古全社会R&D经费中，企业资金108.2亿元，占全社会R&D经费的81.8%，是研发活动的主要资金来源；政府资金18.0亿元，占全社会R&D经费的13.6%，比上年提高0.4%。人才是科技创新的第一资源，据资料显示，内蒙古能源行业中采矿业R&D人员2 375人，同比减少1 032人，占全区R&D人员的7.5%；电力、热力、燃气及水生产和供应业R&D人员1 105人，同比减少1 704人，占全区R&D人员的3.5%。综上分析，内蒙古整体科技研发投入不足，尖端人才缺乏，导致能源科技发展水平低，创新能力较弱，严重阻碍能源产业绿色转型发展的步伐。

表7-2 2017年全国各地区研究与试验发展（R&D）经费情况

| 地区 | R&D经费（亿元） | R&D经费投入强度（%） | 地区 | R&D经费（亿元） | R&D经费投入强度（%） |
| --- | --- | --- | --- | --- | --- |
| 全国 | 17 606.1 | 2.13 | 湖南 | 568.5 | 1.68 |
| 广东 | 2 343.6 | 2.61 | 安徽 | 564.9 | 2.09 |
| 江苏 | 2 260.1 | 2.63 | 福建 | 543.1 | 1.69 |
| 山东 | 1 753.0 | 2.41 | 陕西 | 460.9 | 2.10 |
| 北京 | 1 579.7 | 5.64 | 天津 | 458.7 | 2.47 |
| 浙江 | 1 266.3 | 2.45 | 河北 | 452.0 | 1.33 |
| 上海 | 1 205.2 | 3.93 | 辽宁 | 429.9 | 1.84 |
| 湖北 | 700.6 | 1.97 | 重庆 | 364.6 | 1.88 |
| 四川 | 637.8 | 1.72 | 江西 | 255.8 | 1.28 |
| 河南 | 582.1 | 1.31 | 云南 | 157.8 | 0.96 |

(续表)

| 地区 | R&D 经费（亿元） | R&D 经费投入强度（%） | 地区 | R&D 经费（亿元） | R&D 经费投入强度（%） |
|---|---|---|---|---|---|
| 山西 | 148.2 | 0.95 | 甘肃 | 88.4 | 1.19 |
| 黑龙江 | 146.6 | 0.92 | 新疆 | 57.0 | 0.52 |
| 广西 | 142.2 | 0.77 | 宁夏 | 38.9 | 1.13 |
| 内蒙古 | 132.3 | 0.82 | 海南 | 23.1 | 0.52 |
| 吉林 | 128.0 | 0.86 | 青海 | 17.9 | 0.68 |
| 贵州 | 95.7 | 0.71 | 西藏 | 2.9 | 0.22 |

资料来源：国家统计局发布的《2017年全国科技经费投入统计公报》。

## 二、内蒙古新能源产业发展金融支持存在的问题

内蒙古新能源产业发展在相关政策引导下，金融支持力度持续加大，但也存在一些问题，具体包括产业发展初期风险大，融资较困难、融资结构不合理，渠道较为单一、信贷投放积极性不高，支持规模有限、证券市场准入门槛高，直接融资受阻、政府的支持与引导作用有待加强等。把握现实情况，发现问题并解决问题，才能促进新能源产业良性发展。

### （一）产业发展初期风险大，融资较困难

目前，内蒙古新能源产业尚处于起步阶段，整体实力较弱，发展过程中存在诸多风险。一是技术风险。内蒙古新能源产业自主创新能力不强，核心零部件和关键组件主要依赖进口，实际运营中设备质量管理和维修也存在一定缺陷，而无论是技术引进、自主研发、后期维护均需巨额资金支持，成本巨大且资金回收期长，其发展存在极大不确定性。以风电项目为例，风电投资每千瓦7 000～8 000元，仅5万千瓦的风电项目就至少需要3.5亿元，而项目建成期一般需3～5年，其间现金流多为单向流出，投资风险较大。二是市场风险。近年来，内蒙古新能源产业忽视市场需求，持续扩张规模导致供给远大于有效需求，产能严重过剩。以风电产业为例，截至2018年底，内蒙古弃风电量72亿千瓦时，弃风率10.3%，是全国弃风较为严重的地区之一。三是信用风险。据中国新能源网初步统计，内蒙古现有新能源企业84家，其中多为中小型规模民营企业，普遍缺乏有效抵押担保物，难以满足金融机构的抵押贷款要求，而且大多存在经营管理水平不高、财务制度不健全、信用体系建设不完善等问题。综上，内蒙古新能源产业发展的高风险性、收益不确定性，使

得金融主体投资时较为谨慎,加大了其融资难度。

### (二) 融资结构不合理,渠道较为单一

目前,内蒙古新能源产业发展所需资金主要依赖于政府投资、自有资金和银行信贷,直接融资方式如发行股票和债券、风险投资、私募基金等明显利用不足,融资结构较不合理。据内蒙古电力行业协会初步统计,内蒙古新能源产业发展资金来源结构中:政府投资及其他资金占比 17.39%,企业自有资金占比 21.58%,占比最高的是银行信贷,所占比重达 61.03%,这其中政策性银行和国有大型商业银行是贷款投放主力,约占信贷规模的 80%,而其他银行金融机构的积极性和参与度相对较低,通过发行股票和债券等所筹资金几乎没有。综上可知,以银行信贷为主的间接融资是现阶段内蒙古新能源产业发展的主要资金来源,而如此单一的融资渠道无法满足新能源产业发展的巨大资金需求,极大地制约了其持续健康发展。

### (三) 信贷投放积极性不高,支持规模有限

银行业金融机构的经营原则是确保资金的安全性、流动性和盈利性,贷款方式主要为抵押贷款,即要求借款方提供诸如固定资产、房地产等容易变现的实物作为贷款担保,属于典型的"风险规避型"投资主体,因此其投放贷款时更愿意选择发展成熟、规模较大、收益良好且能够提供有效抵押物的产业。虽然现阶段内蒙古新能源产业发展获得了一定的信贷支持,但总的来说,银行业金融机构对新能源产业投资主动性不足,提供的资金规模有限。以中国工商银行内蒙古分行为例,2018 年共投放贷款 1 334 亿元,其中,向被其划分为适度进入类的风力发电行业和太阳能发电行业共投放 113 亿元,占贷款总额的 8.47%。而向被其划分为谨慎进入类的火力发电行业和煤炭发电行业分别贷款 244 亿元和 159 亿元,二者贷款总和占全部贷款额的 30.21%。原则上适度进入类产业其贷款规模应该大于谨慎进入类各行业,但实际情况却截然相反。综上可知,与传统成熟产业相比,内蒙古银行机构对新能源产业的信贷支持力度仍然较小,且放贷积极性普遍不高。

### (四) 证券市场准入门槛高,直接融资受阻

与银行信贷为主的间接融资相比,证券市场直接融资具有资金配置效率高、融资成本低等优势,是新能源产业实现有效融资的渠道之一。但现阶段内蒙古证券市场发展滞后,且准入门槛较高,区内大部分中小型新能源企业在资产规模、盈利能力、企业治理机制、财务管理制度、进入产业年限等方面均达不到上市公司和发行债券的要求,因此很难通过股票市场和债券市场实现直接融资。截至 2018 年底,内蒙古辖区内共有 26 家上市公司,其中主板 21 家,中小板 2 家,创业板 3 家,分别占全国的 0.73%、1.10%、0.22%、0.41%。而且内蒙古现有上市企业主要以综

合实力较强的传统能源资源型产业为主,例如煤炭、有色金属、火电、机械化工等,属于科技含量高、发展潜力大的新兴产业的上市公司较少,其中新能源相关企业只有1家,并且其主要业务为火电,新能源发电只是其业务的一部分。综上可知,目前内蒙古证券市场尚不健全,新能源产业进行证券融资仍存在诸多限制,直接融资渠道不畅通,阻碍了其进一步发展。

### (五)政府的支持与引导作用有待加强

目前,内蒙古政府成立了可再生能源发展专项资金、自治区产业发展资金、战略性新兴产业专项资金等多项基金,对新能源产业进行了产业扶持、资金支持。但与发达省份相比,专项资金金额并不高,且多用于支持众多领域,最终分到新能源产业的资金甚少,与新能源产业发展所需资金相比就是杯水车薪,政府的扶持力度仍有待加强。另外,近年来内蒙古政府相继出台了财税政策、国土政策等多项政策推动新能源产业发展,但现有政策主要是产业扶持政策,尚缺乏有效保障投资者利益的法律法规和完善的市场融资保障体系,因此无法调动投资主体的积极性,致使内蒙古新能源产业的资金需求无法得到满足,限制了其发展步伐。综上,当前内蒙古政府支持新能源产业发展、引导资源优化配置的作用仍需加强。

# 第八章
# 内蒙古新能源产业发展的金融支持效应分析

通过前文对金融支持新能源产业发展的作用机理和现状的分析，已经初步了解内蒙古金融支持与新能源产业发展的关系，然而仅仅利用理论和现状分析二者的关系存在一定的片面性。当前的金融支持是否真正促进了新能源产业发展？金融支持新能源产业发展的影响方向及程度如何？基于对以上问题的探讨，本章在主观机理分析的基础上，客观实证分析与检验内蒙古金融支持新能源产业发展的实际效果，并结合前文的现状描述，对实证结果进行原因分析。

## 一、指标选取与数据来源

### （一）指标选取

为深入分析金融与新能源产业发展两者间的具体关系，实证检验指标的选取紧紧围绕内蒙古金融与新能源产业发展这两大主体展开。通过前文理论研究可以得出，金融支持的衡量指标主要有金融规模、金融结构和金融效率，而根据现状描述可知，目前内蒙古新能源产业发展获得的金融支持主要以银行信贷为主，证券市场还不成熟，新能源产业利用证券市场进行间接融资的能力较弱，因此，综合考虑最终选取金融规模和金融效率作为内蒙古金融支持的衡量指标。关于新能源产业发展的指标选择，考虑到本部分主要是从新能源产业各细分行业出发对内蒙古新能源产业发展总体情况进行的分析，因此选取内蒙古新能源各细分产业的总产出值作为其新能源产业发展的衡量指标。另外，选取政府扶持力度作为控制变量，以期提高模型的解释力度，使模型更加真实可靠。具体变量说明如下。

1. 新能源产业发展指标（$NE$）

目前内蒙古新能源侧重于电力产业发展，因此考虑到新能源产业产出值的数据可得性，本部分参考徐枫和陈昭豪（2013）、郑诗情（2018）的做法，选取新能源发电量与总发电量的比值作为衡量新能源产业发展指标，具体而言，新能源发电量由水力发电量、风力发电量、太阳能发电量、生物质发电量四部分加总得到。计算公式为：$NE=$新能源发电量/总发电量。

2. 金融规模指标（$FR$）

现有文献大多选用金融相关率，即包括广义货币存量和各类有价证券的金融资产总量与GDP的比值来衡量金融规模。但是，由于广义货币供应量的数值无法获取，并且考虑到目前内蒙古金融业发展仍主要以银行业为主，因此本部分参考苏江（2013）、严瑞芳（2014）等学者的做法，最终选取金融机构存贷款余额与地区生产总值的比值，即金融相关率作为衡量内蒙古金融规模的指标。计算公式为：$FR=$金融机构存贷款余额/地区生产总值。

3. 金融效率指标（$FE$）

金融效率即金融市场资金运作的效率，本部分借鉴冯江茹（2016）、孙志红（2017）等前人经验，选取金融机构各项贷款余额与各项存款余额之比作为衡量内蒙古金融效率的指标。该指标可反映金融机构将存款变为贷款即储蓄转化为投资的能力，以及金融机构在提供金融服务、日常经营中资金配置的效率。计算公式为：$FE=$金融机构贷款余额/金融机构存款余额。

4. 政府扶持力度指标（$GS$）

新能源产业自产生以来，一直受到政府的大力扶持，这种扶持主要体现在政策支持以及财政税收手段上。考虑到政府财政支持在促进新能源产业发展中的重要作用，本部分参考李志国等（2015）的做法，选取政府扶持力度指标作为控制变量引入模型，具体以地方财政支出增长速度来衡量。计算公式为：$GS=$某年地方财政支出/上一年地方财政支出$-1$。

综上，将上述各项指标及其计算公式归纳总结，如表8-1所示。

表8-1 指标说明及计算公式

| 变量 | 指标名称 | 代表符号 | 计算公式 |
| --- | --- | --- | --- |
| 被解释变量 | 新能源产业发展水平 | $NE$ | 新能源发电量/总发电量 |
| 解释变量 | 金融规模 | $FR$ | 金融机构存贷款余额/地区生产总值 |
| | 金融效率 | $FE$ | 金融机构贷款余额/金融机构存款余额 |
| 控制变量 | 政府扶持力度 | $GS$ | 某年地方财政支出/上一年地方财政支出$-1$ |

资料来源：根据上述变量说明整理所得。

## （二）数据来源

实证研究采用时间序列数据，样本区间为1982—2018年。其中地方财政支出、金融规模、金融效率相关数据来源于《内蒙古统计年鉴（1983—2019）》；新能源发电量、总发电量相关数据来源于《中国电力年鉴（1983—2018）》以及中经产业数据库。各变量的描述性统计结果如表 8-2 所示。另外需要强调的是，本部分在数据处理时，为消除异方差的影响，事先对各变量做了对数化处理，以下进行的检验对象均为取对数后的变量指标。实证分析借助 Eviews 9.0 软件实现。

表 8-2　变量的描述性统计结果

| 变量 | 代表符号 | 平均值 | 中位数 | 最大值 | 最小值 | 标准差 |
| --- | --- | --- | --- | --- | --- | --- |
| 新能源产业发展水平 | NE | 0.051 4 | 0.018 4 | 0.172 8 | 0.002 7 | 0.054 5 |
| 金融规模 | FR | 1.572 1 | 1.567 8 | 2.757 8 | 0.895 0 | 0.390 9 |
| 金融效率 | FE | 1.185 0 | 1.055 6 | 1.701 0 | 0.714 1 | 0.345 6 |
| 政府扶持力度 | GS | 0.170 4 | 0.136 4 | 0.353 8 | 0.000 7 | 0.101 5 |

结果来源：Eviews 9.0 软件分析得出。

## 二、检验方法与过程

根据数据以及研究内容的特点，选用向量自回归模型（VAR）进行实证分析。该模型最大的特点在于：无须任何事先约束条件，仅是用模型中所有当期变量对所有变量的若干滞后变量进行回归，以此估计全部内生变量之间的动态关系，其被认为是分析和预测时间序列变量系统中多个相关经济指标关系的最有效的模型之一。按照 VAR 模型的具体实证要求，分以下几个步骤进行：①对原始时间序列数据进行平稳性检验；②确定模型最优滞后期并进行协整检验以判断变量之间是否存在稳定均衡关系，最终建立 VAR 模型；③运用格兰杰因果检验确定变量间的因果关系；④通过脉冲响应分析新能源产业发展变量和金融支持变量以及控制变量间的动态关系；⑤运用方差分解衡量金融规模和金融效率、政府扶持力度对新能源产业发展造成影响效果的贡献值。

### （一）数据平稳性检验

数据变量的平稳性是传统计量经济分析的基本要求之一。时间序列数据一般存在较大的波动性，如果不进行变量的平稳性检验而直接进行回归分析，往往导致出现"虚假回归"问题，从而得出错误的结论，可见在建立模型之前检验数据的平稳性是非常有必要的。常用的检验时间序列平稳性的方法是单位根检验，因此本部分运用 ADF 检验法分别对各变量的 ADF 检验值及其相应的置信水平临界值进行比较，从而判别其平稳性。检验结果如表 8-3 所示。

表 8-3　各变量单位根检验结果

| 变量 | ADF 检验值 | 置信水平临界值 1% | 置信水平临界值 5% | 置信水平临界值 10% | P | 平稳性 |
|---|---|---|---|---|---|---|
| $LNNE$ | -2.803 181 | -4.234 972 | -3.540 328 | -3.202 445 | 0.205 4 | 不平稳 |
| $D(LNNE)$ | -6.129 896 | -4.243 644 | -3.544 284 | -3.204 699 | 0.000 1 | 平稳 |
| $LNFR$ | -1.192 658 | -4.234 972 | -3.540 328 | -3.202 445 | 0.897 0 | 不平稳 |
| $D(LNFR)$ | -5.159 788 | -4.243 644 | -3.544 284 | -3.204 699 | 0.001 0 | 平稳 |
| $LNFE$ | -1.072 536 | -3.632 900 | -2.948 404 | -2.612 874 | 0.715 6 | 不平稳 |
| $D(LNFE)$ | -3.694 741 | -3.632 900 | -2.948 404 | -2.612 874 | 0.008 6 | 平稳 |
| $LNGS$ | 0.963 255 | -4.262 735 | -3.552 973 | -3.209 642 | 0.999 8 | 不平稳 |
| $D(LNGS)$ | -7.297 466 | -4.252 879 | -3.548 490 | -3.207 094 | 0.000 0 | 平稳 |

结果来源：Eviews 9.0 软件分析得出。

注：$D$ 表示原序列对数的一阶差分形式；检验类型为（$C$、$T$、$K$），$C$、$T$、$K$ 分别表示检验中含常数项、时间趋势项和滞后阶数，其中 $K$ 根据 SIC 准则自动选择。

从表 8-10 检验结果可知，原始序列 $LNNE$、$LNFR$、$LNFE$、$LNGS$ 的 ADF 检验值均大于 1% 置信水平下的临界值，且 $P$ 值也都大于 0.01，因此，根据判别法则不能拒绝原假设，即接受"存在单位根"的原假设，认为原始序列是非平稳的，需对其进行一阶差分处理后再次进行平稳性检验。从第二次检验结果中得知，经过一阶差分处理后的差分变量 $D(LNNE)$、$D(LNFR)$、$D(LNFE)$ 和 $D(LNGS)$ 的 ADF 检验值均小于 1% 的临界值水平，且 $P$ 值也都小于 0.01，因此拒绝原假设，认为一阶差分后的各序列均不存在单位根，为平稳序列。

## （二）最优滞后阶数确定及协整检验

从上述单位根检验结果可知，原序列为非平稳的一阶单整序列，因此需通过协整检验判断变量间是否存在长期稳定关系。协整检验之前需要先确定 VAR 模型的最优滞后阶数。本部分沿用传统滞后期选取思路，引入 $LR$、$FPE$、$AIC$、$SC$、$HQ$ 等统计指标，并且依据统计量最小准则（即 $AIC$ 和 $SC$ 同时达到最小作为判断依据，若二者所反映的最优滞后阶数不一致时，采用 $LR$ 作为判断标准）最终确定最优滞后阶数为 2 阶，如表 8-4 所示。

表 8-4　VAR 模型最优滞后阶数选择结果

| 滞后期 Lag | 对数似然函数值 Log$L$ | 似然比统计量 $LR$ | 最终预测误差 $FPE$ | 赤池信息准则 $AIC$ | 斯瓦茨准则 $SC$ | 汉南—奎因准则 $HQ$ |
|---|---|---|---|---|---|---|
| 0 | -90.413 32 | NA | 0.003 034 | 5.553 725 | 5.733 297 | 5.614 964 |

(续表)

| 滞后期 Lag | 对数似然函数值 LogL | 似然比统计量 LR | 最终预测误差 FPE | 赤池信息准则 AIC | 斯瓦茨准则 SC | 汉南—奎因准则 HQ |
|---|---|---|---|---|---|---|
| 1 | 33.077 51 | 210.660 8* | 5.49e-06* | -0.263 328 | 1.352 819 | 0.463 069 |
| 2 | 40.476 57 | 10.880 97 | 9.51e-06 | -0.769 265* | 1.128 594* | 0.287 825* |
| 3 | 57.689 56 | 21.263 10 | 9.90e-06 | -0.334 680 | 1.999 754 | 0.461 429 |

结果来源：Eviews 9.0 软件分析得出。

注：*表示相应统计指标最终选择的滞后阶数。

协整检验考察两个或多个变量之间是否存在长期平稳关系，常用检验方法有 E-G 两步检验法和 Johansen 检验法，本部分采用适合多变量协整检验的 Johansen 检验法。检验结果如表 8-5 所示，当原假设为不存在协整方程时，迹统计量 61.533 35明显大于5%的临界值47.856 13，所以拒绝原假设，即各变量之间存在协整关系。同理在最多存在一个协整方程的原假设下，迹统计量 27.220 92小于5%的临界值 29.797 07，因此接受原假设，即各变量之间存在一个协整方程。综上可以确定变量 LNNE、LNFR、LNFE、LNGS 之间存在唯一的协整关系。

表 8-5 Johansen 协整检验结果（迹检验法）

| 原假设：协整方程数量 | 特征根 | 迹统计量 | 5%临界值 | P 值 |
|---|---|---|---|---|
| 不存在协整方程 | 0.635 486 | 61.533 35 | 47.856 13 | 0.001 6 |
| 最多存在 1 个协整方程 | 0.389 304 | 27.220 92 | 29.797 07 | 0.096 3 |
| 最多存在 2 个协整方程 | 0.221 324 | 10.453 59 | 15.494 71 | 0.247 5 |
| 最多存在 3 个协整方程 | 0.055 688 | 1.948 137 | 3.841 466 | 0.162 8 |

结果来源：Eviews 9.0 软件分析得出。

通过表 8-6 所列出的标准化协整系数表，可以得出协整方程如下：

$$LNNE = 2.15LNFR - 4.51LNFE + 0.38LNGS \tag{8-1}$$

表 8-6 标准化协整系数

| LNNE | LNFR | LNFE | LNGS |
|---|---|---|---|
| 1 | -2.153 297 (0.092 98) | 4.506 027 (0.109 08) | -0.381 800 (0.055 83) |

结果来源：Eviews 9.0 软件分析得出。

从协整方程（8-1）可以直观看出，金融规模、金融效率、政府财政扶持与新能源产业发展之间存在长期稳定的均衡关系，并且新能源产业发展与金融规模、政府财政扶持呈正相关关系，与金融效率呈负相关关系。具体分析协整系数得出，金

融规模 $LNFR$ 每扩大 1 个百分点,新能源产业发展水平 $LNNE$ 将随之同向提高 2.15 个百分点,说明扩大金融规模能有效保障新能源产业发展。而金融效率 $LNFE$ 增加 1 个百分点会导致新能源产业发展水平 $LNNE$ 反向变动 4.51 个百分点。从表面上看,这一结论严重偏离了研究预期,因为金融效率提升表明储蓄资金能够高效转化为投资资金,理论上可为新能源产业发展提供更多资金支持,从而推动其发展,但是实际考察内蒙古金融机构资金配置现状会发现,新能源产业的发展特点导致其筹资较困难,发展所需资金与金融机构资金供给往往不匹配,内蒙古金融效率提高带来信贷额的增加仍主要集中于诸多传统产业,对新能源等新兴产业的投入较少,这便在一定程度上阻碍了新能源产业的发展。财政扶持力度 $LNGS$ 每提高 1 个百分点将引起新能源产业发展水平 $LNNE$ 同向提升 0.38 个百分点,说明加大财政支出可以促进新能源产业发展。由此可见,如何优化政府职能,合理利用财税政策,同样是新能源产业发展的关键。

### (三) VAR 模型构建及 AR 根检验

通过上述协整检验得出:内蒙古新能源产业发展与其金融支持、政府扶持之间存在长期均衡关系。为进一步估计上述变量之间的动态关系,本部分根据上文确定的最优滞后阶数 2 阶,构建 VAR(8-2)模型,如式(8-2)所示:

$$\begin{pmatrix} LNNE_t \\ LNFR_t \\ LNFE_t \\ LNGS_t \end{pmatrix} = \begin{pmatrix} 1.94 \\ -0.15 \\ 0.34 \\ -2.18 \end{pmatrix} + \begin{pmatrix} 0.60 & 0.17 & -2.04 & -0.22 \\ -0.24 & 1.02 & 0.18 & 0.32 \\ 0.19 & -0.08 & 1.13 & -0.81 \\ -0.45 & -5.41 & 1.74 & -0.13 \end{pmatrix} \begin{pmatrix} LNNE_{t-1} \\ LNFR_{t-1} \\ LNFE_{t-1} \\ LNGS_{t-1} \end{pmatrix}$$

$$+ \begin{pmatrix} -0.07 & 0.87 & -0.17 & -0.35 \\ 0.02 & 0.15 & -0.19 & 0.52 \\ 0.13 & -0.02 & 0.42 & -0.16 \\ -0.26 & 4.11 & -2.50 & 0.32 \end{pmatrix} \begin{pmatrix} LNNE_{t-2} \\ LNFR_{t-2} \\ LNFE_{t-2} \\ LNGS_{t-2} \end{pmatrix} \quad (8-2)$$

上述模型结果表明,内蒙古新能源产业发展水平、金融规模和金融效率、政府扶持力度等变量,分别受自身滞后一期、滞后二期指标值的影响。需要强调,VAR 模型解释单个参数估计值极其困难,一般做法是基于脉冲响应和方差分解进行详细结论分析。而脉冲响应分析的前提是已建立模型必须是稳定的,因此本部分采用 AR 根检验法来验证 VAR(8-2)模型的平稳性。该检验法的判定原则是:当模型全部特征根的倒数的绝对值小于 1,即均落在单位圆内,则模型稳定。从图 8-1 所示的检验结果可知,VAR(8-2)所有特征根的倒数的绝对值都位于单位圆内,符合上述判定原则，说明模型是稳定的，可以继续进行以下分析。

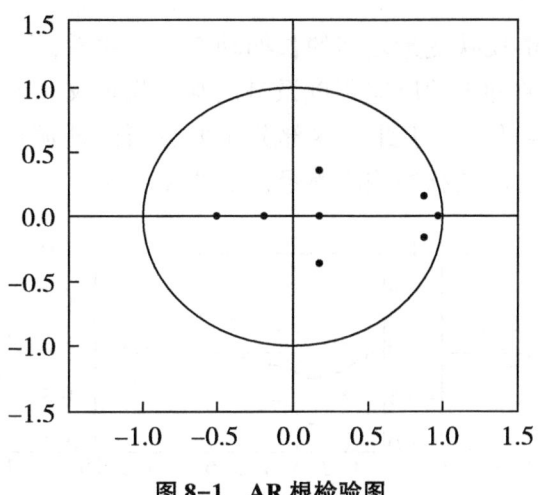

图 8-1　AR 根检验图

（结果来源：Eviews 9.0 软件分析得出）

### （四）格兰杰因果关系检验

协整检验证明了各变量之间存在长期稳定的均衡关系，若想进一步明确各变量在统计学意义上的因果关系，则需要进行格兰杰因果关系检验。检验结果如表 8-7 所示，5%显著性水平下，金融规模、政府扶持均是新能源产业发展的单向格兰杰原因，表明金融规模的不断扩大、政府财政税收的持续扶持均促进了内蒙古新能源产业的发展。而金融效率与新能源产业发展之间不存在格兰杰因果关系，该结论同上文协整检验结果相对应，表明本部分所选研究期间，金融机构的资源配置效率低下，一定程度上阻碍了内蒙古新能源产业的发展。

表 8-7　格兰杰因果关系检验结果

| 原假设 | $F$ 统计量 | $P$ 值 | 结论 |
| --- | --- | --- | --- |
| $LNFR$ 不是 $LNNE$ 的原因 | 4.215 14 | 0.014 4** | 拒绝 |
| $LNNE$ 不是 $LNFR$ 的原因 | 0.845 83 | 0.439 2 | 接受 |
| $LNFE$ 不是 $LNNE$ 的原因 | 2.453 87 | 0.103 0 | 接受 |
| $LNNE$ 不是 $LNFE$ 的原因 | 0.240 60 | 0.787 7 | 接受 |
| $LNGS$ 不是 $LNNE$ 的原因 | 4.362 67 | 0.021 7** | 拒绝 |
| $LNNE$ 不是 $LNGS$ 的原因 | 1.196 61 | 0.316 2 | 接受 |

结果来源：Eviews 9.0 软件分析得出。

注：** 表示在 5%的显著性水平下拒绝原假设，通过检验。

## （五）脉冲响应分析

脉冲响应函数能够反映变量之间的长期动态响应关系，可具体分析被解释变量对解释变量一个标准差冲击的反应程度及其时滞。据前文 AR 根检验结果显示，已构建 VAR 模型是稳定的，基于此，本部分主要分析新能源产业发展对金融规模、金融效率、政府扶持力度的脉冲响应路径，如图 8-2 所示。

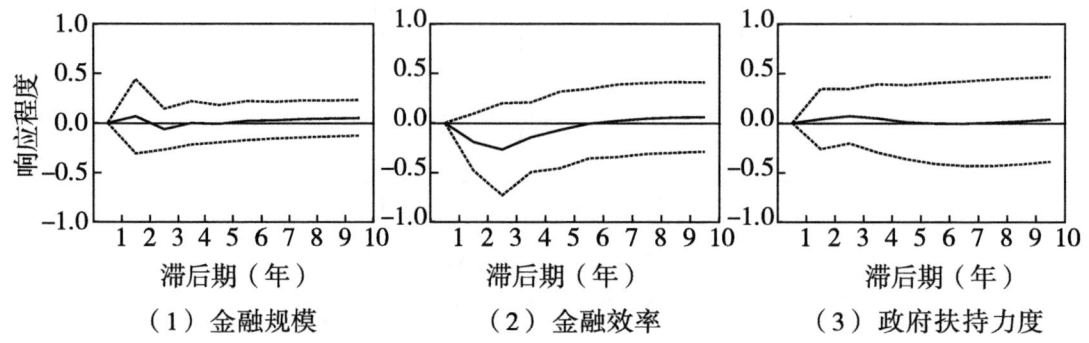

**图 8-2　新能源产业发展对金融规模、金融效率、政府扶持力度的脉冲响应**

注：实线表示脉冲响应函数的时间路径，虚线表示正负两倍标准差的偏离带。

（资料来源：Eviews 9.0 软件分析得出）

如图 8-2（1）所示，金融规模对新能源产业发展施加一个正向的标准差冲击后，新能源产业发展会产生正向响应，此正向响应在第 2 期达到最大后开始下降，于第 3 期达到最小，之后稳步增长并趋于收敛。这说明：金融规模的扩大对新能源产业发展有显著的正向影响，但前期可能会因资金充足出现非理性投资，例如投资过剩产业，短期内会影响新能源产业发展。但随着时间推移，经过调整恢复理性后，将始终保持对新能源产业发展的正向影响，而这种影响效果会逐渐减弱。从图 8-2（2）可以看出，金融效率对新能源产业发展施加一个正向的标准差冲击后，新能源产业发展从第 2 期到第 6 期一直为负向响应，于第 7 期才开始转为正向响应，并且响应程度不断增大。这表明：短期内金融效率对新能源产业发展的促进作用不明显，但从长期来看，其促进作用正在不断提升，金融"质"上的变化对新能源产业发展的影响将日趋显著。从图 8-2（3）可以看出，新能源产业发展对政府扶持力度的响应路径一直为正向响应，此正向响应在第 3 期达到最大后缓慢下降，于第 5 期后在零值处保持轻微波动。这说明：政府扶持在新能源产业发展初期具有显著的促进作用，但后期这种影响力度会逐渐减弱并趋于平稳。

## （六）方差分解分析

脉冲响应分析指出了新能源产业发展受金融规模、金融效率、政府扶持力度冲击后的反应方向，为进一步考察各自变量冲击对因变量产生影响的贡献度，本部分运用方差分解来具体分析处于不同滞后期的金融规模、金融效率、政府扶持对新能源产业发展的影响程度,方差分解如表8-8所示。

表8-8 新能源产业发展的方差分解

| 时期 | 标准误差（S.E.） | LNNE | LNFR | LNFE | LNGS |
| --- | --- | --- | --- | --- | --- |
| 1 | 0.018 612 | 100 | 0 | 0 | 0 |
| 2 | 0.026 652 | 94.344 89 | 0.759 929 | 0.654 654 | 4.240 529 |
| 3 | 0.031 172 | 85.068 49 | 6.291 310 | 3.224 553 | 5.415 655 |
| 4 | 0.040 756 | 80.715 27 | 8.412 302 | 6.465 380 | 4.407 044 |
| 5 | 0.047 505 | 76.042 76 | 10.412 42 | 9.109 527 | 4.435 295 |
| 6 | 0.051 853 | 74.030 41 | 11.458 85 | 11.081 23 | 3.429 515 |
| 7 | 0.054 563 | 71.341 23 | 13.856 79 | 11.380 68 | 3.421 309 |
| 8 | 0.055 988 | 68.857 79 | 14.896 26 | 12.780 92 | 3.465 035 |
| 9 | 0.056 299 | 67.576 58 | 15.994 88 | 12.799 14 | 3.629 409 |
| 10 | 0.055 715 | 66.425 24 | 16.729 70 | 12.847 07 | 3.997 987 |

结果来源：Eviews 9.0软件分析得出。

从表8-8对 *LNNE* 的方差分解结果可以看出,*LNNE* 在当期主要受自身影响,第2期开始自身影响程度逐渐下降,至第10期降至66.43%。说明新能源产业作为新兴产业,发展初期各类金融主体对其了解不足,因此其发展的贡献度主要来源于自身,但随着时间的推移,其发展潜力被越来越多的投资者熟知,来自外部的影响会逐渐加大。*LNFR* 和 *LNFE* 对 *LNNE* 的贡献程度逐期增加,其贡献值分别从第1期的0增加至第10期的16.73%、12.85%。这说明：金融规模和金融效率对新能源产业发展的影响程度正在逐渐加大,但短时期内金融效率的作用力度低于金融规模,新能源产业发展依赖于金融总量的增加仍有很大提升空间,而金融效率的促进作用未来可期。*LNGS* 对 *LNNE* 的贡献程度在第3期最大,之后有所降低但总体变动不大,至第10期为4.00%。这说明：政府扶持的贡献度总体变动不大,在新能源产业发展初期作用明显,在促进新能源产业发展过程中主要起保障性基础作用。

## 三、实证结果分析与讨论

运用向量自回归模型对内蒙古新能源产业发展与其金融规模、金融效率、政府扶持力度之间的关系进行一系列实证检验与分析后,得出如下几点结论。

通过协整检验得出：金融规模、金融效率、政府财政扶持与内蒙古新能源产业发展之间存在着长期稳定的均衡关系。其中，新能源产业发展与金融规模、政府扶持呈正相关关系，说明金融规模的扩大、政府财政支出增速的加快，均有效保障了新能源产业的发展；而新能源产业发展与金融效率呈负相关关系，虽与预期相悖，但与当前内蒙古金融机构资金配置现状相符，新能源产业的发展特点导致其筹资较困难，发展所需资金与金融机构资金供给往往不匹配，内蒙古金融效率提高带来信贷额的增加仍主要集中于诸多传统产业，对新能源等新兴产业的投入较少，这便在一定程度上阻碍了新能源产业的发展。

通过格兰杰因果关系检验得出：金融规模、政府扶持是内蒙古新能源产业发展的单向格兰杰原因，这一结论在协整检验的基础上进一步确定金融规模的不断扩大、政府财政税收的持续扶持均能促进内蒙古新能源产业的发展。而内蒙古金融效率与新能源产业发展之间不存在格兰杰因果关系，该结论同上文协整检验结果相对应，表明本部分所选研究期间金融机构的资源配置效率低下，一定程度上阻碍了内蒙古新能源产业的发展。

通过脉冲响应分析得出：新能源产业发展对金融规模的响应路径从第 2 期下降于第 3 期达到最小，之后便稳定增长并逐步趋于收敛，表明金融规模的扩大短期内可能因不理性投资而影响新能源产业发展，但长期来看对其发展有显著的正向促进作用。新能源产业发展对金融效率的响应路径从第 2 期到第 6 期一直为负向响应，第 7 期开始转为正向响应，并且响应程度不断增大，表明短期内金融效率对新能源产业发展的促进作用不明显，但从长期来看，其促进作用正在不断提升，金融"质"上的变化对新能源产业发展的影响将逐步加大。新能源产业发展对政府扶持力度的响应路径一直为正向响应，在第 3 期达到最大后缓慢下降并于第 5 期后在零值处保持轻微波动，表明政府扶持在新能源产业发展初期具有显著的促进作用，但后期这种影响力度会逐渐减弱并趋于平稳。

通过方差分解得出：内蒙古新能源产业发展初期主要受其自身影响，但随着时间推移，受自身影响程度不断降低，外部影响逐渐加大。其中，金融规模和金融效率对新能源产业发展的影响程度逐期增加，但短时期内金融效率的作用力度低于金融规模，新能源产业发展依赖于金融总量的增加仍有很大提升空间，而金融效率的促进作用未来可期。政府扶持的贡献度总体变动不大，在新能源产业发展初期作用明显，在促进新能源产业发展过程中主要起保障性基础作用。

## 本章小结

本章在 VAR 模型的基础上，通过一系列检验，实证分析了内蒙古 1982—2018

年新能源产业发展的金融支持效果。结果表明：金融规模、金融效率、政府财政扶持与内蒙古新能源产业发展之间存在长期稳定的均衡关系。从长期来看，金融规模的不断扩大、金融效率的持续提高、政府财税扶持力度的加大，均有助于推动内蒙古新能源产业的发展。

# 第九章
# 促进内蒙古能源产业绿色发展的政策建议

## 一、总体推进内蒙古能源产业绿色发展的对策建议

### (一) 完善能源产业绿色发展政策体系

国家鼓励能源产业绿色发展,已经并将继续出台大量政策给予支持。因此,应充分利用内蒙古作为"国家重要能源基地"和"我国北方重要生态安全屏障"的战略定位,抓住机遇,积极将国家及内蒙古能源绿色开发利用的优惠政策、发展基金争取到位。首先,提高思想认知,树立绿色发展理念。必须树立新的资源观和发展观,提高全区人民尤其是各级领导干部对能源产业绿色发展重大意义的认识,引导内蒙古上下切实将思想和行动统一起来,积极推动能源产业绿色低碳发展;其次,切实发挥国家宏观产业政策的导向作用,结合内蒙古能源产业绿色发展现状,认真研究制定利于其能源产业发展的促进机制和政策,尽快建立健全加快能源产业绿色化发展的规范性文件,构筑政策支撑体系。最后,全面落实国家促进清洁能源产业发展的价税、信贷等激励政策,制定实施税收优惠、专项资金扶持、临时补贴电价等配套政策,鼓励社会各界开发使用清洁能源。利用投资补助、价格补贴等手段,加大对节能、清洁能源发展、能源科技创新等方面的支持力度。

### (二) 兼顾能源利益相关者的利益需求

能源产业绿色发展过程中,利益相关者主要包括企业、政府和消费者,三者之间的权利、利益需求错综复杂,存在多种矛盾和冲突。因此,构建利益协调机制,统筹以上三者间的利益需求,能源产业的绿色转型道路才能走得更加平稳。企业方面:能源企业作为生产和供应主体,是环境问题的主要责任者。能源企业关注的重点是利益,因此必须要求能源企业寻求利益与责任之间的平衡点,在自身受益的前提下,承担更多的社会责任。例如通过引进或者自行研发节能增效设备与

技术，提高能源利用效率，并延伸产业链，生产高附加值产品，积极支持能源产业绿色化发展。政府方面：政府作为管理者，对能源产业绿色发展具有最直接的话语权，主要职责在于拟定并组织能源行业规划、产业政策和标准等；政府同时也是能源产业的受益者，体现在经济、社会和环境的协调发展方面。政府的两种不同身份，决定其应引导、监管能源产业绿色发展全过程，如合理扩大清洁能源发展规模、推进节能技改、鼓励公众积极参与等。消费者方面：消费者作为终端用户，其利益诉求主要体现在能源供给、价格和环境污染方面。能源产业的绿色发展要求能源消费者在日常生产生活中节能降耗，并且对能源使用中所产生的环境问题自行处理。

### （三）推进能源资源高效综合利用

内蒙古应当始终秉持绿色发展理念，以构建绿色低碳、安全高效的能源体系为发展目标，从以下3个方面入手提高能源资源综合利用效率。第一，立足以煤为主的资源优势，充分发挥煤电的基础支撑作用，在此基础上坚持煤电清洁开发，鼓励使用新科技、新装备和新工艺，提高煤电效率，减少污染物排放。第二，发挥清洁能源资源优势，统筹清洁能源和煤电清洁开发协调互补发展，使清洁能源成为新增装机增量主体；着力解决弃风弃光问题，完善清洁能源发展扶持政策，推动清洁能源规模化集中式与分布式并重发展，加快智能微电网的示范与推广。第三，延长产业链条，提高煤炭深加工程度，大力发展现代煤化工。现代煤化工相较传统煤化工，具有对环境影响小、产业链条长等优点，大力发展现代煤化工产业，有助于实现煤炭资源的综合利用，提高煤炭的转化效率。内蒙古要尽快做大煤制油、煤制气等现代煤化工产业规模，加快形成千万吨级以上煤化工产业集群。

### （四）大力促进清洁能源消纳利用

发展清洁能源产业是促进内蒙古能源结构调整的重大举措，解决充分消纳难题则是保障清洁能源产业持续健康发展的关键。清洁能源消纳利用是系统性问题，主要涉及电源、电网和用电负荷3个方面。有效促进内蒙古清洁能源消纳利用，可以从以下几点着手：一是创新发展储能技术，实现清洁能源发电的峰谷稳定性；二是合理规划清洁能源建设规模，避免因盲目推进清洁能源快速规模化发展而造成的消纳和输送受阻，实现清洁能源健康有序发展；三是通过加强监管、开展清洁能源替代自备电厂交易、降低自备电厂替代电量输配电价等措施，促进自备电厂参与调峰以消纳清洁能源；四是加快跨区输电通道建设，提高电网联通能力，充分调动更广泛的系统灵活性资源，满足大规模清洁能源外送和消纳；五是倡导绿色电力消费理念，有序引导终端用户优先选用清洁能源电力，不断完善内蒙古电力市场化交易机制。

### （五）增强能源科技自主创新能力

能源产业绿色化，是一种科技含量高、资源消耗少、环境污染程度较低的发展方式，科技创新是确保其实现的关键。内蒙古能源科技自主创新水平的提升可以从以下几个方面着手。一是强化创新意识，树立创新理念。通过理论创新推进制度创新及文化创新，致力于为能源企业创新科技水平提供科学的理论指导、有效的制度保障和浓厚的文化氛围。二是加大能源科技研发投入力度，形成以政府资金引导、企业资金为主、专项资金扶持、银行信贷支撑的多元化科技投入机制。三是确立能源企业科技创新的主体地位，逐步建立企业为主体、市场做导向、产学研相结合的科技创新体系。四是注重培养能源领域的创新人才和科技人才，鼓励其到企业就业或自主创新，同时建立激励奖惩制度，充分激发能源科技人才的工作积极性，切实发挥科技人才的创新作用。五是积极开展同有关国家或地区在煤炭清洁高效利用、智能输变电与储能装置等能源技术方面的交流合作，加快能源产业绿色转型发展。

## 二、进一步完善金融支持新能源发展的对策建议

### （一）完善产业自身发展，积极吸引资金注入

随着产业实力和效益的不断提升，投资主体自然纷至沓来，融资难的困境便会迎刃而解。完善内蒙古新能源产业自身发展可以从以下三方面着手。一是自主提升企业技术创新水平及成果转化能力。首先，新能源企业应加大科技创新投入，将有限的资金更多地用于新技术研发和科创人才素质提升等方面，通过自主研发掌握市场竞争主动权，即使面对引进技术，也应做到充分消纳吸收，避免不必要的成本浪费。其次，新能源企业要致力于将前期自主研发的产品或技术高效转化为现实生产力，不断提高科技成果转化能力，加速资金运转周期，从而提高企业盈利水平。二是找准定位，避免盲目投资。新能源企业在进入市场时应对整体行业前景、市场需求有一个清晰的认识，找准定位实行差异化经营，以免导致投资无效。三是加强自身管理，完善信用体系建设。新能源企业在实际经营中应注重自身管理，不断规范企业财务制度、强化信息披露意识，确保公司经营收益等财务信息与风险信息准确真实、及时地公布于投资者，增强金融机构的信任度，从而吸引更多投资。

### （二）丰富融资手段，优化融资结构

目前，以银行信贷为主较为单一的融资方式，远不能满足内蒙古新能源产业发展的资金需求，必须拓宽多元化融资渠道，运用诸如融资租赁、资产证券化、产业

基金等创新型融资工具，不断扩大资金来源，为新能源产业发展提供充足的资金保障。这就需要租赁、证券、信托、担保等多种金融主体的积极参与，并进行相关业务创新，不断开发新型融资工具。例如，融资租赁可有效缓解新能源企业的融资困境，因为租赁公司不同于银行机构，其更看重的是新能源企业的发展潜力和项目的盈利水平，一般对信用、担保状况要求很低，一定程度上降低了新能源产业的融资难度。另外，适当鼓励非金融机构参与，例如可以充分利用具有高流动性特点的闲散民间资本，积极引导其以独资、控股、参股等形式投资于新能源产业，拓宽内蒙古新能源产业的融资渠道。

### （三）银行机构积极主动，加大信贷支持力度

作为目前内蒙古新能源产业的重要融资渠道，银行业金融机构应紧跟国家及自治区推动新能源产业发展的政策导向，积极转变信贷理念，调整信贷结构，主动加强对新能源产业的信贷支持力度，实现银行业与新能源产业二者间的互动共赢。可从以下三方面着手。一是构建合适的评级授信体系。银行业金融机构应根据新能源产业的特点，采取合理的评估方式准确判断企业信用，具体进行评级授信时，不仅要考察传统指标，如公司经营收益、资产负债等财务数据，同时更应该考虑新能源企业的未来前景、当前所处行业的发展阶段等因素。二是精简贷款审批程序。银行业金融机构应在风险可控的前提下，简化新能源企业贷款时的相关审批手续，对具有市场潜力、响应产业政策要求的新能源企业，应为其开放绿色通道，优先给予信贷支持。三是创新信贷产品，加大支持力度。银行业金融机构应不断开发符合新能源产业发展特点的金融产品和服务方式，例如积极发展绿色信贷，提高新能源产业的信贷额度；创新信用担保方式，允许新能源企业通过特许经营权质押、未来收益权质押等新型抵押担保方式获取信贷支持。

### （四）培育发展证券市场，拓宽直接融资渠道

证券市场是新能源产业融资的主要渠道之一，但目前内蒙古新能源产业进行证券融资仍存在诸多限制，直接融资渠道不畅通，需要不断完善和优化股票市场和债券市场。可从以下两方面着手。一是降低上市门槛，推进优质资产上市。积极引导新能源企业通过股票市场融资，首先，应适当简化上市审批程序，从制度上降低新能源企业的上市门槛；其次，优先支持符合上市条件的、比较成熟的新能源企业上市融资，同时鼓励发展潜力良好的中小企业在中小板和创业板上市融资，从而为内蒙古新能源产业拓宽融资渠道。二是规范发展债券市场，鼓励企业发行债券。积极引导新能源企业通过发行企业债券、短期融资券等，拓宽直接融资渠道。首先，债券市场相关监管部门可以在风险可控的前提下，对新能源产业给予倾斜政策，适当放宽新能源企业发行债券的制度限制，调整并完善债券品种结构，以此增加新能源

企业的融资机会。其次,创新新能源企业发债方式。例如,多家新能源企业可以联合起来发行集合债券,这样做不仅提升了整体实力,达到了发债要求,而且也满足了联合成员各自的融资需求。

### (五) 加大政府扶持力度,强化引导支持作用

政府是"有形的手",通过有效调控可以促进产业发展、实现资源优化配置,因此应最大化地发挥政府的支持与引导作用,保障金融支持内蒙古新能源产业发展的效果。一是加大对新能源产业的扶持力度。可以将内蒙古现有涉及支持新能源产业发展的可再生能源发展专项资金、战略性新兴产业专项资金、节能减排专项资金等多项资金进行整合,按一定比例安排作为新能源产业发展专项资金,通过财政补助和贴息方式,专一扶持新能源产业发展。还可以单独设立新能源科技专项资金,用于支持和鼓励新能源企业进行关键技术研发,不断提升市场竞争力。二是调动金融主体的积极性。政府应该制定新能源产业融资方面的相关法律法规,明确新能源企业和金融主体双方的权利和义务,以此降低金融机构的投资风险,引导更多金融资源从传统过剩产业逐渐流向新能源产业。政府还可以为新能源企业提供信用担保或设立专门的政策性担保公司,分散金融主体的风险顾虑,充分调动金融主体支持新能源产业的积极性。

# 下篇
# 内蒙古传统产业绿色发展研究
## ——以农业为例

# 引　言

绿色发展是现代农业发展的内在要求。近年来，我国粮食连年丰收，农产品供给充裕，农业发展不断迈上新台阶，但由于部分地区化肥、农药过量使用，加之畜禽粪便、农作物秸秆、农膜资源化利用率不高，部分地区农业发展面临的资源压力加大，生态环境亮起"红灯"，我国农业到了必须加快转型升级、实现绿色发展的新阶段。2017年中央一号文件提出"要推行绿色生产方式，增强农业可持续发展能力"。2018年中央一号文件要求"深入推进农业绿色化、优质化、特色化、品牌化，调整优化农业生产力布局，推动农业由增产导向转向提质导向。"

绿色农产品是绿色农业发展的必然产物。在具体应用上一般将"三品"合称为绿色农产品，即无公害农产品、绿色食品和有机食品。近年来，人们对安全、优质、绿色农产品的呼声越来越高：一方面，随着人们对食品安全问题的关注，人们的消费观念随之发生改变，由起初的"吃饱"转变为如今的"吃的健康"，对食品安全的关注达到前所未有的高度（徐柏园，2007）；另一方面，中国加入WTO后，美国、欧盟等在农产品质量标准上相互攀比和抬高门槛形成的"绿色壁垒"使中国发展绿色农产品成为农业可持续发展的必然（张鹏，2010）。因此，"绿色壁垒""绿色消费"等"绿色思潮"的兴起势必倒逼生产市场改革，"得绿色者得天下"可以预见，农产品生产、消费领域的"绿色革命""绿色浪潮"会成为未来农产品发展的两大趋势。

内蒙古是中国北方重要的农牧业生产基地，作为中国农畜产品生产和消费大省，内蒙古绿色农畜产品的发展对全国绿色农畜产品发展进程的推进具有至关重要的作用。从农畜产品生产来看，内蒙古粮食产量占中国粮食产量的比例由2010年的3.94%上升到2019年的5.50%，占比增长1.56%；2019年内蒙古年产羊肉109.80万吨、牛奶577.20万吨，羊肉、牛奶产量均居全国第一，可见内蒙古农畜产品生产对全国农畜产品生产的贡献突出。从农畜产品消费来看，2019年内蒙古人均粮食消费量占中国人均粮食消费量的比例为130.48%，仅次于西藏（144.21%）；就肉类消费而言，内蒙古人均肉类消费量占中国人均肉类消费量的比例为121.66%，仅次于广东（143.94%）、重庆（144.68%）、四川（146.46%）；内蒙古奶类消费位居中国奶类消费第二，仅次于北京；因此，内蒙古积极响应"绿色思潮"，大力开展绿色农产品生产、推崇绿色消费是中国绿色畜产品大力发展的需要，也是实现农业增产、农民增收的必然要求。

内蒙古地域辽阔、东西跨度大、地貌类型多样、气候差异明显，拥有耕地面积927.2万公顷、草原面积8 800万公顷，分布着野生植物2 781种，生物资源丰富，为发展绿色农产品奠定了丰厚的基础。然而，随着农业经济的快速发展，在"产出高增长"目标的驱动下，传统的高污染、高能耗、高度依赖资源消耗的物质投入推动型增长方式使内蒙古农业经济增长面临不可持续的威胁。"石化农业"的负面效应越来越显著，2010—2019年，内蒙古农用化肥使用量年均增长2.35%，农药使用量年均增长1.29%、农用塑料薄膜使用量年均增速为5.03%，分别高于全国同期农用化肥、农药以及农用塑料薄膜使用量增速2.67个、3.85个和3.88个百分点。在此背景下，内蒙古大力发展绿色农产品势在必行。

大力发展绿色农产品需按照可持续发展战略要求，实行绿色生产，引导绿色消费（靳明等，2006；姚志坚，2009）。在多数农产品供过于求的前提下，发展绿色农产品的目的在于激励农户生产从而提高农户收入；从消费角度看，消费对生产具有驱动作用，"优质优价"是提高生产者生产积极性的重要手段。那么，在如今"绿色思潮"的引领下，哪些因素影响农户绿色农产品生产行为？绿色农产品生产能否起到"提高农户收入"的作用？从消费端来看，哪些因素影响消费者购买绿色农产品？消费者对绿色农产品的支付意愿和支付水平又是多少？在农业生产生态环境日益恶化、食品安全事件频发迫切需要发展绿色农产品的背景下，对上述问题进行分析与探讨具有重要意义。鉴于此，本篇以农业产业为例，研究内蒙古绿色农产品发展情况，主要基于实地调研数据，从绿色农产品生产和消费行为两方面入手，实证检验绿色农产品生产是否能提高农户收入、消费者是否愿意为绿色农产品支付额外溢价，并总结绿色农产品发展中存在的问题，最终提出有利于绿色农产品生产和消费的政策建议。

# 第十章
# 内蒙古绿色农产品发展概述

## 一、绿色农产品发展的必要性

### (一) 传统农业经济发展方式不可持续

随着传统农业不合理生产方式的施行,绿色农产品、绿色畜产品生产方式面临不可持续的威胁。2010年至今,内蒙古农业生产总值由2010年的900.45亿元增长至2019年的1 606.34亿元,年均增长6.64%。同期全国农业生产总值由2010年的39 941.11亿元增长至2019年的66 066.45亿元,年均增长5.75%。虽然内蒙古农业生产总值年均增速低于全国农业生产总值年均增速0.03个百分点,但内蒙古农业生产中化学要素的投入却高于全国农业化学要素的投入,具体而言,2010—2019年,内蒙古农用化肥、农药、农用塑料薄膜使用量年均增速分别为2.35%、1.29%和5.03%,分别高于全国同期农用化肥、农药以及农用塑料薄膜使用量增速2.67个、3.85个和3.88个百分点。从畜牧业发展来看,内蒙古大牲畜和羊由2010年的6 163.91万头(只)增长至2019年的6 762.81万头(只),年均增长1.04%;伴随牲畜数量的增多,草原超载过牧现象日益凸显,与20世纪60年代比,草地生产力和盖度均下降了50%左右,草群结构和组成发生改变,草地功能急剧下降。可见,随着农业不合理生产方式的施行,农业生产、生态环境恶化危机日益加深,食品安全问题日益突出,在此背景下,内蒙古大力发展绿色农产品势在必行。

### (二) 农产品绿色安全消费的客观需求

长期以来,在"产出高增长"目标的驱动下,内蒙古乃至中国农业增长方式主要表现为物质投入推动型增长方式,农业生产在实现高产值的同时,资源环境也付出了惨重的代价。《第一次全国污染源普查公报》显示,农业面源污染已经超过工业和生活污染成为全国最大的污染源。传统农业生产方式在获得粮食高产的同时,对水、空气、土壤也造成严重影响；化学要素的大量投入，使农畜产品药物残留超标，直接危害人体健康（池强，2017）。

随着人们收入水平的提高和生活方式的转变，农产品供求关系发生了重大变化，人们的农产品消费需求已由以往的"吃饱"转变为如今的"吃好""吃的健康"，故农业生产已到了产量与质量并重、质量与效益优先的关键时期（卢茗，2007），在农产品食品安全事件频发的背景下，作为无污染、安全、优质农产品，绿色农产品因其严格的生产过程质量控制措施对于保障消费者食品消费安全、解决农产品食品安全问题具有重要意义。

### （三）乡村振兴、产业兴旺，实现高质量发展的必然选择

党的十九大明确提出乡村振兴战略，乡村振兴战略是党中央从全国事业全局出发、着眼于"两个一百年"奋斗目标、顺应亿万农民对美好生活的向往作出的重大决策（乔金亮，2018）。"农业农村优先发展"是乡村振兴战略的核心，而产业兴旺则是乡村振兴战略的重点。实施乡村振兴战略，要把大力发展并提高农村生产力放在首位。围绕产业兴旺，要以农业供给侧结构性改革为主线，以优化农业产能和增加农民收入为主要目标，坚持质量兴农、绿色兴农、效益优先，加快转变农业生产方式，提高农业可持续发展水平。

绿色农产品发展是实施乡村振兴战略的根本抓手。绿色农产品因其严格按照绿色农产品生产标准进行生产，有助于实现农产品的绿色化，从而进一步提高农产品质量，最终实现农产品的高质量发展。市场经济中"优质优价"是市场价格机制在农产品质量安全调解领域发挥作用的重要指标，绿色农产品的"优质"能够换来"优价"，这有助于从根本上促进农民增收。"利润最大化"的驱使促使更多农民投入到绿色农产品生产中，从而带来绿色农产品产业的"兴旺"，最终实现乡村振兴战略。因此，绿色农产品发展是乡村振兴、产业兴旺，实现农产品高质量发展的根本出路与必然选择。

## 二、绿色农产品发展的可行性

### （一）区位优势明显

内蒙古地处我国北部边疆，横跨"三北"，毗邻八省，内靠京、津等大城市，外邻蒙古国、俄罗斯等国。在对外经济联系方面，内蒙古拥有18个边境陆路口岸；在对内经济联系方面，内蒙古承东启西，是东中地区的资源腹地，直接融入东中部区域市场体系。市场是绿色农产品发展的空间，又是绿色农产品发展的推动力，得天独厚的区位优势是内蒙古发展绿色农产品的有利条件，对绿色农产品的持续、稳

步、健康发展至关重要。

### (二) 基础产业优势突出

内蒙古发展绿色农产品具备一定的产业基础,主要表现在以下方面。

作为中国北方重要的农牧业生产基地,内蒙古发展绿色农畜产品具有比较优势,羊肉、牛奶产量均居全国第一以及粮食产量占中国粮食产量比例的逐渐增加,使内蒙古具备发展绿色农产品的产业基础,内蒙古绿色农产品发展对中国绿色农产品发展进程的推进具有至关重要的作用。

绿色资源富集。一方面,内蒙古拥有森林面积2 487.9万公顷、草原面积8 800万公顷,分别居全国第一位、第二位;生物资源丰富,为发展绿色畜牧业提供了天然的多样化的原材料生产基地;另一方面,内蒙古已建立一批稳定的绿色食品原料标准化基地,已创建全国绿色食品原料标准化基地62个,涉及7个盟(市)的18个旗(县、区),种植业基地总面积1 900万亩,产量1 258万吨,带动农户5万多户,农民增收24亿元,基地产品包含了玉米、小麦等23个种类。绿色食品原料标准化基地的建设和发展不仅夯实了内蒙古绿色农产品发展的基础,而且为更大规模地实施农牧业标准化生产发挥重要的引领示范作用。

### (三) 政策优势明显

从政策支持方面来看,绿色农产品发展一直是内蒙古乃至中央政府关注的焦点,内蒙古乃至中央政府始终高度重视绿色农产品发展问题。早在2000年3月,内蒙古农业厅《关于加快发展绿色食品产业的报告》中就指出,内蒙古具有发展绿色食品产业得天独厚的资源优势和生态优势,要重点开发牛羊肉、乳品、禽蛋、水产、小麦、大米、杂粮、矿泉水、饮料、蔬菜、瓜果、山野果、山野菜等绿色食品。2017年2月,"中央一号"文件指出,各地要大力发展木本粮油等特色经济林、珍贵树种用材林、花卉竹藤、森林食品等绿色产业;同时支持新型农业经营主体申请"三品一标"认证,推进农产品商标注册便利化,强化品牌保护;引导企业争取国际有机农产品认证,加快提升国内绿色、有机农产品认证的权威性和影响力。2017年10月,党的十九大报告指出,要坚持绿色发展,大力推进绿色生产和绿色消费。因此,内蒙古发展绿色农产品具有政策支持优势。

## 三、绿色农产品发展成效

"国以民为本,民以食为天,食以安为先"(朱晨冉,2014),作为一种安全、优质农产品,绿色农产品的发展越来越得到党和国家的重视。近年来,绿色农产品发展成效显著。

## (一) 发展规模不断扩大

近5年来，绿色农产品发展规模日益壮大，三年内有效期的绿色农产品认证企业总数、认证产品总数、认证产品总产量在不同程度上有所增长，其中绿色农产品认证企业总数的年均增速（23.82%）最快，分别高于绿色农产品认证产品总产量、认证产品总数5.36个百分点和21.37个百分点（表10-1）。

表10-1 绿色农产品认证企业总数、认证产品总数、认证产品总产量

| 年份 | 类别 | | |
|---|---|---|---|
| | 认证企业总数（个） | 认证产品总数（个） | 认证产品总产量（万吨） |
| 2012 | 290 | 2 350 | 483.18 |
| 2013 | 307 | 2 188 | 491.13 |
| 2014 | 324 | 1 981 | 494.33 |
| 2015 | 361 | 1 737 | 612.03 |
| 2016 | 573 | 1 743 | 883.96 |
| 2017 | 844 | 2 652 | 1 126.96 |

数据来源：内蒙古绿色食品发展中心。

从绿色农产品的构成即从"三品"各自发展来看，2012—2017年，无公害农产品、绿色食品、有机食品的认证企业数、认证产品数、认证产品产量也在不同程度上有所增长（图10-1、图10-2、图10-3），但增长最快的是无公害农产品，特别是

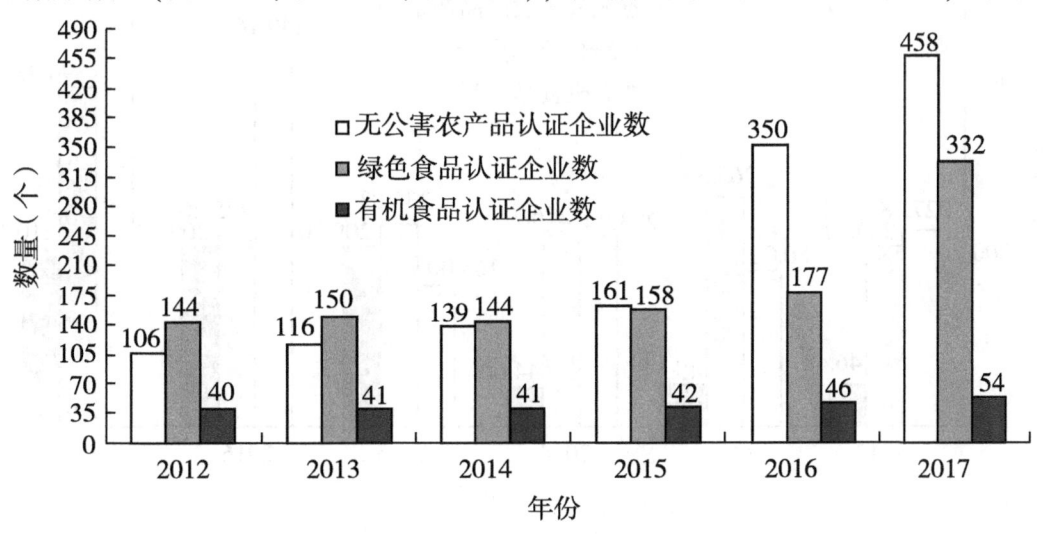

图10-1 绿色农产品认证企业数量

（数据来源：内蒙古绿色食品发展中心）

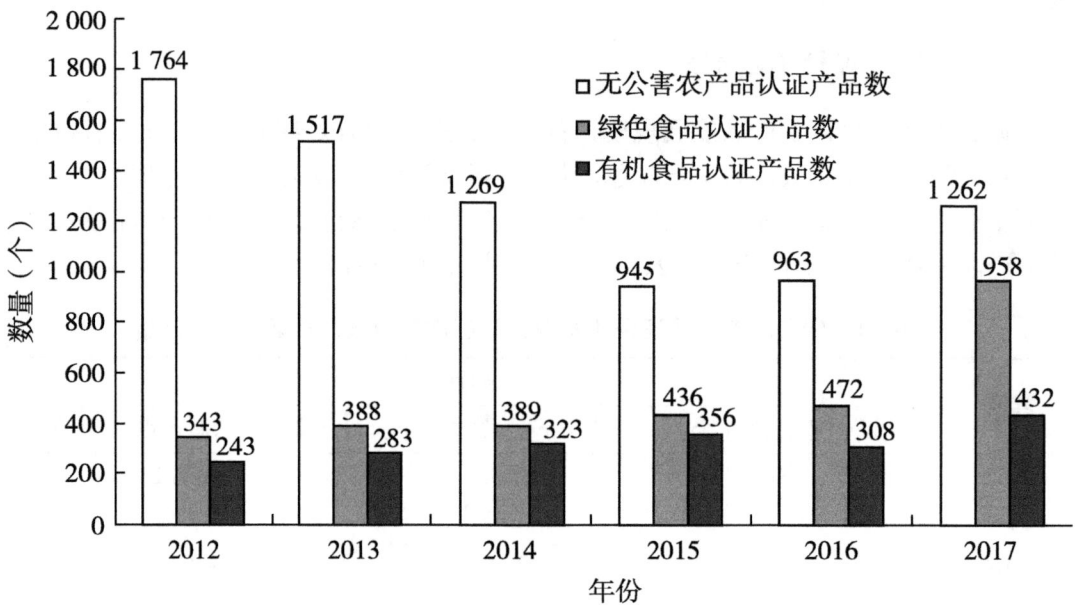

图 10-2　绿色农产品认证产品数量
（数据来源：内蒙古绿色食品发展中心）

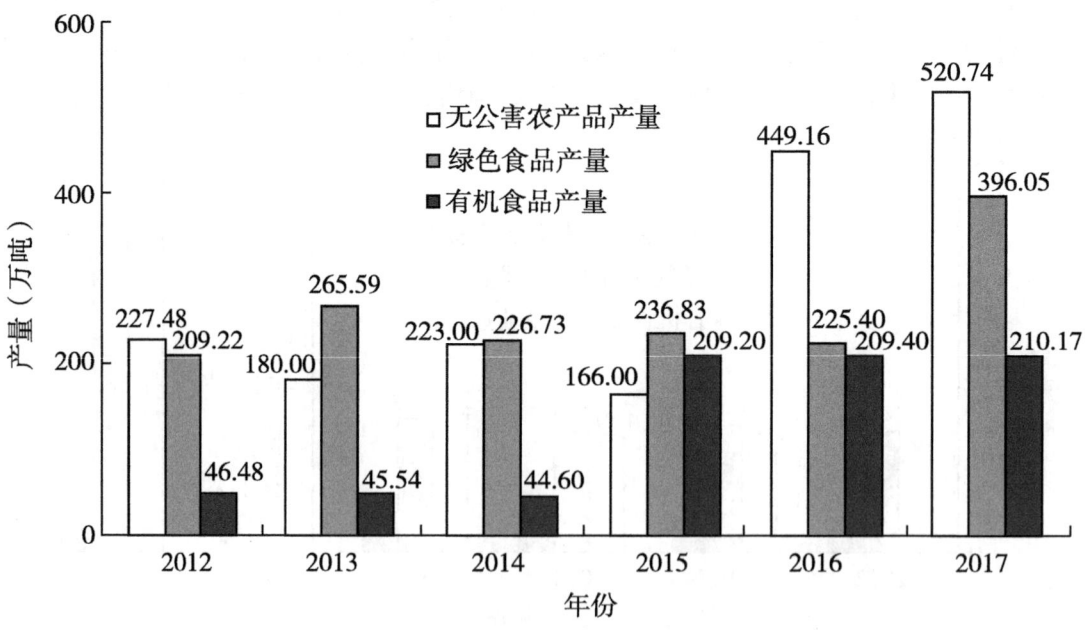

图 10-3　绿色农产品认证产品产量
（数据来源：内蒙古绿色食品发展中心）

2015年以后，无公害农产品增长幅度最大、增速最快，认证企业年均增速高于绿色、有机食品年均增速；认证产品产量增速高于绿色、有机食品年均增速。此外，近5年来有机食品的认证产品产量增速（35.23%）较快，产量增速快于数量增速，认证产品产量增速高于认证企业数、产品数增速。

### （二）产品结构日趋完善

现阶段，内蒙古绿色农产品种类日趋齐全，产品结构日趋完善，主要包括种植业、畜牧业、渔业和加工业4个大类，覆盖农产品及加工食品等1 782个品种。如表10-2所示，与2012年相比，2017年无公害认证产品中畜牧业占比提高13.95个百分点；绿色食品畜牧业占比提高3.2个百分点；有机食品加工业占比提高9.49个百分点。绿色农产品产品结构中畜牧业、加工业占比的提高，表明绿色农产品逐步改变以往以种植业品种认证为主的发展模式，产品内部结构日趋向好。

**表10-2　2012年、2017年绿色农产品产品结构**

| 年份 | 类别 | 无公害农产品 认证产品（个） | 占比（%） | 绿色食品 认证产品（个） | 占比（%） | 有机食品 认证产品（个） | 占比（%） |
|---|---|---|---|---|---|---|---|
| 2012 | 种植业 | 180 | 65.70 | 72 | 20.93 | 144 | 59.26 |
|  | 畜牧业 | 43 | 15.69 | 45 | 13.08 | 24 | 9.88 |
|  | 渔业 | 51 | 18.61 | 6 | 1.75 | 21 | 8.64 |
|  | 加工业 | 0 | 0.00 | 221 | 64.24 | 54 | 22.22 |
|  | 总计 | 274 | 100.00 | 344 | 100.00 | 243 | 100.00 |
| 2017 | 种植业 | 312 | 62.90 | 345 | 36.01 | 186 | 56.71 |
|  | 畜牧业 | 147 | 29.64 | 156 | 16.28 | 23 | 7.01 |
|  | 渔业 | 37 | 7.46 | 11 | 1.15 | 15 | 4.57 |
|  | 加工业 | 0 | 0.00 | 446 | 46.56 | 104 | 31.71 |
|  | 总计 | 496 | 100.00 | 958 | 100.00 | 328 | 100.00 |

数据来源：内蒙古绿色食品发展中心。

### （三）东部地区优势明显

内蒙古绿色农产品发展东部地区优势突出，如表10-3、表10-4所示。

2017年内蒙古无公害农产品认证产地、产品、规模数呈现东、西、中依次减少的趋势（表10-3），东部地区无公害农产品认证产地数分别高于西部、中部地区无公害农产品认证产地数15个和76个；认证产品数分别高于西部、中部地区无公害农产品认证产品数30个和83个；认证规模数分别高于西部、中部地区无公害农产品认证规模数 21.79 万吨和 109.50 万吨。从内蒙古 12 盟（市）来看，赤峰市无公害农产品认证产地、认证产品、认证规模数均居 12 盟（市）之首，因此，在一定程度上拉高了东四盟在无公害农产品认证产地、认证产品、认证规模数的排名，内蒙古东部地区无公害农产品发展优势突出。

表 10-3　2017 年无公害农产品区域分布

| 地区 | 认证产地（个） | 认证产品（个） | 认证规模（万吨） |
| --- | --- | --- | --- |
| 呼伦贝尔市 | 30 | 57 | 43.50 |
| 通辽市 | 28 | 41 | 42.72 |
| 赤峰市 | 52 | 73 | 70.99 |
| 兴安盟 | 20 | 32 | 24.31 |
| 东部地区合计 | 130 | 203 | 181.52 |
| 呼和浩特市 | 8 | 40 | 15.15 |
| 锡林郭勒盟 | 21 | 33 | 21.40 |
| 乌兰察布市 | 25 | 47 | 35.47 |
| 中部地区合计 | 54 | 120 | 72.02 |
| 鄂尔多斯市 | 22 | 32 | 26.95 |
| 包头市 | 37 | 52 | 51.13 |
| 巴彦淖尔市 | 26 | 46 | 42.06 |
| 乌海市 | 6 | 6 | 0.45 |
| 阿拉善盟 | 24 | 37 | 39.14 |
| 西部地区合计 | 115 | 173 | 159.73 |
| 总计 | 299 | 496 | 413.27 |

数据来源：内蒙古绿色食品发展中心。

2017 年内蒙古东、中、西部地区绿色食品、有机食品发展呈现的规律和无公害农产品发展呈现的规律一致（表 10-4），即绿色食品、有机食品认证企业、认证产品、认证规模合计数也呈现东、西、中依次减少的趋势，东部地区发展优势较为明显。东部地区认证企业合计数分别高于西部、中部地区 69 个和 118 个；认证产品合计数分别高于西部、中部地区 178 个和 433 个；认证规模合计数分别高于西部、中部地区 28.86 万吨和 166.73 万吨。就东、中、西内部城市绿色食品、有机食品发展而言，东部地区赤峰市认证企业、认证产品合计数最多，呼伦贝尔市认证规模合计数最高，这在一定程度上拉高了东部地区认证企业、认证产品、认证规模合计数排名。内蒙古东部地区绿色食品、有机食品发展优势较为明显。

表10-4 2017年绿色食品、有机食品合计区域分布

| 地区 | 认证企业（个） | 认证产品（个） | 认证规模（万吨） |
|---|---|---|---|
| 呼伦贝尔市 | 48 | 181 | 154.88 |
| 通辽市 | 39 | 145 | 32.10 |
| 赤峰市 | 63 | 225 | 37.87 |
| 兴安盟 | 41 | 116 | 42.42 |
| 东部地区合计 | 191 | 667 | 267.27 |
| 呼和浩特市 | 30 | 115 | 69.57 |
| 锡林郭勒盟 | 9 | 24 | 15.99 |
| 乌兰察布市 | 34 | 95 | 14.98 |
| 中部地区合计 | 73 | 234 | 100.54 |
| 鄂尔多斯市 | 26 | 101 | 16.50 |
| 包头市 | 46 | 147 | 10.76 |
| 巴彦淖尔市 | 42 | 180 | 187.56 |
| 乌海市 | 3 | 23 | 0.41 |
| 阿拉善盟 | 5 | 38 | 23.18 |
| 西部地区合计 | 122 | 489 | 238.41 |
| 总计 | 386 | 1 390 | 606.22 |

数据来源：内蒙古绿色食品发展中心。

## （四）销售状况日趋良好

随着内蒙古绿色农产品的不断发展，近四年来，绿色农产品国内销售额和出口额在不同程度上有所增加，销售业绩突出。总体来看，绿色农产品销售以国内销售为主，占比高达99.70%，但绿色农产品出口额年均增速（9.63%）高于国内销售额年均增速（4.38%）5.25个百分点，可见在大力开辟国外市场的同时保持国内市场销售稳定是未来内蒙古绿色农产品发展的主要方向（表10-5）。

表10-5 绿色农产品销售额

| 年份 | 绿色农产品国内销售额(亿元) | 占总销售额的比例(%) | 绿色、有机食品出口额(亿元) | 占总销售额的比例(%) |
|---|---|---|---|---|
| 2014 | 353.33 | 99.76 | 0.85 | 0.24 |
| 2015 | 304.99 | 99.71 | 0.88 | 0.29 |
| 2016 | 224.03 | 99.55 | 1.02 | 0.45 |

(续表)

| 年份 | 绿色农产品国内销售额(亿元) | 占总销售额的比例(%) | 绿色、有机食品出口额(亿元) | 占总销售额的比例(%) |
| --- | --- | --- | --- | --- |
| 2017 | 401.82 | 99.72 | 1.12 | 0.28 |
| 2014—2017年平均 | 321.04 | 99.70 | 0.97 | 0.30 |

数据来源：内蒙古绿色食品发展中心。

## 四、绿色农产品发展存在的问题

### （一）绿色农产品宣传有待加强

市场调研发现，消费者绿色农产品认知不足是制约绿色农产品发展的主要因素。绿色农产品标志是消费者购买商品时辨别产品质量好坏、品质优劣的主要依据，然而调研结果显示，根本不知道绿色农产品标志的消费者占比高达42.3%，只有3.62%的消费者知道图10-4所示的绿色农产品标识，22.36%的消费者知道其中的1种或2种，6.34%的消费者知道3种，3.02%的消费者知道其中的4种，可见绿色农产品认知不足制约了消费者的绿色农产品消费，因此应大力推进绿色农产品宣传工作，以促进消费者的绿色农产品消费。

A级绿色食品标志　　AA级绿色食品标志

图10-4　绿色农产品标志

### （二）产品结构不均衡

绿色农产品产品结构不均衡是导致内蒙古绿色农产品发展缓慢的主要原因。从绿色农产品产品结构来看（图10-5），内蒙古绿色农产品产品结构不均衡，以农林及其加工类产品为主，畜牧业、渔业及其加工类产品合计数不足农林及其加工类产品数的1/2。内蒙古绿色农产品主要集中在农林产品及其加工类，即以果菜、粮油类为主，占比高达65.88%；虽然和全国相比，内蒙古绿色畜禽类产品占比（22.62%）高于全国绿色畜禽类产品（11%）占比11.62个百分点（宋国宇等，

2013），但作为中国北方重要的畜牧业生产基地和绿色畜产品发展的重要践行区，与农林产品及其加工类农产品相比，畜禽类产品占比仍低于农林类产品 57.92 个百分点，因此绿色农产品产品结构亟须完善。

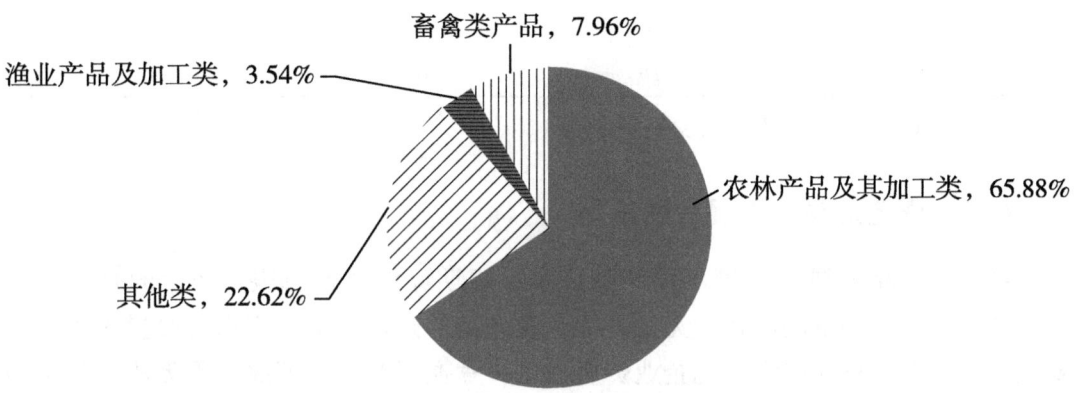

图 10-5　2017 年绿色农产品产品结构
（数据来源：内蒙古绿色食品发展中心）

### （三）生产企业规模小

目前，内蒙古绿色农产品生产企业仍以中、小企业为主，企业规模小、核心竞争力缺乏，限制了绿色农产品的发展。

国家级、自治区级、盟市级龙头企业的申报均要求企业具有抗风险和带动能力、产品具有竞争优势，同时对企业生产规模有较高要求，例如内蒙古某企业申报国家级龙头企业时，其固定资产规模应在 2 000 万元以上，近 3 年销售额须达 5 000 万元以上，产地批发市场年交易额须在 5 亿元以上。申报自治区级龙头企业时，其固定资产应在 1 000 万元以上；从销售额来看，农林种植类或草食动物养殖企业需达 3 000 万元以上，水产品养殖企业达 5 000 万元以上，畜禽养殖企业需在 1 亿元以上。申报盟（市）级龙头企业时，企业固定资产规模应在 1 000 万元以上，连续两年销售额须在 1 亿元以上。

近年来，内蒙古绿色农产品依托品牌优势已形成一批骨干企业，2017 年通过国家级、自治区级、盟市级的龙头企业分别为 18 家、68 家和 84 家（表 10-6），占全部企业的比例为 2.13%、8.06% 和 9.95%，但由国家级、自治区级、盟（市）级龙头企业占全部企业不足 10% 的比例可知，绿色农产品生产企业仍以中、小企业为主，固定资产和销售规模偏小，辐射面窄、带动力不够，产品竞争力弱，致使企业抗风险能力弱、无法获得规模效应、核心竞争能力薄弱，从而限制了绿色农产品的发展。

表 10-6  2017 年绿色农产品各级龙头企业数

| 类别 | 国家级 | 自治区级 | 盟市级 |
| --- | --- | --- | --- |
| 无公害农产品企业 | 3 | 11 | 23 |
| 绿色食品企业 | 10 | 49 | 61 |
| 有机食品企业 | 5 | 8 | — |
| 合计 | 18 | 68 | 84 |

数据来源：内蒙古绿色食品发展中心。

### （四）资金短缺，发展后劲不足

绿色农产品发展需要投入较高的成本，短期经济效益有限，产生的是长远收益。就绿色农产品发展而言，无论是绿色农产品的开发还是推广都需要投入大量的资金，一方面，目前许多绿色企业资金不足，亏损问题尚未解决，更无法筹集足够资金进行绿色化改造，对开发绿色农产品"心有余而力不足"；另一方面，绿色农产品生产与开发关系到成本与收益问题，产品的短期与长期收益不均衡，具有收益的不确定性，出于经济利益考虑，企业在开发绿色农产品方面定会谨慎行事（何建奎，2005）。此外，多数消费者的收入低，无法支付价格较贵的绿色农产品，抑制绿色消费；其结果是，企业无利可图，缺乏进一步发展绿色农产品的资金，发展后劲不足。

## 本章小结

作为农业发展大国，三农问题一直是党和国家高度关注的经济问题，在此背景下，绿色农产品应运而生。

作为中国北方重要的农牧业生产基地，内蒙古农牧业发展对中国农牧业发展具有至关重要的作用，然而随着内蒙古农牧业生产方式的施行，从长远来看，内蒙古也急需发展绿色农产品。作为中国绿色农产品发展的重要践行区，内蒙古发展绿色农产品具有必要性与可行性，因此本章首先介绍内蒙古发展绿色农产品的必要性即传统农业经济发展方式不可持续、农产品绿色安全消费的客观需求和发展绿色农产品是乡村振兴、产业兴旺、实现高质量发展的必然选择；而后阐述内蒙古发展绿色农产品的可行性即区位优势明显，基础产业优势突出和政策优势明显；其次本部分探讨了内蒙古绿色农产品发展的成效即发展规模不断壮大、产品结构日趋完善、东部地区优势明显以及销售状况日趋良好；最后总结了内蒙古绿色农产品发展存在的主要问题即绿色农产品宣传有待加强、产品结构不均衡、生产企业规模小以及资金比较短缺、发展后劲不足等。

  本部分所研究的绿色农产品既是针对当前农业生产生态环境日益恶化问题而生产的安全农产品，又是中国目前提高农户收入而大力发展的支农惠农农产品。作为一种支农惠农农产品，在大力发展绿色农产品时，需要考虑哪些因素影响农户生产绿色农产品，若农户生产绿色农产品，能否起到"提高农户收入"的作用。要明晰绿色农产品生产的农户收入效应就需要谈及绿色农产品的消费市场，若绿色农产品消费对其生产具有驱动作用，消费者愿意为生产者的绿色农产品生产行为付费换言之消费者愿意购买绿色农产品，则生产者有利可图，绿色农产品市场便可长远发展并不断壮大。鉴于此，消费者是否愿意购买绿色农产品、购买决策的主要影响因素以及消费者对绿色农产品支付溢价的大小对绿色农产品生产及其长远发展至关重要。综上所述，绿色农产品生产决策行为、绿色农产品购买行为及其支付意愿均是后续研究的重点。具体而言，将依次从生产者和消费者角度出发，探讨绿色农产品生产决策的主要影响因素及农户收入效应，而后基于消费者视角，阐释其消费驱动作用，识别消费者绿色农产品购买决策的主要影响因素，并实证测算消费者愿意为绿色农产品支付的溢价。

# 第十一章
# 绿色农产品生产行为及其影响因素研究

作为中国政府提倡并大力发展的支农惠农产品，绿色农产品生产的目的一方面在于改善农业生产生态环境，保障农产品质量安全；另一方面也是该产品发展的主要目的即提高农户收入，唯有如此，绿色农产品才有发展空间。若研究绿色农产品生产的农户收入效应，农户是否生产绿色农产品是关键，因此描述与分析农户绿色农产品生产行为，同时识别影响农户绿色农产品生产行为的因素是研究绿色农产品生产农户收入效应的重点内容。鉴于此，本章主要基于实地调研数据，在描述性统计的基础上，运用计量模型探讨影响受访农户绿色农产品生产行为的主要因素。

## 一、数据来源

数据来源于2017年8月至2017年10月对内蒙古农户的问卷调查。为保证调研区域以及调研数据的代表性，调查主要基于内蒙古区域划分，同时依据绿色农产品认证产品数来确定实际调研区域。最终选择内蒙古东部的呼伦贝尔市与兴安盟以及通辽市、中部的呼和浩特市和西部的包头市与鄂尔多斯市为实地调研区域。上述6盟（市）是内蒙古绿色农产品主要生产区域，2017年上述6个地区绿色农产品认证数占内蒙古12盟（市）绿色农产品认证数的一半以上，为59.43%[①]，因此，调研区域具有较强代表性。具体调研区域及其样本分布见表11-1。

调查采取问卷调查与实地访谈相结合的方式，共发放问卷225份，剔除样本中重要内容及指标缺失的问卷，共回收有效问卷218份，有效问卷率为96.89%。问卷主要包含以下信息：首先收集所有受访者（包括绿色和普通农产品生产的受访者）连续两年（2015年和2016年）的个人及家庭特征（如性别、年龄、受教育年限、务农年限、家庭规模等）、家庭收支特征（如种植业收入及支出、养殖业收入

---

① 数据来源：内蒙古绿色食品发展中心。

及支出、工资性收入、非生产性收入及支出等)、资产及信息化特征(不同类型房屋平米数、专业化农机具数等)和绿色农产品认知等方面的信息;其次,对听说过和生产绿色农产品的农户,继续收集其绿色农产品种植年限、对生产相关问题的认知及参加绿色农产品培训次数等方面信息。问卷具体内容见附录。

表11-1 调研区域及样本分布

| 区域 | 盟(市) | 农户数(户) | 占比(%) |
|---|---|---|---|
| 东 | 呼伦贝尔市 | 17 | 28.81 |
| | 兴安盟 | 11 | 18.65 |
| | 通辽市 | 31 | 52.54 |
| 东部地区小计 | | 59 | 27.06 |
| 中 | 呼和浩特市 | 105 | 100.00 |
| 中部地区小计 | | 105 | 48.17 |
| 西 | 包头市 | 5 | 9.26 |
| | 鄂尔多斯市 | 49 | 90.74 |
| 西部地区小计 | | 54 | 24.77 |
| 合计 | | 218 | 100.00 |

数据来源:绿色农产品生产实地调研数据。

## 二、样本农户基本特征分析

### (一)个人特征

受访者个人特征主要包括年龄、受教育年限和务农年数(表11-2)。受访者年龄基本呈正态分布,主要集中在41~65岁,占比高达81.2%,可见从事农业生产的受访者多为中年人,与现实情况相符。受访者受教育程度以小学和初中学历为主,二者占总体样本的比例合计为79.36%;9.63%的受访者未接受过学校正规教育,同时接受过高中以上教育的受访者仅有0.46%,可见受访者受教育水平普遍较低。从受访者务农年限来看,受访者务农年限呈正态分布,主要集中在25~40年,其次为41~55年(23.40%)、10~25年(23.39%),务农年限在10年以下的农户较少,仅有7.34%。综上所述,受访者个体特征方面,受访者以男性和中年人为主,受教育年限普遍较少,但受访者务农年限较多,务农年数在20年及以上的农户占比高达85.78%,受访者从事农业生产的经验较为丰富。

表 11-2 受访者个人特征

| 项目 | 个人特征 | 农户数（户） | 占比（%） |
|---|---|---|---|
| 年龄 | 31 岁以下 | 5 | 2.29 |
| | 31～40 岁 | 13 | 5.96 |
| | 41～55 岁 | 97 | 44.50 |
| | 56～65 岁 | 80 | 36.70 |
| | 65 岁以上 | 23 | 10.55 |
| 受教育年限 | 0 年 | 21 | 9.63 |
| | 1～6 年 | 93 | 42.66 |
| | 7～9 年 | 80 | 36.70 |
| | 10～12 年 | 23 | 10.55 |
| | 12 年以上 | 1 | 0.46 |
| 务农年限 | 10 年以下 | 16 | 7.34 |
| | 10～25 年 | 51 | 23.39 |
| | 26～40 年 | 98 | 44.95 |
| | 41～55 年 | 51 | 23.40 |
| | 55 年以上 | 2 | 0.92 |

数据来源：绿色农产品生产实地调研数据。

## （二）家庭特征

农户家庭特征主要包括家中有无干部、劳动力数、家庭人口数、劳动力数占家庭人口数的比例（以下简称"劳动力占比"）和家庭总收入。由表 11-3 可知，受

表 11-3 农户家庭特征

| 项目 | 家庭特征 | 农户数（户） | 占比（%） |
|---|---|---|---|
| 家中有无干部 | 有 | 31 | 14.22 |
| | 无 | 187 | 85.78 |
| 劳动力数 | 0 人 | 4 | 1.83 |
| | 1 人 | 42 | 19.27 |
| | 2 人 | 119 | 54.59 |
| | 3 人 | 27 | 12.38 |
| | 4 人 | 26 | 11.93 |

（续表）

| 项目 | 家庭特征 | 农户数（户） | 占比（%） |
|---|---|---|---|
| 家庭人口数 | 1人 | 8 | 3.67 |
| | 2~4人 | 175 | 80.28 |
| | 5~6人 | 29 | 13.30 |
| | 7~8人 | 6 | 2.75 |
| 劳动力占比 | 20%以下 | 4 | 1.84 |
| | 20%~40% | 12 | 5.50 |
| | 40%~60% | 59 | 27.06 |
| | 60%~80% | 43 | 19.73 |
| | 80%及以上 | 100 | 45.87 |
| 家庭总收入 | 5万元以下 | 100 | 45.87 |
| | 5万~10万元 | 62 | 28.44 |
| | 10万~20万元 | 39 | 17.89 |
| | 20万~50万元 | 12 | 5.50 |
| | 50万元及以上 | 5 | 2.29 |

数据来源：绿色农产品生产实地调研数据。

注：家庭总收入=工资性收入+种植业收入+养殖业及其畜产品收入+非生产性收入，其中非生产性收入包括转移性收入、财产性收入和其他收入。

访者多为普通家庭，家中有干部的比例仅为14.22%。家庭规模以2~4人为主，占比为80.28%。受访者家庭劳动力数呈正态分布，以2人为主，占比为54.59%。家庭人口多为劳动人口，劳动力数占家庭总人口数一半以上的受访农户占比为89.91%。受访者家庭总收入较低，45.87%的家庭总收入不足5万元；其次为5万~10万元，受访农户占比为28.44%；而收入在20万元以上的农户占比较少，仅为7.79%。综合来看，农户家庭特征方面，受访者多为两口之家的普通家庭，家庭人口多为有劳动能力的人口，受访农户家庭总收入相对较低。

### （三）生产经营特征

农户生产经营特征主要包括种植规模、绿色农产品种植年限和种植业收入占家庭总收入的比例（表11-4）。从种植规模来看，受访农户以小规模经营为主，种植面积集中在40亩以下，占比为70.19%；受访农户种植面积在80亩及以上的种植大户占比相对较低，只有13.76%；受访者绿色农产品种植年限普遍较少，43.12%的受访农户表示未种植过绿色作物；有绿色农产品种植经验的农户，其种植年限也较少，主要为1~3年，占比为29.82%；绿色农产品种植年限在10~12年的农户占比仅为 2.29%。从种植业收入占家庭总收入的比例来看，受访者家庭总收入主要来源于种植业收入，75%的受访者表示，家庭总收入中 80%的收入均来自于种植业收入。综合来看，农户生产经营特征方面，受访者绿色农产品种植年限较少，虽然生产以小规模经营为主，但种植业收入是其主要生计来源。

表 11-4 农户生产经营特征

| 项目 | 生产经营特征 | 农户数（户） | 占比（%） |
| --- | --- | --- | --- |
| 种植规模 | 20 亩以下 | 104 | 47.71 |
| | 20~40 亩 | 49 | 22.48 |
| | 40~60 亩 | 27 | 12.38 |
| | 60~80 亩 | 8 | 3.67 |
| | 80 亩及以上 | 30 | 13.76 |
| 绿色农产品种植年限 | 0 年 | 94 | 43.12 |
| | 1~3 年 | 65 | 29.82 |
| | 4~6 年 | 46 | 21.10 |
| | 7~9 年 | 8 | 3.67 |
| | 10~12 年 | 5 | 2.29 |
| 种植业收入占家庭总收入的比例 | 20%以下 | 20 | 9.17 |
| | 20%~40% | 29 | 13.3 |
| | 40%~60% | 43 | 19.73 |
| | 60%~80% | 51 | 23.4 |
| | 80%及以上 | 75 | 34.4 |

数据来源：绿色农产品生产实地调研数据。

### （四）其他特征

受访者其他特征主要包括农户参与绿色农产品生产及认证培训活动次数和地区变量，由于地区变量中东、中、西部地区受访农户数量及其占比已在表 11-1 中介绍，因此本部分主要分析受访者参与绿色农产品生产及认证培训活动情况。从表 11-5 来看，农户参与绿色农产品生产及认证培训相关活动的次数较少，有 71.10%的受访者表示从未参加过此类活动；即使受访者参加过绿色农产品生产及认证方面的培训活动，其参加次数也较少，主要集中在 1~3 次，占比为 19.73%；参加 10 次及以上培训活动的农户占比仅为 2.29%。就参加过培训的受访者来看，其参与的绿色农产品生产及认证培训活动内容包括绿色农产品认证制度及规定、种植和栽培技术、病虫害防治技术、施肥技术、实地走访示范生产基地和绿色农产品储存规定等，其中农户接受的病虫害防治技术、施肥技术、实地走访示范生产基地等方面的培训相对较多,三者占比为 62.58%;相对而言,绿色农产品储存相关规定的培训最少,仅为 6.8%(图 11-1)。从培训主体来看,目前绿色农产品生产及认证相关培训主体分为三类即政府、企业和合作社,就受访者来看,政府、企业和合作社培训次数较为接近,占比差别较小,其中政府培训占比最大,为 34.85%;其次是企业,占比为 33.33%;合作社培训相对较少,为 31.82%。综上所述,受访者绿色农产品生产及认证培训活动参与较少的原因可能有如下两点:一是政府、企业和合作社组织的培训活动次数总体较少;二是受访者没有积极参与培训主体组织的培训活动,上述两方面原因可能共同导致了目前生产者绿色农产品认知不足等问题。

表 11-5 受访者其他特征

| 绿色农产品生产及认证培训活动参与次数 | 农户数(户) | 占比(%) |
| --- | --- | --- |
| 0 次 | 155 | 71.10 |
| 1～3 次 | 43 | 19.73 |
| 4～6 次 | 12 | 5.50 |
| 7～9 次 | 3 | 1.38 |
| 10 次及以上 | 5 | 2.29 |

数据来源:绿色农产品生产实地调研数据。

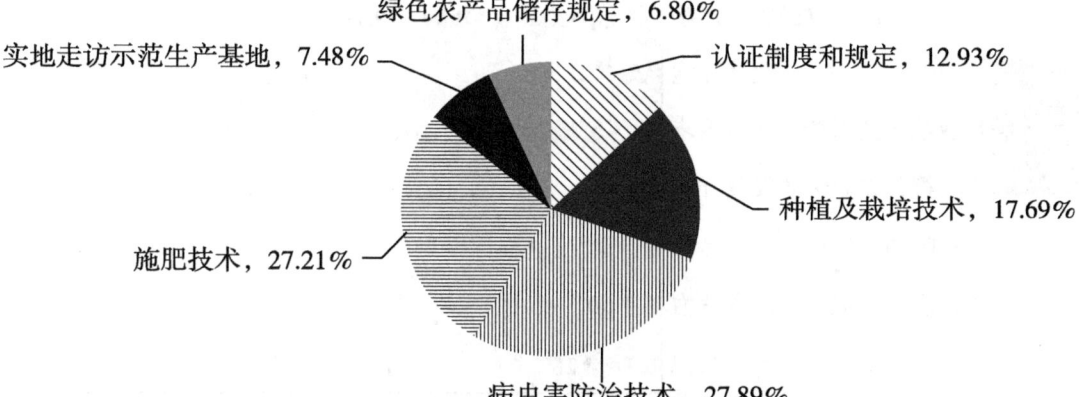

图 11-1 绿色农产品生产及认证培训活动内容
(数据来源:绿色农产品生产实地调研数据)

## 三、样本农户不同特征与绿色农产品生产行为的交叉分析

绿色农产品生产行为即农户是否生产绿色农产品是研究绿色农产品生产农户收

入效应的关键。为科学判断不同特征受访者的绿色农产品生产行为,本部分调查问卷首先设置题目询问农户最近两年是否种植绿色农作物,而后对其绿色农产品生产和不生产原因进行访问。由于受访者个人、家庭、生产经营、其他特征和绿色农产品生产认知的差异性,受访者绿色农产品生产行为有明显差别,因此,描述与分析受访者不同特征与绿色农产品生产行为的关系尤为重要。鉴于此,本部分首先分析所有受访者的绿色农产品生产行为,而后根据受访者绿色农产品生产与否分析其生产与不生产原因;其次从受访者不同特征及绿色农产品认知角度出发,对受访者上述特征与绿色农产品生产行为进行交叉分析,以明晰受访者不同特征对其绿色农产品生产行为的影响。

### (一)受访者绿色农产品生产行为分析

在218户调查农户中,有124户农户从事绿色农产品生产,占总体样本的56.88%;农户进行生产绿色农产品的动机是多元的,45.45%的受访者认为绿色农产品生产能够提高其种植业收入(获利更高),这是受访者生产绿色农产品的主要原因,受访者生产绿色农产品的其他原因如图11-2所示。

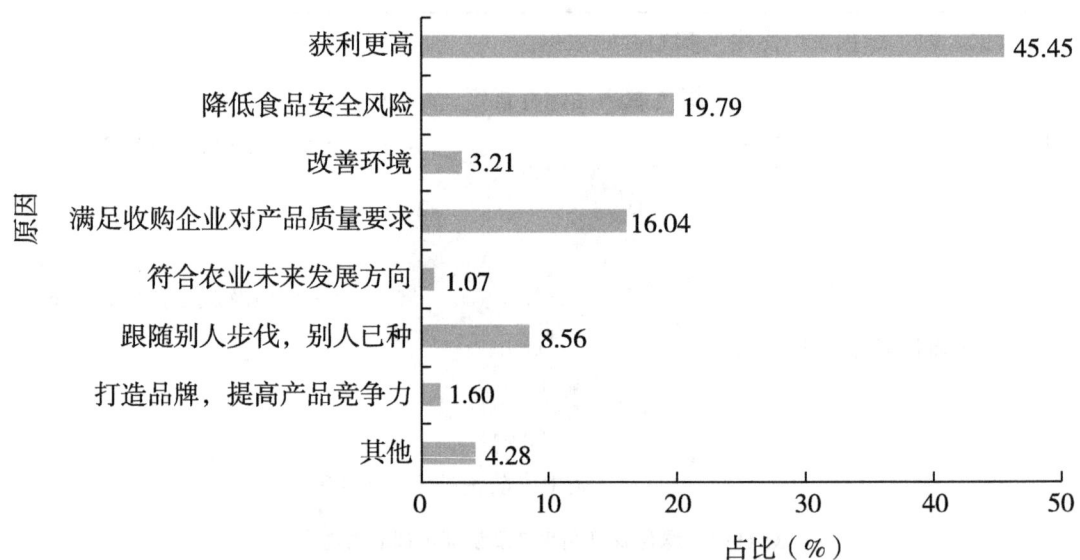

**图11-2 受访者生产绿色农产品的原因**
(数据来源:绿色农产品生产实地调研数据)

然而,也有94户受访者不生产绿色农产品,其中38.10%的受访者认为,"不能获利"是其不从事绿色农产品生产活动的主要原因,受访者不生产绿色农产品的其他原因如图11-3所示。

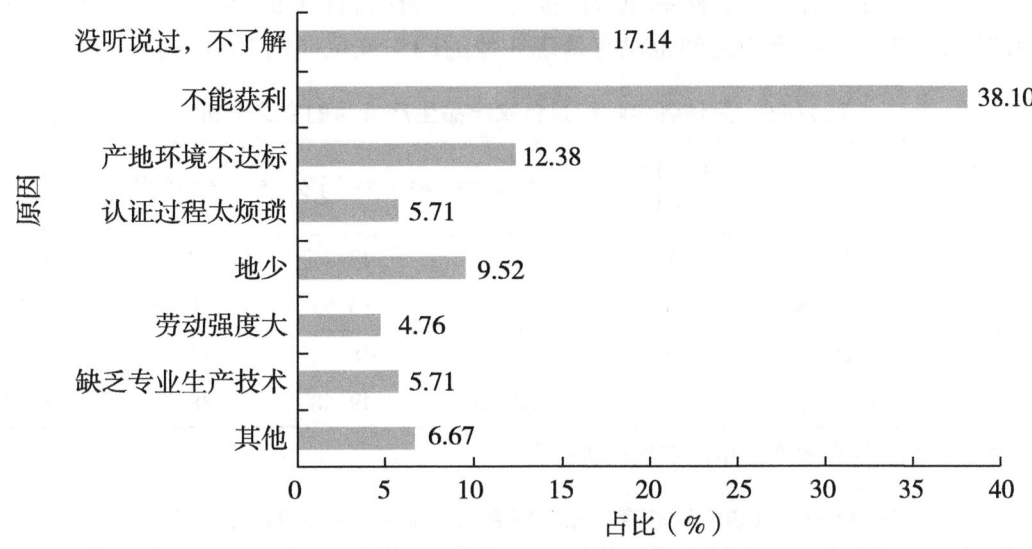

图11-3 受访者不生产绿色农产品的原因
(数据来源：绿色农产品生产实地调研数据)

## (二) 受访者不同个体特征与绿色农产品生产行为

由于受访者年龄、受教育年限、务农年限、家中有无干部、家庭劳动力占比和家庭总收入的差异，其绿色农产品生产行为会有明显差别；因此本部分主要从受访者年龄、受教育年限和务农年限3个方面分析受访者不同个人特征与绿色农产品生产行为的关系，同时从受访农户家中有无干部、家庭劳动力占比和家庭总收入3个方面分析受访农户不同家庭特征与绿色农产品生产行为的关系。

从受访者年龄来看，31周岁以下的受访者不愿意种植绿色农产品，该年龄段不生产绿色农产品的占比最高，为80%；31~40周岁受访者生产绿色农产品的占比最高，为76.92%；由表11-6可见，随着受访者年龄段的增长，其生产绿色农产品的受访者占比并没有呈现上升或下降的趋势，可见受访者年龄与其绿色农产品生产行为之间的关系并未呈现一致的规律。表11-7为受访者受教育水平与其绿色农产生产行为的关系。由表11-7可知，未上过学的受访者生产绿色农产品的占比最高，为80.95%；其次是接受小学教育的受访者，占比为56.99%；与此同时高中以上学历的受访者极其不愿意生产绿色农产品，占比达到100%，从受访者受教育年限与绿色农产品生产的关系来看，随着受访者受教育年限的增长，受访者选择生产绿色农产品的概率就越小，可见受访者受教育年限与其绿色农产品生产行为可能存在负向关系。从受访者务农年限与绿色农产品生产的关系来看（表11-8），务农年限为41~55年的受访者生产绿色农产品的占比最高，为66.67%；其次为种植年限26~40年（57.14%）、10年以下（56.25%）、55年以上（50%）、10~25年

（47.06%）的受访者占比；跟绿色农产品生产户一样，普通农产品生产户务农年限与其绿色农产品生产行为之间也没有呈现一致的同向或反向的变动关系。

表 11-6　受访者年龄与绿色农产品生产行为的交叉分析

| 绿色农产品生产行为 | | 31 周岁以下 | 31~40 周岁 | 41~55 周岁 | 56~65 周岁 | 65 周岁以上 |
| --- | --- | --- | --- | --- | --- | --- |
| 是 | 农户数（户） | 1 | 10 | 49 | 49 | 15 |
| | 占比（%） | 20 | 76.92 | 50.52 | 61.25 | 65.22 |
| 否 | 农户数（户） | 4 | 3 | 48 | 31 | 8 |
| | 占比（%） | 80 | 23.08 | 49.48 | 38.75 | 34.78 |

数据来源：绿色农产品生产实地调研数据。

表 11-7　受访者受教育年限与绿色农产品生产行为的交叉分析

| 绿色农产品生产行为 | | 0 年 | 1~6 年 | 7~9 年 | 10~12 年 | 12 年以上 |
| --- | --- | --- | --- | --- | --- | --- |
| 是 | 农户数（户） | 17 | 53 | 41 | 13 | 0 |
| | 占比（%） | 80.95 | 56.99 | 51.25 | 56.52 | 0 |
| 否 | 农户数（户） | 4 | 40 | 39 | 10 | 1 |
| | 占比（%） | 19.05 | 43.01 | 48.75 | 43.38 | 100 |

数据来源：绿色农产品生产实地调研数据。

表 11-8　受访者务农年限与绿色农产品生产行为的交叉分析

| 绿色农产品生产行为 | | 10 年以下 | 10~25 年 | 26~40 年 | 41~55 年 | 55 年以上 |
| --- | --- | --- | --- | --- | --- | --- |
| 是 | 农户数（户） | 9 | 24 | 56 | 34 | 1 |
| | 占比（%） | 56.25 | 47.06 | 57.14 | 66.67 | 50 |
| 否 | 农户数（户） | 7 | 27 | 42 | 17 | 1 |
| | 占比（%） | 43.75 | 52.94 | 42.86 | 33.33 | 50 |

数据来源：绿色农产品生产实地调研数据。

综合来看，受访者不同个人特征与其绿色农产品生产行为的关系方面，受访者年龄、受教育年限和务农年限对其绿色农产品生产行为的影响不确定，上述 3 个变量与绿色农产品生产行为之间并没有呈现同向或反向的变化趋势。

表 11-9、表 11-10、表 11-11 分别列示了受访者家中有无干部、家庭劳动力占比和家庭总收入与其绿色农产品生产行为的关系。由表 11-9 可知，家庭中有干部的受访农户生产绿色农产品的占比最高，为 61.29%；但从家庭无干部的受访农户来看，他们也更倾向于生产绿色农产品，占比为 56.15%，可见农户家中有无干部与其绿色农产品生产行为之间不存在同向或反向的变动关系。从受访者家庭劳动力

占比来看（表 11-10），家庭劳动力占比在 20%以下的受访者全部生产绿色农产品，占比达到 100%；而劳动力占比在 40%及以上的受访者则倾向于不生产绿色农产品，可见劳动力占比越大，受访者可能越不倾向于生产绿色农产品。由表 11-11 可知，家庭总收入在 50 万元以上的 5 户受访者全部生产绿色农产品，占比达到 100%；家庭总收入在 20 万~50 万元（75%）、10 万~20 万元（61.54%）、5 万~10 万元（53.23%）、5 万元以下（53%）的受访者占比依次递减；就普通农产品生产户而言，家庭总收入越少，其越不生产绿色农产品，由此可见，随着家庭总收入的递增，受访者可能更倾向于生产绿色农产品，因此受访者家庭总收入与绿色农产品生产行为之间可能存在正向关系。

表 11-9　农户家中有无干部与绿色农产品生产行为的交叉分析

| 绿色农产品生产行为 | | 有 | 无 |
| --- | --- | --- | --- |
| 是 | 农户数（户） | 19 | 105 |
| | 占比（%） | 61.29 | 56.15 |
| 否 | 农户数（户） | 12 | 82 |
| | 占比（%） | 38.71 | 43.85 |

数据来源：绿色农产品生产实地调研数据。

表 11-10　农户家庭劳动力占比与绿色农产品生产行为的交叉分析

| 绿色农产品生产行为 | | 20%以下 | 20%~40% | 40%~60% | 60%~80% | 80%及以上 |
| --- | --- | --- | --- | --- | --- | --- |
| 是 | 农户数（户） | 4 | 7 | 29 | 24 | 60 |
| | 占比（%） | 100 | 58.33 | 49.15 | 55.81 | 60 |
| 否 | 农户数（户） | 0 | 5 | 30 | 19 | 4 |
| | 占比（%） | 0 | 41.67 | 50.85 | 44.19 | 40 |

数据来源：绿色农产品生产实地调研数。

表 11-11　农户家庭总收入与绿色农产品生产行为的交叉分析

| 绿色农产品生产行为 | | 5万元以下 | 5万~10万元 | 10万~20万元 | 20万~50万元 | 50万元及以上 |
| --- | --- | --- | --- | --- | --- | --- |
| 是 | 农户数（户） | 53 | 33 | 24 | 9 | 5 |
| | 占比（%） | 53 | 53.23 | 61.54 | 75 | 100 |
| 否 | 农户数（户） | 47 | 29 | 15 | 3 | 0 |
| | 占比（%） | 47 | 46.77 | 38.46 | 25 | 0 |

数据来源：绿色农产品生产实地调研数据。

综合来看，受访者不同家庭特征与其绿色农产品生产行为的关系方面，受访者家中有无干部与其绿色农产品生产行为之间不存在显著差异，家庭劳动力占比与其绿色农产品生产行为之间可能存在反向变动关系，而受访者家庭总收入与其绿色农产品生产行为之间可能存在同向变动关系。

### （三）受访者不同生产经营特征与绿色农产品生产行为

本部分主要从受访农户种植规模和绿色农产品种植年限两方面来分析受访者不同生产经营特征与其绿色农产品生产行为的关系。从受访农户种植规模来看，种植规模为 60~80 亩的受访农户生产绿色农产品的占比最高，为 62.50%；种植规模为 40~60 亩的受访农户不生产绿色农产品的占比最高，为 51.85%；由表 11-12 可见，不同种植规模的绿色农产品生产者和普通农产品生产者占比存在差异，但受访农户种植规模与其绿色农产品生产行为之间并未呈现一致的变化规律，因此受访者种植规模对其绿色农产品生产行为的影响不确定。从绿色农产品种植年限来看（表 11-13），绿色农产品种植年限为 10~12 年以上的 5 户受访农户全部生产绿色农产品，占比高达 100%；绿色农产品种植年限为 0 年的受访农户不生产绿色农产品的占比最高，为 96.81%；因此，受访农户绿色农产品种植年限与其绿色农产品生产行为之间可能存在同向变动关系。综合来看，受访者不同生产经营特征与其绿色农产品生产行为的关系方面，受访者种植规模对其绿色农产品生产行为的影响不确定；绿色农产品种植年限可能正向影响受访农户的绿色农产品生产行为。

**表 11-12　农户绿色农产品种植规模与绿色农产品生产行为的交叉分析**

| 绿色农产品生产行为 | | 20 亩以下 | 20~40 亩 | 40~60 亩 | 60~80 亩 | 80 亩及以上 |
| --- | --- | --- | --- | --- | --- | --- |
| 是 | 农户数（户） | 64 | 25 | 13 | 5 | 17 |
|  | 占比（%） | 61.54 | 51.02 | 48.15 | 62.5 | 56.67 |
| 否 | 农户数（户） | 40 | 24 | 14 | 3 | 13 |
|  | 占比（%） | 38.46 | 48.98 | 51.85 | 37.5 | 43.33 |

数据来源：绿色农产品生产实地调研数据。

**表 11-13　农户绿色农产品种植年限与绿色农产品生产行为的交叉分析**

| 绿色农产品生产行为 | | 0 年 | 1~3 年 | 4~6 年 | 7~9 年 | 10~12 年 |
| --- | --- | --- | --- | --- | --- | --- |
| 是 | 农户数（户） | 3 | 65 | 44 | 7 | 5 |
|  | 占比（%） | 3.19 | 100 | 95.65 | 87.5 | 100 |
| 否 | 农户数（户） | 91 | 0 | 2 | 1 | 0 |
|  | 占比（%） | 96.81 | 0 | 4.35 | 12.5 | 0 |

数据来源：绿色农产品生产实地调研数据。

### （四）受访者绿色农产品认知与绿色农产品生产行为

由于受访者绿色农产品认知基本情况已在本书第三章概述，因此在本章受访者基本特征分析中并未赘述绿色农产品认知情况，该部分主要分析受访者绿色农产品认知与其绿色农产品生产行为的关系。绿色农产品生产相关知识共分为4题，若受访者知晓该知识点相应得1分，共4分。由表11-14可知，绿色农产品生产相关知识得分为2分的受访者生产绿色农产品的占比最高，为72.41%；不了解绿色农产品生产相关知识的受访者不生产绿色农产品的占比最高；可见绿色农产品认知的高低并不会影响受访者绿色农产品生产行为，因此，受访者绿色农产品认知对其绿色农产品生产行为的影响不确定。

表11-14 受访者绿色农产品认知与绿色农产品生产行为的交叉分析

| 绿色农产品生产行为 | | 0分 | 1分 | 2分 | 3分 | 4分 |
| --- | --- | --- | --- | --- | --- | --- |
| 是 | 农户数（户） | 8 | 7 | 21 | 25 | 63 |
|  | 占比（%） | 21.62 | 41.18 | 72.41 | 56.82 | 69.23 |
| 否 | 农户数（户） | 29 | 10 | 8 | 19 | 28 |
|  | 占比（%） | 78.38 | 58.82 | 27.59 | 43.18 | 30.77 |

数据来源：绿色农产品生产实地调研数据。

### （五）受访者其他特征与绿色农产品生产行为

本部分主要从绿色农产品生产及认证培训活动参与次数和地区变量来分析受访者其他特征与绿色农产品生产行为的关系。如表11-15所示，受访者绿色农产品生产及认证培训活动参与次数越多，其生产绿色农产品的占比就越高；同时受访者绿色农产品生产及认证培训活动参与次数越少，其不生产绿色农产品的占比就越高，因此受访者绿色农产品生产及认证培训活动参与次数与其绿色农产品生产行为可能存在正相关关系。从地区变量来看（表11-16），内蒙古西部地区的受访者生产绿色农产品的占比最高，为90.74%，中部、东部地区占比次之，二者占比分别为53.33%和32.2%；从普通农产品生产户来看，东部地区不生产绿色农产品的占比最高，为67.8%，分别高于中部地区、西部地区21.13个、58.54个百分点；可见绿

表11-15 受访者绿色农产品培训与绿色农产品生产行为的交叉分析

| 绿色农产品生产行为 | | 0次 | 1~3次 | 4~6次 | 7~9次 | 9次以上 |
| --- | --- | --- | --- | --- | --- | --- |
| 是 | 农户数（户） | 73 | 32 | 11 | 3 | 5 |
|  | 占比（%） | 47.1 | 74.42 | 91.67 | 100 | 100 |
| 否 | 农户数（户） | 82 | 11 | 1 | 0 | 0 |
|  | 占比（%） | 52.9 | 25.58 | 8.33 | 0 | 0 |

数据来源：绿色农产品生产实地调研数据。
注：绿色农产品生产及认证培训活动参与次数简称"绿色农产品培训"。

色农产品生产占比呈现西、中、东依次减少的规律。综合来看，受访者其他特征方面，受访者绿色农产品生产及认证培训活动参与次数越多，其生产绿色农产品的可能性越大；相比于东部地区，内蒙古中部、西部地区的受访者可能更倾向于生产绿色农产品。

表 11-16　地区变量与绿色农产品生产行为的交叉分析

| 绿色农产品生产行为 | | 东 | 中 | 西 |
|---|---|---|---|---|
| 是 | 农户数（户） | 19 | 56 | 49 |
| | 占比（%） | 32.2 | 53.33 | 90.74 |
| 否 | 农户数（户） | 40 | 49 | 5 |
| | 占比（%） | 67.8 | 46.67 | 9.26 |

数据来源：绿色农产品生产实地调研数据。

## 四、样本农户绿色农产品生产行为影响因素分析

在对受访者基本特征进行统计性描述的基础上，本部分继而分析了受访者不同特征与绿色农产品生产行为的关系，研究发现，不同个人特征、家庭特征、生产经营特征、绿色农产品认知和其他特征的受访者，其绿色农产品生产行为会有明显差别。那么，受访者个人特征、家庭特征、生产经营特征、绿色农产品认知和其他特征等是否真正影响其绿色农产品生产行为？影响程度如何？还需从实证角度进行进一步检验与论证。鉴于此，本节在统计性描述的基础上，借助计量模型从实证角度进一步识别影响受访者绿色农产品生产行为的主要因素。

### （一）研究方法

本节选取的被解释变量（$y$）为受访者是否生产绿色农产品，$y$是一个二元属性变量，若农户生产绿色农产品，则$y=1$；否则，$y=0$。由于本节研究的因变量是一个二分类变量，若采用因变量为连续型数值的OLS模型对其进行回归分析，则会对结果造成有偏估计。因此，为获得无偏性结果，应采用因变量取值为0或1的二元选择模型来解决此类问题。Logistic模型和Probit模型是学术界应用最广泛的二元选择模型，但二者有所区别。Logistic模型和Probit模型的主要区别在于二者误差项服从的分布不同，Logistic模型假设误差项服从Logistic分布（逻辑分布），而Probit模型则假设误差项服从标准正态分布。相比于Logistic分布，标准正态分布更容易判别与检验，因此以所用数据是否服从标准正态分布为依据来判别究竟采用何种模型。

目前核密度图、标准正态概率图、残差的分位数图等图示法和 Shapiro-Wilk 检验、D′Agostino 检验等数值检验法是判别误差项是否服从标准正态分布的主要方法；其中，D′Agostino 检验是针对样本含量大于或等于 2 000 时的检验方法，所用数据样本含量小于 2 000，故本节采用 Shapiro-Wilk 检验法同时结合图示法判别误差项是否服从标准正态分布。图 11-4 为图示法检验结果，核密度图显示，误差项偏离正态分布；标准正态概率图、残差的分位数图也同时显示误差项比较接近非正态分布。由表 11-17 可知，Shapiro-Wilk 检验的 $P$ 值为 0.000，故在 1% 的显著性水平上强烈拒绝标准正态分布的原假设。综上所述，图示法和数值法两种不同类型的检验方法均显示，本节所用数据的误差项不服从标准正态分布，因此，选用 Logistic 模型来识别影响受访者绿色农产品生产行为的主要因素。

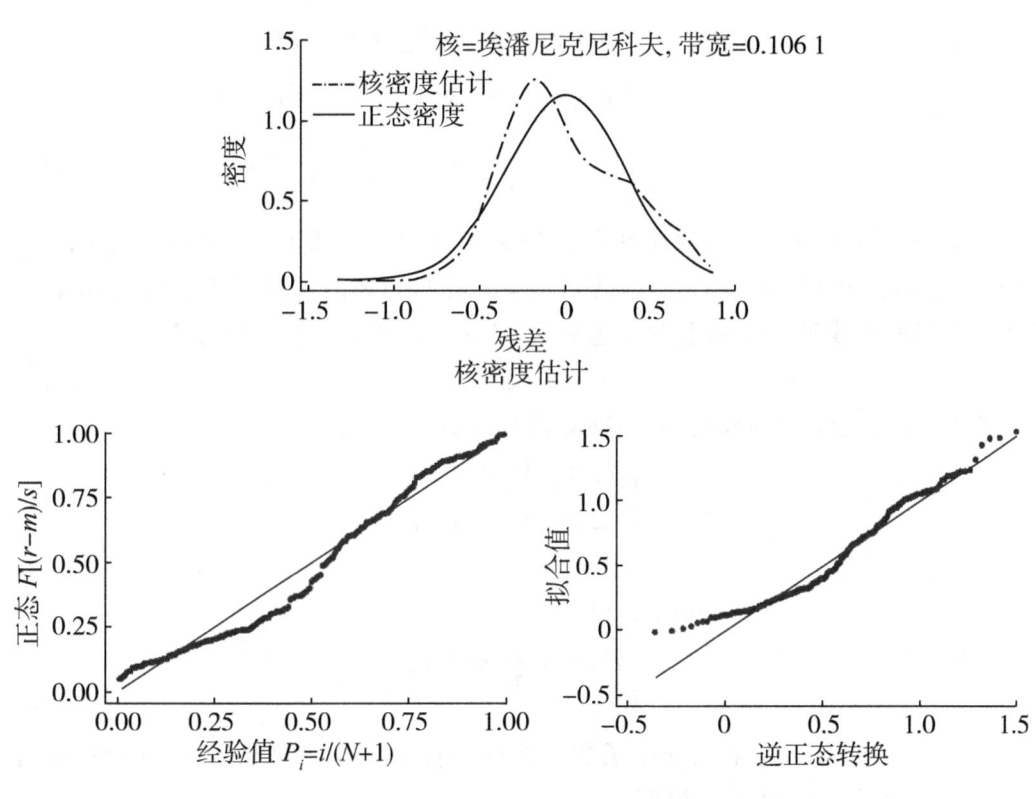

图 11-4　样本标准正态分布检验

表 11-17　Shapiro-Wilk 检验

| Variable | Obs | W | V | z | Prob>z |
| --- | --- | --- | --- | --- | --- |
| r | 218 | 0.951 | 7.903 | 4.777 | 0.000 |

Logistic 模型又称为非线性概率模型或逻辑模型，其基本函数形式为非线性函数，故采用最大似然法进行估计（胡滨，2011）。Logistic 模型的理论基础是随机效

用理论，当无法直接对效用进行观测时，可通过行为主体做出的行为选择（有限选择）估计其选择概率，进而计算其效用函数。随机效用理论假设每项选择都有其对应的效用水平，理性行为主体通过选择使其效用最大化。随机效用函数由确定性部分 $V_{ij}$ 和随机性部分 $\varepsilon_{ij}$ 两部分构成，表示形式如下：

$$U_{ij} = V_{ij} + \varepsilon_{ij} = x'\beta + \varepsilon_{ij} \tag{11-1}$$

其中，$x$ 为可观测到的行为主体的不同特征，包括受访者的个人特征、家庭特征、生产经营特征、绿色农产品认知和其他特征等。通过对随机项 $\varepsilon_{ij}$ 的分布进行假设，我们可得到每个选项的选择概率，具体而言，个体 $i$ 选择选项 $j$ 的概率为：

$$\begin{aligned} P_{ij} &= Prob(U_{ij} > U_{ik}) \,\forall k \neq j \\ &= Prob(V_{ij} + \varepsilon_{ij} > V_{ik} + \varepsilon_{ik}) \,\forall k \neq j \\ &= Prob(\varepsilon_{ik} - \varepsilon_{ij} > V_{ij} - V_{ik}) \,\forall k \neq j \\ &= \int_{\varepsilon}^{I} (\varepsilon_{ik} - \varepsilon_{ij} > V_{ij} - V_{ik}) f(\varepsilon_i) d\varepsilon_i \end{aligned} \tag{11-2}$$

其中，$f(\varepsilon_i)$ 是 $\varepsilon$ 的概率密度函数，公式（11-2）为概率密度函数 $f(\varepsilon_i)$ 的多维积分。Logistic 模型是随机误差项服从 Logistic 分布的离散选择模型，离散选择模型是在潜变量回归模型的基础上发展起来的。Logistic 模型的净效用为：

$$y^* = x'\beta + \varepsilon \tag{11-3}$$

其中，$y^*$ 是无法观测的，只能观测到与净效应相关的 $y$：

$$\begin{cases} y = 1, & \forall y^* > 0 \\ y = 0, & \forall y^* \leqslant 0 \end{cases} \tag{11-4}$$

由此推导出：

$$\begin{aligned} Prob(y = 1 | x) &= Prob(y^* > 0 | x) \\ &= Prob(\varepsilon < x'\beta | x) \\ &= F(x'\beta) \end{aligned} \tag{11-5}$$

其中，$F(\cdot)$ 为 $\varepsilon$ 的累积分布函数，这样可保证概率的取值在 0 和 1 之间；当 $\Lambda(\cdot)$ 为累积分布函数时，模型：

$$Prob(y = 1 | x) = \Lambda(x'\beta) = \frac{e^{x'\beta}}{1 + e^{x'\beta}} \tag{11-6}$$

利用概率模型做分析时，通常关心的是解释变量 $x$ 的变化如何影响概率 $Prob(y = 1 | x)$，即做边际分析 $\partial p/\partial x$，这样模型系数才有具体解释意义。表 11-18 列示了 Logistic 模型的概率及边际影响。本部分通过建立受访者绿色农产品生产行为（生产=1，不生产=0）的似然函数，采用极大似然法估计本节关注的待估参数 $\beta$。

表 11-18　Logistic 模型的概率及边际分析

| 模型 | 概率 | 边际影响 |
| --- | --- | --- |
| Logistic | $\Lambda(x'\beta) = e^{x'\beta}/1 + e^{x'\beta}$ | $\Lambda(x'\beta)[1 - \Lambda(x'\beta)]\beta_j$ |

### （二）变量选取与描述性统计

在借鉴国内学者相关研究（宋启道等，2010；彭建仿等，2011；陈长英，2017）的基础上，结合绿色农产品生产特点以及绿色农产品生产问卷调研实际，本节以受访者是否生产绿色农产品为被解释变量，选取反映受访者绿色农产品生产行为不同特征差异的特征变量例如个人特征、家庭特征、生产经营特征、认知特征和其他特征为解释变量，其中受访者个人特征包括年龄、受教育年限和务农年限3个变量，家庭特征包括家中有无干部、劳动力占比和家庭总收入3个变量，生产经营特征包括种植规模和绿色农产品种植年限2个变量，认知特征为受访者对绿色农产品生产相关知识的认知1个变量，其他特征包括绿色农产品生产及认证培训活动参与次数和受访者所属地区2个变量，解释变量共包括五方面11个变量，各变量的预期作用方向解释如下。

1. 受访者个人特征

年龄是见证时间和成长经历的代表，可用来阐释受访者多样化的生产动机和目标（Ondersteijn et al.，2003）。随着受访者年龄的增长，一方面受访者可能越容易形成生产定式，不愿意采用先进生产技术和改进生产方式而选择不生产绿色农产品；另一方面，受访者年龄越大，其对农业生产生态资源与环境矛盾的认识越深刻，在绿色农产品优价的前提下，基于自身及他人健康生产动机而可能倾向于生产绿色农产品，故受访者年龄对绿色农产品生产行为的影响不确定，预期方向不易设定。

学历是衡量劳动力素质的关键变量（林毅夫，1992），受访者受教育年限越长，其获取生产相关信息的能力越强，生产行为决策越理性，对传统生产方式引发的环境污染越了解，同时在国家大力倡导绿色生产方式的前提下，秉承"优质优价"的生产心理，可能更倾向于生产绿色农产品，故预期受访者受教育年限对被解释变量的影响作用方向为正。

务农年限的长短会影响受访者的生产决策。随着受访者务农年限的增长，受访者在普通农产品生产中积累的经验越丰富，其改变以往传统生产方式和种植习惯的可能性就越小，故预期受访者务农年限越长，其越不倾向于生产绿色农产品。

2. 受访者家庭特征

若受访农户家中有干部，则该家庭获取绿色农产品生产及市场信息的能力一般高于普通家庭，更易于接受新鲜事物，故预期受访农户家中有无干部变量正向影响被解释变量。

劳动力作为家庭人力资源禀赋的一部分,其占家庭总人口数的比例在一定程度上影响农户生产决策。劳动力数占家庭总人口数的比例越高,一方面表明投入到农业生产中的劳动力数越多,农户可能更倾向于生产田间管理相对复杂但售价较高的绿色农产品;另一方面,受访农户家庭中剩余的劳动力可能会转移就业,选择兼业行为从而不生产绿色农产品,因此,劳动力占比变量对受访农户绿色农产品生产行为的影响不易设定。

受访者家庭总收入越高,越追求高品质、高标准的生活;鉴于对自身健康状况的关心,农户可能更倾向于生产绿色农产品;另外,与普通农产品生产相比,绿色农产品投入的物化成本和人工成本均相对较高,因而与低收入农户家庭相比,高收入农户家庭可能更倾向于绿色农产品生产;故预期家庭总收入变量对被解释变量的影响作用方向为正。

3. 受访者生产经营特征

耕地是农业生产最重要的生产资料,种植规模的大小影响农户生产经营决策。种植规模越大的农户,其劳动生产率往往越高,越容易形成规模经营。绿色农产品生产对产地环境要求严格,若农户生产绿色农产品,种植规模越大的农户越需要昂贵的物化和人工成本投入;生产经营规模越大,受产地环境的制约,农户生产绿色农产品越不容易形成统一经营;因此预期种植规模对被解释变量的作用方向为负。

绿色农产品种植年限越长,农户积累的绿色农产品种植经验越丰富,获知的市场销售信息可能越广,因此,农户可能越倾向于生产绿色农产品,故本节预期绿色农产品种植年限变量对被解释变量的作用方向为正。

4. 受访者绿色农产品认知特征

认知决定行为,农户对绿色农产品生产相关知识的认知程度越高,对绿色农产品的生产流程了解得越多,认识就越深刻,同时对绿色农产品的预期收益和预期生产成本估算得就越精准,若农户预期绿色农产品生产经营收入大于普通农产品生产经营收入,则农户会越倾向于绿色农产品生产。

5. 绿色农产品其他特征

绿色农产品生产技术是制约农户生产绿色农产品的主要因素。绿色农产品生产涉及诸多种植技术标准和生产操作流程(熊肖雷等,2014),许多生产标准需通过学习才能掌握,因此农户参与的绿色农产品生产及认证方面的培训活动越多,其对绿色农产品生产相关知识越了解,可能越倾向于生产绿色农产品。

地区变量的设置主要是为了控制调查地区对受访农户的影响,其预期作用方向不确定。

各变量的赋值、含义及预期作用方向和描述性统计见表11-19、表11-20。

表 11-19　变量赋值、含义及预期作用方向

| 类别 | 变量 | 名称 | 单位 | 定义及赋值 | 预期作用方向 |
| --- | --- | --- | --- | --- | --- |
| 被解释变量 | | 农户是否生产绿色农产品 | | 是=1；否=0 | |
| 解释变量 | 个人特征 | 年龄 | 周岁 | 连续变量 | +/- |
| | | 受教育年限 | 年 | 连续变量 | + |
| | | 务农年限 | 年 | 连续变量 | - |
| | 家庭特征 | 家中有无干部 | | 有=1；无=0 | + |
| | | 劳动力占比 | % | 连续变量 | +/- |
| | | 家庭总收入 | 万元 | 连续变量 | + |
| | 生产经营特征 | 种植规模 | 亩 | 连续变量 | - |
| | | 绿色农产品种植年限 | 年 | 连续变量 | + |
| | 认知特征 | 绿色农产品认知 | | 连续变量 | + |
| | | 绿色农产品生产及认证培训活动参与次数 | 次 | 连续变量 | + |
| | 其他特征 | 地区变量 | | 内蒙古东部=0；内蒙古中、西部=1 | +/- |

表 11-20　变量的描述性统计

| 变量 | 平均值 | 标准差 | 最小值 | 最大值 |
| --- | --- | --- | --- | --- |
| 年龄 | 53.71 | 9.84 | 22 | 77 |
| 受教育年限 | 5.96 | 3.14 | 0 | 15 |
| 务农年限 | 32.06 | 13.11 | 2 | 60 |
| 家中有无干部 | 0.14 | 0.35 | 0 | 1 |
| 劳动力占比 | 73.49 | 26.17 | 0 | 100 |
| 家庭总收入 | 9.28 | 14.66 | 0.28 | 150 |
| 种植规模 | 51.00 | 149.69 | 1 | 1 500 |
| 绿色农产品种植年限 | 1.85 | 2.33 | 0 | 12 |
| 绿色农产品认知 | 2.62 | 1.50 | 0 | 4 |
| 绿色农产品生产及认证培训活动参与次数 | 1.00 | 2.79 | 0 | 30 |
| 地区变量 | 0.98 | 0.72 | 0 | 2 |

数据来源：绿色农产品生产实地调研数据。

## (三) 实证结果

基于实地调研数据，本部分借助 STATA12.0 计量软件对因变量和自变量进行回归估计，边际分析结果见表 11-21。

表 11-21　Logistic 模型回归结果

| 解释变量 | 系数 | 标准误差 | $z$ 值 | $P>\|z\|$ |
| --- | --- | --- | --- | --- |
| 年龄 | 0.002 | 0.004 | 0.46 | 0.646 |
| 受教育年限 | -0.008 | 0.010 | -0.82 | 0.415 |
| 务农年限 | -0.004 | 0.003 | -1.13 | 0.257 |
| 家中有无干部 | 0.026 | 0.070 | 0.37 | 0.710 |
| 劳动力占比 | -0.002* | 0.001 | -1.72 | 0.085 |
| 家庭总收入 | 0.006* | 0.004 | 1.70 | 0.089 |
| 种植规模 | -0.001*** | 0.000 | -2.66 | 0.008 |
| 绿色农产品种植年限 | 0.194*** | 0.044 | 4.37 | 0.000 |
| 绿色农产品认知 | 0.005 | 0.021 | 0.23 | 0.820 |
| 绿色农产品生产及认证培训活动参与次数 | 0.057** | 0.027 | 2.14 | 0.032 |
| 地区变量 | 0.103* | 0.059 | 1.73 | 0.084 |
| 常数项 | -1.001 | 1.857 | -0.54 | 0.587 |
| Log $likelihood$ | | | -57.264 | |
| LR $chi^2$ (12) | | | 183.540 | |
| $Prob>chi^2$ | | | 0.000 | |
| $Pseudo\ R^2$ | | | 0.616 | |

注：*、**、***分别表示 10%、5%、1% 的显著性水平。

Logitistic 模型边际分析结果显示，模型的极大似然估计值为-57.264，似然比为 183.540，在 1% 的置信水平下拒绝原假设，说明模型拟合优度较好，各解释变量对农户绿色农产品生产行为的作用在总体上具有统计意义。

在 1% 的显著性水平下，受访者生产经营特征中的种植规模、绿色农产品种植年限对其绿色农产品生产行为具有显著影响，其中前者影响作用方向为负向，后者为正向；除上述变量外，在 5% 的显著性水平下，其他特征中的绿色农产品生产及认证培训活动参与次数对农户绿色农产品生产行为有显著正向影响；此外，在 10% 的显著性水平下，受访者家庭特征中的劳动力占比、家庭总收入和其他特征中的地区变量对农户是否生产绿色农产品有显著影响，其中劳动力占比对农户绿色农产品生产行为的影响为负向，而家庭总收入和地区变量对农户绿色农产品生产行为的影响为正向；受访者个人特征中的年龄、受教育年限、务农年限变量，家庭特征中的家中有无干部变量和绿色农产品认知变量对受访者绿色农产品生产行为无显著影响。解释变量的具体计量结果分析如下。

1. 受访者个人特征对绿色农产品生产行为的影响

年龄、受教育年限、务农年限3个变量对受访者绿色农产品生产行为无显著影响，与交叉分析结果一致。究其原因，从年龄变量来看，现实中从事农业生产的受访者年龄多为40周岁以上人口，40周岁以上受访者占全部受访者的比例高达91.74%；受种植习惯和思维定式的影响，相比于年龄小的受访者，年龄大的受访者理应不愿意改变现有种植习惯，但实地调研发现，部分年龄大的受访者基于利润最大化、健康和环保生产动机，也愿意生产绿色农产品，因此对年龄变量而言，在40周岁以上受访者既有倾向于绿色农产品生产又有不愿意生产绿色农产品且二者差异不显著的前提下，可能引致计量模型中年龄变量的不显著。受教育年限越长，受访者理应更加明晰绿色农产品生产的正外部性和"优质优价"机理，往往更倾向于绿色农产品生产；但实地调研发现，受访者受教育水平普遍较低，高中以上学历的受访者仅占全部受访者的0.46%，即使受教育水平相对较高，但这类受访者对绿色农产品生产的真实性及监管部门的监管仍持怀疑态度，相反受教育水平低的部分受访者秉承从众心理而更倾向于生产绿色农产品，因此受教育水平的高低并不会影响受访者是否生产绿色农产品的决策，故该变量的影响不显著。从务农年限变量来看，随着受访者务农年限的增长，其改变以往传统生产方式和种植习惯的可能性越小，生产绿色农产品的可能性就越小；但实地调研中，部分务农年限较长的受访者，其年龄相对较高，对传统生产方式带来的环境污染认识越深刻，同时秉承从众心理，该类受访者也倾向于生产绿色农产品，因此务农年限变量并没有对被解释变量产生一致方向的显著性影响。

2. 受访者家庭特征对农户绿色农产品生产行为的影响

受访农户家庭劳动力占比变量对其绿色农产品生产行为有显著负向影响，系数为-0.002，表明在其他条件不变时，劳动力占比每增加1%，其不从事绿色农产品生产行为的概率增加0.002。受访农户家庭劳动力占比越高，投入到田间管理相对复杂的绿色农产品生产中的劳动力数可能就越多，但实地调研发现，家庭人口数全部为劳动人口的受访者，其选择兼业行为的占比为100%，可见农户家庭中的剩余劳动力并未投入到农业生产经营活动中，因此，该变量对受访者绿色农产品生产行为的影响为负向。

受访农户家庭总收入变量对其绿色农产品生产行为有显著正向影响，系数为0.006，表明在其他条件不变时，家庭总收入每增加1万元，其从事绿色农产品生产行为的概率增加0.006。家庭总收入是影响家庭生产决策的重要因素，因绿色农产品生产需要相对较高的生产成本，因此家庭总收入越高的农户基于健康和利润最大化生产动机，越倾向于生产安全、优质的绿色农产品，故该变量正向影响受访者绿色农产品生产行为，与预期作用方向一致。

受访农户家中有无干部变量对受访农户绿色农产品生产行为无显著影响。若受访农户家中有干部，由于其获取绿色农产品生产相关信息的能力高于一般家庭，家中有干部的受访者可能倾向于生产绿色农产品，但实地调研发现，家中有干部的受访农户仅占全部样本农户的 14.22%，占比过低导致该变量对被解释变量的影响不再显著。

3. 受访者生产经营特征对农户绿色农产品生产行为的影响

在 1% 的显著性水平下，受访农户种植规模、绿色农产品种植年限对其绿色农产品生产行为具有显著影响，其中受访农户种植规模对其绿色农产品生产行为有负向影响，后者对受访农户绿色农产品生产行为有正向影响。种植规模变量系数为 -0.001，表明在其他条件不变时，种植规模每增加 1 亩，农户生产绿色农产品的概率降低 0.001；究其原因，由于产地环境的制约，绿色农产品生产形成规模经营的难度较大，而随着种植规模的扩大，相比于绿色农产品生产，普通农产品生产则更容易形成规模经营，因此该变量对被解释变量有显著的负向影响，即种植规模越大，受访农户越倾向于生产普通农产品。绿色农产品种植年限变量系数为 0.194，表明在其他条件不变的情况下，农户绿色农产品种植年限每增加 1 年，其生产绿色农产品的概率增加 0.194；随着受访农户绿色农产品种植年限的增长以及种植经验的日益丰富，其越倾向于生产绿色农产品，故该变量对被解释变量有显著正向影响，与预期作用方向一致。

4. 受访者绿色农产品认知特征对农户绿色农产品生产行为的影响

受访者对绿色农产品生产相关知识的认知对其绿色农产品生产行为无显著影响。由受访者绿色农产品认知与绿色农产品生产行为的交叉分析可知，在生产绿色农产品的受访者中，得分为 2 分的受访者占比最高为 72.41%；其次是得分为 4 分的受访者，占比为 69.23%；可见并不是绿色农产品生产认知越高，其生产绿色农产品的可能性就越高；另外，现实中部分受访者对绿色农产品生产的认知程度越高，其对绿色农产品生产的真实性越持怀疑态度；因此，受访者绿色农产品认知变量对其绿色农产品生产行为无显著影响。

5. 受访者其他特征对农户绿色农产品生产行为的影响

绿色农产品生产及认证培训活动参与次数和地区变量对受访者绿色农产品生产行为有显著正向影响。绿色农产品生产及认证培训活动参与次数变量系数为 0.057，表明在其他条件不变的情况下，受访者参与的绿色农产品生产及认证培训活动每增加 1 次，其选择生产绿色农产品的概率增加 0.057；随着受访者绿色农产品生产及认证培训活动参与次数的逐渐增多，其对绿色农产品的生产操作流程越熟悉，不再认为绿色农产品生产遥不可及和无法实现，因而越倾向于生产绿色农产品。

地区变量模型结果显示，与内蒙古东部地区相比，中、西部地区的受访者更加倾向于生产绿色农产品。地区变量系数为0.103，表明在其他条件不变时，若受访者所属区域为内蒙古中部或西部，其生产绿色农产品的概率增加0.103。

# 本章小结

基于内蒙古218份受访农户的调查问卷，本章首先分析了受访者个人、家庭、生产经营及其他方面的特征，即受访者受教育年限普遍较少，务农经验丰富；家庭以两口之家的普通家庭为主，家庭人口多为有劳动能力的人口，家庭总收入相对较低；受访者绿色农产品种植年数较少，虽然生产以小规模经营为主，但种植业收入仍是其主要生计来源；受访者绿色农产品生产及认证培训活动参与较少等。其次，在对样本不同特征进行描述的基础上，本部分研究分析了受访者不同特征与其绿色农产品生产行为的关系，交叉分析结果表明：受访者年龄、受教育年限和务农年限对其绿色农产品生产行为的影响不确定；家中有无干部与其绿色农产品生产行为之间不存在显著差异，家庭劳动力占比、家庭总收入与其绿色农产品生产行为之间可能分别存在反向、同向的变动关系；种植规模对其绿色农产品生产行为的影响不确定，种植年限可能正向影响其绿色农产品生产行为；绿色农产品认知对其绿色农产品生产行为的影响不确定；绿色农产品生产及认证培训活动参与次数可能正向影响其绿色农产品生产行为；相比于东部地区，中、西部地区的受访者可能更倾向于生产绿色农产品。

在详细分析受访者基本特征及其与绿色农产品生产行为关系的基础上，本章运用Logitistic模型识别了受访者个人特征、家庭特征、生产经营特征、绿色农产品生产认知特征与其他特征对其绿色农产品生产行为的影响。实证分析结果表明，受访者家庭劳动力占比、家庭总收入、种植规模、绿色农产品种植年限、绿色农产品生产及认证培训活动参与次数、地区变量对其绿色农产品生产行为有显著影响，其中，其中受访者家庭总收入、绿色农产品生产及认证培训活动参与次数、绿色农产品种植年限和地区变量对其绿色农产品生产行为的影响为正向，受访者家中劳动力占比和种植规模变量对其绿色农产品生产行为则有负向影响；而受访者年龄、受教育年限、务农年限、家中有无干部和绿色农产品认知变量对受访者绿色农产品生产行为则无显著影响。

从推进绿色农产品生产发展的角度上，上述统计分析及实证研究提供了如下政策启示。

一是加强绿色农产品及其生产相关知识宣传。实地调研发现，仍有5.14%的受访者完全没有听说过绿色农产品，即使听说过，其对绿色农产品生产相关知识的认知也处于浅层认知，多数受访者对绿色农产品投入品及生产过程质量控制措施等生产操作流程的认知与了解仍相对模糊，可见绿色农产品及其生产认知不足仍是制约绿色农产品生产的主要因素，因此加大绿色农产品及其生产相关知识宣传力度、提升生产者绿色农产品认知是提高绿色农产品有效供给的重要手段。

二是继续加强绿色农产品生产及认证相关培训活动。实证研究发现，绿色农产品生产及认证培训活动参与次数较多的受访者更倾向于绿色农产品生产，因此举办绿色农产品生产及认证培训活动对促进绿色农产品生产具有至关重要的作用。

三是加大政府财政支持力度。实地调研发现，绿色农产品认证需要昂贵的认证费用，作为"理性人"，在综合考虑经济效益与绿色农产品投入及认证费用的基础上，部分受访者表示，基于利润最大化生产动机，其不再愿意生产绿色农产品，因此在如今绿色农产品生产体系相对不完善的前提下，加大政府财政支持力度有助于刺激生产者生产绿色农产品。换言之，生产者在有利可图的前提下，才选择生产绿色农产品。这样绿色农产品生产的外部性才能充分显现出来，绿色农产品才能长远发展并不断壮大。

# 第十二章
# 绿色农产品生产对农户收入的影响研究

2005年,农业部《关于发展无公害农产品绿色食品有机农产品的意见》指出,推进绿色农产品生产、扩大绿色农产品供给是提高农产品质量水平、增强农产品竞争力、促进农业增效和农民增收的重要手段。基于中国多数农产品供过于求、降低生产和提高单产潜力很小的背景,理论上作为安全、优质、支农与惠农农产品,绿色农产品"增收"的目的较为明显。但是在面对高昂的生产成本的前提下,绿色农产品生产的农户收入效应如何?绿色农产品生产是否能真正起到"提高农户收入"的作用?作用程度如何?需要从实证角度进行进一步验证。鉴于此,本章在理论分析的基础上,基于绿色农产品生产调查数据,实证检验农户生产绿色农产品的收入效应,并对结果进行原因分析。

## 一、研究背景

作为安全、优质农产品,绿色农产品的发展越来越得到国际组织以及多国国家政府的支持。究其原因,绿色农产品生产的绿色化不仅有利于农业生产生态环境保护,而且从长远来看,其兼顾农业可持续发展,代表未来农业发展的主要方向,还具有较为明显的经济功能(尹世久等,2008)。对于生产者来说,利润最大化动机是其生产绿色农产品的主要原因。关于绿色农产品生产的农户收入效应,国内外学者均进行了相关研究。

国外学者主要基于微观农户视角探讨绿色农产品生产对农户收入的影响,但关于绿色农产品能否"提高农户收入",国外学者并未达成一致意见。部分学者认为绿色农产品生产能够提高农户收入,例如Juan et al.(2006)以西班牙的有机柑橘为例,在对欧盟有机农产品市场关于消费者有机柑橘接受程度进行分析的基础上指出,消费者对有机农产品的购买行为与支付意愿是决定有机农产品能否增加农户收入的关键;Hine et al.(2008)通过对非洲有机农产品生产的多个案例进行比较分析,认为有机农产品生产因其"优质优价"能够提高农户收入;Parvathi et al.

（2016）基于300户黑胡椒农户面板数据，实证检验了有机种植对农户收入的影响，结果表明，有机黑胡椒种植对农户有明显的增收作用。但也有学者指出，绿色农产品生产不一定对农户生产的经济效益有益，例如Pietola et al.（2001）的研究指出，有机农产品生产不允许投入化学合成的肥料、农药，取而代之的是费用较高、环保的有机肥和益生菌农药等，高投入成本导致生产资料投入量的降低，最终引起有机农产品产量的下降，因此有机农产品生产不一定能提高农户收入；Kilian et al.（2006）探讨了中美洲有机咖啡生产的收益情况，结果表明，从长远来看，有机咖啡生产不一定能提高农户的收入。

国内学者对绿色农产品能否提高农户收入的研究也未得出一致结论。包宗顺（2002）基于问卷调查数据，通过对比分析常规农业生产方式与有机农产品生产方式在物质投入、人工投入、单产、售价以及收入方面的差异，探讨了有机农产品生产对农户收入的影响，结果表明，有机农产品生产对农民增收有益；熊泽森等（2006）在对江西省有机农产品示范基地的有机农产品生产情况进行分析的基础上指出，有机农产品生产能够起到"提高农户收入"的作用；高芸（2014）以戴庄村有机农产品生产为例，通过对普通桃生产与有机桃生产的化肥、农药等的投入情况进行分析，指出若有机桃销售顺利，其收益将是普通桃收益的2.9倍，因此有机农产品生产能够提高农户收入；然而幸家刚等（2014）对有机农产品能否提高农户收入的研究结论与上述研究者的研究结论相反，通过对浙江省农业标准化生产基地经济绩效进行研究发现，有机农产品生产显著降低了农户的收入；因此国内学者对"绿色农产品生产能否提高生产者经济收入"这一问题的研究与探讨并没有得出一致结论。

有关绿色农产品生产能否提高农户收入的影响研究，国内外学者的研究成果对本部分的研究具有借鉴意义，但纵观国内外学者的研究情况，可发现：国内外学者主要基于微观农户数据，主观分析绿色农产品生产对农户收入的影响，很少从实证角度探讨绿色农产品生产的农户收入效应。农户种植业收入是多种因素共同起作用的结果，那么在考虑其他影响因素的同时实证检验绿色农产品生产能否提高农户的种植业收入，对于研究绿色农产品生产的农户收入效应具有至关重要的作用。以往研究中部分研究缺少绿色农产品生产农户收入效应的理论分析，部分研究缺乏实证方面的检验。因此，本章对以往研究的不足给予拓展，基于绿色农产品实地调研数据，在对绿色农产品生产农户收入效应进行理论分析的基础上，运用计量模型实证检验绿色农产品生产对农户种植业每亩纯收入的现实影响，研究成果可为绿色农产品生产相关政策的制定与完善提供决策依据。

## 二、理论分析

绿色农产品涉及"从田间到餐桌"的全过程，其发展与生产者、消费者等多个经营主体相关。生产者是绿色农产品整个发展体系的源头,从源头上把握绿色农产品生产,是构建农产品安全体系的关键。

经济学原理中的"理性经济人假设"提出,市场经济中行为主体的行为是理性的。关于"经济人"假设,学者认为有两种含义(王艳花,2012):第一,社会上的人是具有自利性的,只有按照"自利原则"做事的人才能与时俱进,不会被社会淘汰;第二,市场经济中人的生产决策行为符合利润最大化原则,即生产者会根据其获得的生产经营信息合理安排农业生产活动以使其利润最大化。结合本部分,基于"理性经济人假设",农户决定生产绿色农产品与否,关键在于农户能否从绿色农产品生产中获得收益并使其收益最大化。

从理论上来讲,绿色农产品生产由于严格遵守安全农产品生产的质量过程控制相关规定并科学规范生产过程,与普通农产品生产相比,绿色农产品的产品质量要显著优于普通农产品,在完全竞争市场和买卖双方信息对称的前提下,绿色农产品的"优质"能够换来"优价",因此绿色农产品生产能够提高生产者的种植业每亩纯收入。

绿色农产品因其产品的优质、安全以及较高的生产成本需要消费者支付较高的价格,生产者才能获利,因此分析生产者生产绿色农产品能否获利,需要综合考虑绿色农产品的成本、产量以及售价,只有与普通农产品相比,绿色农产品生产的利润空间更大时,生产者在生产决策时才会转变生产方式,由普通农产品生产转向绿色农产品生产。

图 12-1 为农户生产绿色农产品与普通农产品的每亩纯收入。

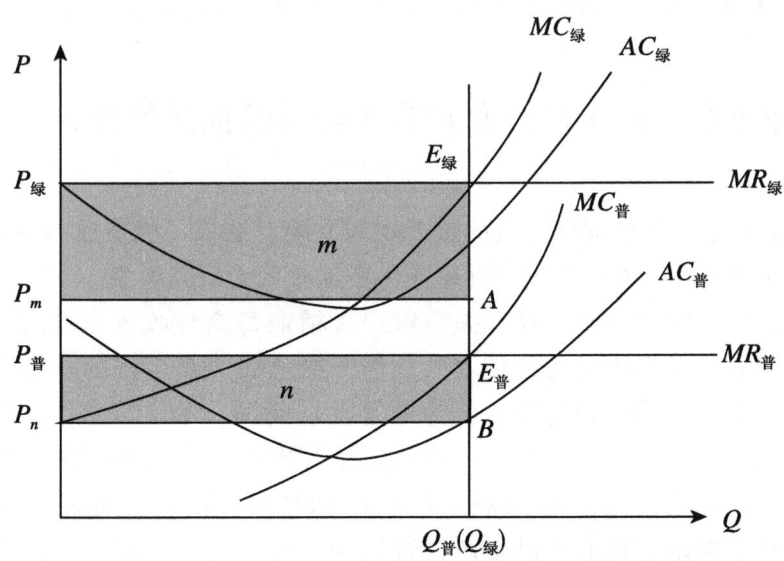

图 12-1 农户生产绿色农产品与普通农产品的每亩纯收入

如图所示，$MC_普$ 为普通农产品生产的边际成本，$MR_普$ 为边际收益，$AC_普$ 为平均成本。根据利润最大化原则，农户选择在 $E_普$（均衡点）处生产普通农产品，此时 $MC_普 = MR$，$P_普$ 为普通农产品的售价，$Q_普$ 为市场均衡时对应的交易产量，此时 $n$ 表示的阴影面积为农户进行普通农产品生产的每亩纯收入。由于绿色农产品生产需要严格遵循绿色生产标准进行生产，因此其生产成本要高于普通农产品生产成本，故平均成本曲线（$AC$）和边际成本曲线（$MC$）上升。与此同时，绿色农产品的质量要显著优于普通农产品的质量，故绿色农产品的售价要远远高于普通农产品售价，此时绿色农产品的价格 $P_绿$ 会大幅上升，$n$ 表示的阴影面积即为农户进行绿色农产品生产的每亩纯收入。由图 12-1 可见，$m > n$。因此，理论上绿色农产品生产具有提高农户种植业每亩纯收入的作用。

## 三、数据来源

本部分所用数据与上一章节所用数据均来源于绿色农产品生产调查问卷，关于调查区域选择、调查问卷设计及具体包含内容已在前文概述，故本部分不再赘述；但由于影响农户绿色农产品生产行为和农户种植业每亩纯收入的因素不同，因此考虑重要指标缺失情况而最终选用的有效样本不同。本节在剔除重要指标缺失的样本后，剩余有效问卷 207 份，有效问卷率为 92%；其中 2016 年生产绿色农产品的受访农户有 110 份，占有效问卷的比例为 53.14%；普通农产品生产户有 97 户，占比为 46.86%；绿色农产品生产的受访农户略高于普通农产品生产户。

## 四、绿色农产品生产对农户收入影响的描述性统计

为控制农户不同种植规模导致的过大收入差距对结果可能造成的有偏影响，同时使收入具有可比性，本章以农户种植业每亩纯收入为研究对象。

理论上，绿色农产品生产具有提高农户种植业每亩纯收入的作用，那么绿色农产品和普通农产品生产的每亩纯收入如何？绿色农产品生产的每亩纯收入是否高于普通农产品生产的每亩纯收入？为解答上述问题，本节以水稻、谷子、马铃薯、大豆、黑豆、大红黍、豇豆、黄豆和糜子等农产品为调查对象，对上述农产品分别采用绿色生产标准和普通农产品生产标准所获的每亩纯收入进行比较分析，以从统计上明晰绿色农产品生产是否具有"提高农户种植业每亩纯收入"的作用。

农户生产绿色与普通农产品每亩纯收入的比较见表 12-1。

表 12-1　农户生产绿色与普通农产品每亩纯收入的比较　　　单位：元/亩

| 农产品 | 绿色农产品 | 普通农产品 | 绿色农产品—普通农产品 |
| --- | --- | --- | --- |
| 水稻 | 2 263.58 | 1 219.34 | 1 044.24 |
| 谷子 | 2 390.78 | 876.38 | 1 514.39 |
| 马铃薯 | 2 180.50 | 130.24 | 2 050.26 |
| 大豆 | 393.97 | 316.24 | 77.73 |
| 黑豆 | 1 110.00 | 156.00 | 954.00 |
| 大红黍 | 465.26 | 251.00 | 214.26 |
| 豇豆 | 700.00 | 201.29 | 498.71 |
| 黄豆 | 117.00 | 385.91 | −268.91 |
| 糜子 | 239.20 | 361.50 | −122.30 |

数据来源：绿色农产品生产实地调研数据。

注：每亩纯收入＝每亩总收入−每亩总成本；每亩总收入＝每亩产量×销售价格；每亩总成本＝（物化成本＋人工成本）/种植规模，其中物化成本包括施肥、灌溉、除草、农药、农膜、种子和农机使用费用。

由表 12-1 可知，9 种农产品中，7 种农产品采用绿色生产标准的每亩纯收入高于普通生产标准的每亩纯收入。从绿色与普通农产品生产的每亩纯收入之差来看，大豆、大红黍、豇豆、黑豆 4 种农产品生产的每亩纯收入之差在 1 000 元以下，具体而言，绿色大豆高于普通大豆 77.73 元、绿色大红黍高于普通大红黍 214.26 元、绿色豇豆高于普通豇豆 498.71 元、绿色黑豆高于普通黑豆 954.00 元；水稻、谷子、马铃薯生产的每亩纯收入之差大于 1 000 元，绿色水稻高于普通水稻 1 044.24 元、绿色谷子高于普通谷子 1 514.39 元、绿色马铃薯高于普通马铃薯 2 050.26 元；但也有个别农产品例如黄豆、糜子采用绿色标准生产的每亩纯收入低于按照普通标准生产的每亩纯收入，绿色黄豆低于普通黄豆 268.91 元，绿色糜子低于普通糜子 122.30 元。可见，多数农产品采用绿色生产标准的每亩纯收入高于普通生产标准的每亩纯收入，故统计上，绿色农产品生产具有"提高农户收入"的作用。

## 五、绿色农产品生产对农户收入影响的实证分析

研究发现，多数农产品采用绿色生产标准的每亩纯收入高于普通生产标准的每亩纯收入。目前，内蒙古多数农户既生产绿色农产品又同时种植普通农作物，

部分农户只生产绿色农产品,还有农户只生产普通农产品,而受访者种植业收入的高低是多种因素共同起作用的结果,因此在内蒙古多数农户同时采用绿色和普通生产标准生产农产品的前提下,如何在考虑受访者不同个人特征、家庭特征、生产经营特征和其他特征影响的同时,识别绿色农产品生产与否对农户种植业每亩纯收入的影响是本节的研究重点。鉴于此,本节在统计性描述的基础上,借助计量模型从实证角度进一步识别受访者绿色农产品生产与否对其种植业每亩纯收入的影响。

### (一) 研究方法

为了验证绿色农产品生产的农户收入效应,本部分采用 Treatment Effect Model (TEM) 进行实证检验与分析。

绿色农产品生产因其需要遵循严格的质量过程控制生产标准,生产投入成本要远远高于普通农产品生产成本,因此,考虑到生产投入资金问题,家庭种植业每亩纯收入越高的农户可能越倾向于生产绿色农产品,反之绿色农产品因其"优质"可能会换来生产者经济利益的提高,故农户绿色农产品生产行为与其种植业每亩纯收入之间可能相互影响,即存在内生性问题。为消除内生性导致的样本选择偏差,本部分对农户的种植业每亩纯收入与绿色农产品生产行为决策进行联合估计,运用 TEM 两步估计方法 (Maddala, 1983),在消除内生性问题的同时,实证衡量绿色农产品生产对农户种植业每亩纯收入的影响。

TEM 模型的具体应用主要依据以下两阶段展开。

1. 第一阶段

建立农户绿色农产品生产行为决策方程。这一部分主要采用 Probit 模型识别农户绿色农产品生产行为的主要影响因素。第一阶段模型的公式形式如下:

$$P(Z_i = 1 \mid x_1, x_2, \cdots, x_i) = \Phi(\beta_0 + \beta_1 x_1 + \beta_2 x_2 + \cdots + \beta_i x_i) \quad (12-1)$$

其中,$\Phi(x)$ 为标准正态累积分布函数,$Z_i$ 为内生选择变量即"是否生产绿色农产品"(生产 = 1,不生产 = 0),$X_i$ 代表第 $i$ 种影响农户绿色农产品生产行为的因素,$\beta_i$ 为回归系数,$\beta_0$ 代表常数项。

在第一阶段回归的基础上,进一步计算得出自选择偏差的估计值,生成 Mills 逆转比率 ($\lambda$),计算公式为:

$$\lambda_i = \begin{cases} \phi(\hat{\beta}x_i)/\Phi(\hat{\beta}x_i), & z_i = 1 \\ -\phi(\hat{\beta}x_i)/[1 - \Phi(\hat{\beta}x_i)], & z_i = 0 \end{cases} \quad (12-2)$$

其中,$\phi(x)$ 为标准正态分布密度函数,$\Phi(x)$ 为标准正态累积分布函数,$\hat{\beta}$ 为 $\beta$ 的估计值。

## 2. 第二阶段

将 Mills 逆转比率（$\lambda$）作为选择性偏差修正项，以自变量的方式引入农户种植业每亩纯收入的方程中，以 Ols 估计得到无偏的系数估计值，即：

$$y_i = \beta Z_i + \rho\sigma\lambda_i + \alpha X_i + \varepsilon_i \qquad (12-3)$$

其中，$Z_i$ 为农户是否生产绿色农产品的预测值，$\lambda_i$ 代表内生选择偏差的存在与否。另外，为减轻遗漏重要解释变量引发的内生性问题，本部分在以往研究的基础上，引入一些控制变量 $X_i$ 以使研究结论更稳健，$\varepsilon_i$ 为误差项。

### （二）变量选取与描述性统计

本研究的第一阶段为受访者绿色农产品生产行为的主要影响因素。本节第一阶段变量与前文研究农户绿色农产品生产行为影响因素所选变量完全一致，这些变量预期影响已在本部分前文详细分析，故本部分主要分析第二阶段变量。

#### 1. 被解释变量

对于绿色农产品生产者来说，国家大力发展绿色农产品的目的在于提高农户的种植业收入。随着农村经济体制改革的施行，农业生产的参与者——农户的生产决策日趋合理。基于最大化利润，农户会根据自身利益调整生产决策，以达到国家实施惠农政策的初衷。农户的生产行为反应也成为国家进一步改进、完善惠农政策的依据。本部分为衡量绿色农产品生产对农户收入的影响，选取农户的种植业每亩纯收入为被解释变量。具体而言，农户种植业每亩纯收入是指农户种植业每亩总收入与每亩总成本之差。

#### 2. 关键解释变量

受访农户是否生产绿色农产品。发展绿色农产品的目的在于提高农户的种植业收入，绿色农产品生产和消费的发展势头越来越强劲。在市场信息体系建设逐渐完善的今天，秉承"优质优价"心理，消费者对绿色农产品的接受意愿也越来越强。故在绿色农产品"优价"的前提下，本部分预期受访农户是否生产绿色农产品，对其种植业每亩纯收入有正向影响。

#### 3. 其他控制变量

影响农户种植业每亩纯收入的因素众多，为防止出现"遗漏重要解释变量"的问题，本部分在前人研究的基础上，控制了影响农户种植业每亩纯收入的其他因素，具体包括：受访者个人特征（如年龄、受教育年限、务农年限）、家庭特征（如家中有无干部、家庭劳动力占比）、生产经营特征（如种植规模、专业化农机具数）和其他特征（如贷款金额、是否上网查看农产品销售信息、地区变量），共 4 方面 10 个其他控制变量。

第二阶段各变量的赋值、含义及预期作用方向如表 12-2 所示，第一、第二阶段各变量的描述性统计如表 12-3 所示。

表 12-2 变量赋值、含义及预期作用方向

| 类别 | 变量名称 | 单位 | 定义及赋值 | 预期作用方向 |
|---|---|---|---|---|
| 被解释变量 | 种植业每亩纯收入 | 元 | 连续变量 | |
| 关键解释变量 | 是否生产绿色农产品 | | 是=1；否=0 | + |
| | 其他控制变量 | | | |
| | 年龄 | 周岁 | 连续变量 | +/- |
| | 受教育年限 | 年 | 连续变量 | + |
| | 务农年限 | 年 | 连续变量 | + |
| | 家中有无干部 | | 有=1；无=0 | +/- |
| | 劳动力占比 | % | 连续变量 | +/- |
| | 种植规模 | 亩 | 连续变量 | + |
| | 专业化农机具数 | 辆 | 连续变量 | + |
| | 贷款金额 | 万元 | 连续变量 | + |
| | 是否上网查看农产品销售信息 | | 有=1；否=0 | + |
| | 地区变量 | | 内蒙古东部=0；内蒙古中、西部=1 | +/- |

表 12-3 变量的描述性统计

| 变量名称 | 平均值 | 标准差 |
|---|---|---|
| 种植业每亩纯收入 | 3 945.60 | 13 452.13 |
| 是否生产绿色农产品 | 0.53 | 0.50 |
| 年龄 | 53.32 | 9.83 |
| 受教育年限 | 6.00 | 3.22 |
| 务农年限 | 32.09 | 12.90 |
| 家中有无干部 | 0.14 | 0.35 |
| 劳动力占比 | 73.42 | 26.21 |
| 种植规模 | 55.63 | 155.18 |
| 家庭总收入 | 10.00 | 15.95 |
| 绿色农产品种植年限 | 2.36 | 2.77 |
| 绿色农产品认知 | 2.61 | 1.52 |
| 绿色农产品生产及认证培训活动参与次数 | 1.23 | 3.74 |
| 专业化农机具数 | 1.14 | 1.81 |
| 贷款金额 | 20.84 | 213.79 |

(续表)

| 变量名称 | 平均值 | 标准差 |
| --- | --- | --- |
| 是否上网查看农产品销售信息 | 0.22 | 0.42 |
| 地区变量 | 0.96 | 0.74 |

数据来源：绿色农产品生产实地调研数据。

### （三）实证结果

基于绿色农产品生产实地调研数据，本部分借助 STATA12.0 软件同时采用 TEM 模型实证检验农户绿色农产品生产对其种植业每亩纯收入的影响，实证模型结果见表 12-4。

表 12-4  TEM 模型估计结果

| 项目 | 收入方程 | | 生产方程 | |
| --- | --- | --- | --- | --- |
|  | 系数 | 标准误 | 系数 | 标准误 |
| 是否生产绿色农产品 | 6 379.397** | 0.036 | | |
| 年龄 | 286.146* | 0.088 | −0.005 | 0.816 |
| 受教育年限 | 646.116* | 0.054 | −0.051 | 0.217 |
| 务农年限 | −304.026** | 0.012 | −0.005 | 0.713 |
| 家中有无干部 | −4 717.270* | 0.089 | 0.074 | 0.834 |
| 劳动力占比 | 21.198 | 0.578 | −0.008* | 0.098 |
| 种植规模 | −9.368 | 0.236 | −0.001* | 0.064 |
| 家庭总收入 | | | 1.35e−06 | 0.203 |
| 绿色农产品种植年限 | | | 0.537*** | 0.000 |
| 绿色农产品认知 | | | 0.073 | 0.416 |
| 绿色农产品生产及认证培训活动参与次数 | | | −0.101*** | 0.004 |
| 专业化农机具数 | −547.656 | 0.387 | | |
| 贷款金额 | 0.113 | 0.978 | | |
| 是否上网查看农产品销售信息 | 787.997 | 0.774 | | |
| 地区变量 | −28.572 | 0.987 | 0.442** | 0.037 |
| 常数项 | −8 720.322 | 0.263 | −0.127 | 0.890 |
| $\lambda$ | −7 907.136 | 0.000 | | |
| Wald $chi^2$ | 32.410** | | | |
| 观察值 | 207 | | | |

注：*、**、*** 分别表示 10%、5%、1%的显著性水平。

**1. 存在选择性偏误的问题**

由 TEM 模型结果可知，检验内生选择偏差的 $\lambda$ 系数为 -7 907.136，$P$ 值为 0.000；同时 TEM 模型中 Wald 检验的卡方值为 34.41，$P$ 值为 0.02；二者均拒绝绿色农产品生产行为与种植业每亩纯收入不相关的假定，说明农户绿色农产品生产行为决策存在显著的选择性偏误问题，故本部分在实证模型中考虑选择性偏误校正具有必要性。

**2. 校正选择性偏误后的农户收入效应问题**

关于关键解释变量。由表 12-4 可知，农户是否生产绿色农产品变量在 5% 的置信水平下通过显著性检验，影响作用方向为正，说明当前绿色农产品生产具有提高农户收入的作用；对于绿色农产品生产者来说，国家发展绿色农产品的目的在于改善农业生产生态环境的同时提高农户的种植业收入，实证结果表明，绿色农产品生产确实能起到"提高农户收入"的作用，与预期作用方向及理论分析相一致，故今后应继续推进绿色农产品生产进程，在发挥绿色农产品生产正外部性的同时进一步提高农户的种植业收入。

关于其他控制变量。在其他影响因素中，受访农户年龄、受教育年限、务农年限和家中有无干部变量对其种植业每亩纯收入有显著影响。

受访者年龄对其种植业每亩纯收入的影响为正向，表明受访者年龄越大，其从事农业生产的经验越丰富，种植业每亩纯收入越高。

受访者受教育年限对其种植业每亩纯收入的影响为正向，与预期方向一致；表明受访者受教育年限越长、文化水平越高，其掌握农产品消费市场相关信息的能力越强，对市场变化的反应越快，其越能生产符合消费者消费需求的农产品，故其种植业每亩纯收入越高。

务农年限变量对种植业每亩纯收入的影响为负向，与预期作用方向相反。实地调研发现，务农年限较少的受访者受教育年限较长，故在受教育年限变量正向影响受访者种植业每亩纯收入的前提下，务农年限相对较少的受访者，其种植业每亩纯收入相对较高。

受访农户家中有无干部变量负向影响其种植业每亩纯收入，可能的解释是，作为村集体管理人员，工作繁忙影响其正常的田间管理活动，从而使其种植业每亩纯收入下降。

受访者家庭劳动力占比、种植规模、专业化农机具数、贷款金额、是否上网查看农产品销售信息和地区变量对其种植业每亩纯收入无显著影响，说明农户种植业每亩纯收入更多的是受其他因素的影响。

**3. 农户绿色农产品生产行为决策问题**

TEM 模型中的生产方程（第一阶段）可与前文的实证研究结论相互印证，即受访者家庭劳动力占比、种植规模、绿色农产品种植年限、绿色农产品生产及认证培训活动参与次数、地区变量对受访农户绿色农产品生产行为有显著影响；其中绿色农产品生产及认证培训活动参与次数对农户绿色农产品生产行为有负向影响，可能的原因是随着受访者绿色农产品生产及认证培训活动参与次数的增多，其越明晰绿色农产品生产、认证流程的繁琐，对绿色农产品生产越没有信心，故越不倾向生产绿色农产品。

### （四）结论、讨论与启示

理论上，国家大力发展绿色农产品的目的之一在于提高生产者的收入。那么现实中绿色农产品生产能否真正起到"提高农户收入"的作用？为解答这一问题，本节采用 TEM 模型对绿色农产品生产的农户收入效应进行实证检验，实证结果表明，绿色农产品生产确实具有"提高农户收入"的作用，理论分析与实证结论相吻合。

由理论分析可知，由于绿色农产品与普通农产品生产成本、产量以及售价的不同，受访者种植业每亩纯收入会有所差别。故本节主要对比分析绿色农产品与普通农产品生产的成本、产量以及售价情况，以明晰绿色农产品生产"增收"效应明显的主要原因。农户生产绿色与普通农产品的每亩成本、产量以及售价的比较如表 12-5、表 12-6 和表 12-7 所示。

由于本部分研究的绿色农产品包括无公害农产品、绿色食品和有机食品，其中无公害农产品允许使用化肥和农药等，绿色食品也允许限量使用国家规定的化学合成物质，而本部分在分析绿色农产品与普通农产品生产成本、产量以及售价时，将无公害农产品、绿色食品和有机食品的不同农产品品种综合起来进行分析，故会出现部分绿色农产品成本低于普通农产品成本、产量高于普通农产品产量的情况。

由绿色与普通农产品生产的每亩成本、产量以及售价的比较分析发现，绿色农产品的"优价"是绿色农产品生产"增收"效应明显的主要影响因素。由表 12-5 可知，水稻、黑豆、糜子和黄豆共 4 种农产品的绿色生产成本高于普通生产标准的成本，其中绿色水稻生产的每亩产量也低于普通水稻（表 12-6），但由于绿色水稻的售价远高于普通水稻的售价，因此，绿色水稻生产的每亩纯收入高于普通水稻。绿色黑豆生产的每亩产量和售价均高于普通黑豆生产的每亩产量和售价，因此导致绿色黑豆的每亩纯收入高于普通黑豆。虽然绿色糜子生产的每亩产量高于普通糜子 1.11 千克，但较高的生产成本以及较低的售价导致绿色糜子生产的每亩纯收入低于普通糜子。与普通黄豆相比，绿色黄豆较高的每亩生产成本、较低的每亩产量和售价，使绿色黄豆生产的每亩纯收入低于普通黄豆 268.91 元。

综上所述，实证分析结果及描述性统计均表明绿色农产品生产确实具有"提高农户收入"的作用；受访者种植业每亩纯收入的其他影响因素方面，受访者年龄、

表 12-5　农户生产绿色与普通农产品每亩成本的比较　　（单位：元/亩）

| 农产品 | 绿色农产品 | 普通农产品 | 绿色农产品—普通农产品 |
|---|---|---|---|
| 水稻 | 618.10 | 535.92 | 82.18 |
| 谷子 | 242.18 | 328.34 | -86.16 |
| 马铃薯 | 219.50 | 588.06 | -368.56 |
| 大豆 | 105.37 | 139.56 | -34.19 |
| 黑豆 | 90.00 | 74.00 | 16.00 |
| 大红黍 | 103.14 | 144.00 | -40.86 |
| 豇豆 | 60.00 | 159.38 | -99.38 |
| 黄豆 | 203.00 | 155.59 | 47.41 |
| 糜子 | 168.80 | 88.50 | 80.30 |

数据来源：绿色农产品生产实地调研数据。

表 12-6　农户生产绿色与普通农产品每亩产量的比较　　（单位：斤/亩）

| 农产品 | 绿色农产品 | 普通农产品 | 绿色农产品—普通农产品 |
|---|---|---|---|
| 水稻 | 678.04 | 797.85 | -119.81 |
| 谷子 | 750.13 | 456.34 | 293.79 |
| 马铃薯 | 3 000.00 | 1 632.50 | 1 367.50 |
| 大豆 | 208.05 | 233.74 | -25.69 |
| 黑豆 | 240.00 | 100.00 | 140.00 |
| 大红黍 | 330.47 | 321.14 | 9.33 |
| 豇豆 | 200.00 | 173.40 | 26.60 |
| 黄豆 | 160.00 | 269.40 | -109.40 |
| 糜子 | 302.22 | 300.00 | 2.22 |

数据来源：绿色农产品生产实地调研数据。

表 12-7　农户生产绿色与普通农产品销售价格的比较　　（单位：元/斤）

| 农产品 | 绿色农产品 | 普通农产品 | 绿色农产品—普通农产品 |
|---|---|---|---|
| 水稻 | 4.25 | 2.20 | 2.05 |
| 谷子 | 3.51 | 2.64 | 0.87 |
| 马铃薯 | 0.80 | 0.44 | 0.36 |
| 大豆 | 2.40 | 1.95 | 0.45 |
| 黑豆 | 5.00 | 2.30 | 2.70 |

（续表）

| 农产品 | 绿色农产品 | 普通农产品 | 绿色农产品—普通农产品 |
|---|---|---|---|
| 大红黍 | 1.72 | 1.23 | 0.49 |
| 豇豆 | 3.80 | 2.08 | 1.72 |
| 黄豆 | 2.00 | 2.01 | −0.01 |
| 糜子 | 1.35 | 1.50 | −0.15 |

数据来源：绿色农产品生产实地调研数据。

受教育年限、务农年限和家中有无干部变量对其种植业每亩纯收入有显著影响，而受访者家庭劳动力占比、种植规模、专业化农机具数、贷款金额、是否上网查看农产品销售信息和地区变量对其种植业每亩纯收入则无显著影响。鉴于此，本章提出如下几点政策启示。

一是绿色农产品仍然是未来农产品发展的主要方向。绿色农产品生产具有正外部性，绿色农产品生产既能改善农业生产生态环境又能起到"提高农户收入"的作用，因此政府应从信息、生产技术等方面继续加强绿色农产品生产的配套服务体系建设，让更多农户明晰绿色农产品生产对农业增效、农民增收的作用，使更多农户参与到绿色农产品生产中，惠及更多农户。

二是合理扩大具有比较优势的绿色农产品种植规模。调研发现，盈利空间最大的绿色马铃薯以及适合采用绿色标准生产的大豆、黑豆、大红黍和豇豆的生产农户均不足10户，因此，绿色农产品生产者应从自身利益出发，借助政府或龙头企业的带动作用，改善绿色农产品优势品种的生产条件，选择性地扩大绿色农产品种植规模。

三是继续加强政府对绿色农产品的宣传及扶持力度。相对于普通农产品生产，绿色农产品生产成本高是制约部分农户生产绿色农产品的主要因素。因此，应加大扶持力度，例如继续减免绿色农产品认证相关费用；加大对绿色农产品的宣传力度，拓宽绿色农产品销售渠道，以吸引更多农户从事绿色农产品生产活动。

## 本章小结

本章在对绿色农产品生产农户收入效应相关文献进行梳理的基础上，对绿色农产品生产的农户收入效应进行理论分析与阐释，理论分析表明，绿色农产品生产具有"提高农户收入"的作用；但现实中绿色农产品生产的农户收入效应究竟如何？还需要从统计和实证上进行进一步分析与论证。鉴于此，本章基于实地调研数据，在控制种植业每亩纯收入其他影响因素的前提下，采用TEM模型实证识别了绿色农产品生产对受访农户种植业每亩纯收入的影响,实证分析结果表明,绿色农产品生产确实具有提高农户收入的作用,理论分析与实证结论相吻合。最后,基于研究结论,本章从农产品未来发展方向、生产者、政府角度出发,提出了三点政策启示。

# 第十三章
# 绿色农产品购买行为及其影响因素研究

作为无毒、无害、安全、优质农产品,绿色农产品发展的目的一方面在于提高农户收入,另一方面则是解决食品安全问题、保障农产品消费安全。对于绿色农产品生产者来说,绿色农产品消费对绿色农产品生产具有倒逼作用(曹东等,2012),消费者对绿色农产品购买多少及支付意愿的大小决定生产者盈利与否;由前文研究可知,内蒙古绿色农产品生产具有提高农户收入的作用,那么生产者较明显的收入效应是否表明消费者的绿色农产品消费具有反向驱动作用?目前,消费者如何看待绿色农产品?他们对绿色农产品的认知与购买行为如何?消费者的绿色农产品认知以及反映消费者差异的不同特征是否影响他们对绿色农产品的购买量?上述问题均是本章关注的重点内容。基于对上述问题的分析与探讨,本章在前人研究的基础上,构建反映消费者购买行为影响因素的理论框架并提出研究假设,同时基于消费者实地调研数据,在对消费者不同特征及其与消费者绿色农产品购买的关系进行交叉分析的基础上,借助计量模型实证探讨绿色农产品购买行为的主要影响因素。

## 一、研究背景

关于绿色农产品购买行为,国内外学者均进行了较为广泛的研究,相关研究主要围绕绿色农产品购买行为及其影响因素展开。

西方发达国家对绿色农产品的市场需求旺盛。据统计,80%的德国人、79%以上的美国人和67%以上的荷兰人均愿意购买有机农产品(江林,2015)。随着绿色农产品消费量的增加,国外学者对绿色农产品消费相关研究也日益增多。近年来,学者主要从消费者个体特征、价值因素、购买动机以及消费者对绿色农产品的消费态度方面来研究购买绿色农产品的主要影响因素。Loureiro et al.(2001)的研究发现,消费者年龄、家庭人口数、家中有无儿童、环保和食品安全态度是影响消费者购买有机苹果的主要因素;Kortelainen(2015)认为性别对有机熏肉的认知与购买行为有显著影响。Lea et al.(2005)的研究发现,与环境有关的个人价值因素显著影响澳大利亚消费者的有机农产品购买行为。有机农产品购买动机方面，Michaelidou et al. （2008）认为食品安全购买动机、Bryła（2016）与Teng et al.（2016）认为健康购买动机、Verhoef et al. （2005）与Kuhar et al. （2005）及Mørk et al. （2017）认为环保购买动机显著影响消费者有机农产品购买行为。消费者对绿色农产品的消费态度方面，Urban et al. （2012）认为计划行为理论中的态度和描述性规范对绿色农产品购买行为有显著影响。

关于绿色农产品购买行为影响因素方面，国内学者主要考察了消费者绿色农产品认知特征、人口统计特征、自身健康关注程度和食品质量安全关注程度对绿色农产品购买行为的影响。刘军弟等（2009）基于上海市和南京市消费者的实地调研数据进行的研究发现，信息强化通过直接影响消费者绿色农产品认知可增强消费者的有机猪肉消费意愿。陈志颖（2006）在理论分析的基础上，基于实地调研数据，采用离散选择模型对无公害农产品购买意愿的影响因素进行分析，研究发现，消费者人口统计特征、对健康的关注程度等是其主要影响因素；朱俊峰等（2011）基于河北农村实地调研数据，通过实证分析发现，消费者自身健康状况、家庭总收入和对食品质量安全的关注程度影响其质量认证乳品购买意愿；王军等（2009）的研究表明，消费者家庭总收入、对食品质量安全的关注程度和价格因素对其绿色农产品购买行为有显著影响；于雪等（2013）的研究认为，学历越高、食品质量安全关注程度越高的消费者，其越倾向于购买高品质猪肉；卢素兰等（2017）认为，消费者自身健康关注程度会影响其绿色农产品消费。

有关绿色农产品购买影响因素的研究，国内外学者的研究成果对本部分的研究具有借鉴意义。纵观国内外学者的研究情况，可以发现：国外学者主要基于消费者实地调研数据，实证识别有机农产品购买行为的主要因素；国内的多数研究则是基于实地调研数据，实证论证绿色农产品购买意愿的影响因素。纵观以往研究，一方面，消费者的绿色农产品购买意愿在一定程度上无法代替其真实的购买行为；另一方面，部分研究缺少绿色农产品购买行为影响因素的理论研究框架。因此，本章对以往研究的不足给予拓展，基于绿色农产品消费实地调研数据，在构建消费者购买行为影响因素理论框架的基础上，对消费者不同特征及其与消费者绿色农产品购买的关系进行交叉分析，最后借助计量模型从实证角度识别绿色农产品购买的主要影响因素，研究成果可为绿色农产品消费相关政策的制定与完善提供决策依据。

## 二、理论研究框架

### （一）购买行为影响因素的理论框架

研究认为，消费者的绿色农产品购买行为取决于购买动机、能力、机会等因素;故在构建消费者绿色农产品购买行为影响因素理论框架的过程中,本部分以"动机—能力—机会"模型为初始模型进行分析。"动机—能力—机会"的研究框架起初运用于心理学研究中(Lewin,1951),主要用来解释消费者对广告信息的反应,该研究框架认为,消费者对广告效果反响的强烈与否由以下三方面决定(章迎迎,2015):第一,消费者处理广告信息的机会,换言之,消费者只有接触到广告,才能对其做出反应;第二,消费者对广告的处理及推断能力,消费者接触到广告后,需要对广告反映的信息进行推断、处理并形成自己的认知;第三,消费者处理广告信息的动机,消费者对广告信息的处理动机决定广告效果。随着市场经济的发展,该研究框架逐渐应用到其他类型的研究例如经济学中。

绿色农产品因其无污染、无毒、无害、安全、优质的品质为消费者购买绿色农产品提供了机会因素。但消费者接触到绿色农产品并不一定意味着消费者会选择购买绿色农产品,消费者的绿色农产品购买行为还取决于其实际的购买动机;动机决定行为,消费者对绿色农产品的购买动机越强,其越有可能购买绿色农产品。同时消费者的绿色农产品购买行为还取决于消费者对绿色农产品的认知与了解程度即购买能力因素,认知更直观地反映为一种心理,包括感受以及意向等,而认知的最好反映为行为,行为是认知的外显(宋言奇,2010),消费只有听说过并了解绿色农产品相关信息,才有可能发生实际购买行为。综上所述,消费者绿色农产品购买行为取决于消费者的绿色农产品购买机会、购买动机、购买能力因素,但基于前文文献回顾可发现,消费者绿色农产品购买行为还受消费者不同个人特征、家庭特征以及绿色农产品售价的影响;鉴于此,笔者在消费者购买"动机—能力—机会"初始研究框架的基础上,增加消费者个人特征、家庭特征以及营销特征的影响,形成最终的影响消费者绿色农产品购买行为的理论分析框架,如图13-1所示。

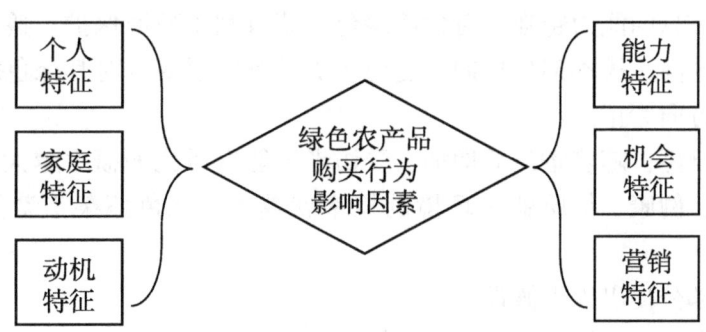

图 13-1 消费者绿色农产品购买行为影响因素理论分析框架

## (二)研究假设

本部分选取性别、年龄、受教育年限和婚姻状况4个变量考察受访者个人特征对其绿色农产品购买行为的影响;选择共同生活12周岁及以下儿童数、60周岁以上同住老人数和家庭总收入 3 个变量刻画受访者家庭特征对其绿色农产品购买行为的影响；选取环保、食品安全和健康购买动机 3 个变量体现购买动机特征对受访者绿色农产品购买行为的影响；选取绿色农产品标识认知数和绿色农产品相关信息知晓度两个变量衡量认知特征对受访者绿色农产品购买行为的影响；选取是否因便利因素购买绿色农产品和是否因离家近因素购买绿色农产品两个变量识别机会特征对受访者绿色农产品购买行为的影响；选取绿色农产品定价评价和购买绿色农产品时价格因素的重要程度两个变量考察营销特征对受访者绿色农产品购买行为的影响。

由前文可知，国内外消费者对绿色农产品中绿色蔬菜的消费量最大，因此，本章在前人研究的基础上，以绿色蔬菜为例，来研究消费者的绿色农产品购买行为，具体而言，主要考察受访者上述特征对其绿色蔬菜消费量占蔬菜消费总量比例（以下简称"绿色蔬菜消费量占比"）的影响及影响程度的大小。各变量对受访者绿色农产品购买行为的影响分析如下。

1. 受访者个人特征

在家庭劳动分工中，女性是买菜、做饭等家务劳动的主要承担者，因此，本节预期，女性的绿色蔬菜购买或消费量占比高于男性绿色蔬菜购买或消费量占比。

近年来，伴随社会经济的快速发展，资源与环境的要求提高；随着受访者年龄的增长，人生阅历的增加，对环境污染、生态退化的现象越来越敏感，环境保护意识越来越强。年龄大的受访者对健康、营养、食品安全信息的关注度也较强。因此，年龄大的受访者更倾向于购买和消费以绿色生产方式生产的绿色蔬菜。为此，本部分预期，受访者年龄变量对其绿色蔬菜消费量占比的影响作用方向为正。

学历是衡量受访者素质的关键变量，受访者受教育年限越长，其获取外界环境与健康等相关信息的能力越强，对食用绿色蔬菜有利于环境保护、益于自身身体健康的认知能力越高。故本部分预期，受访者受教育年限变量对其绿色蔬菜消费量占比的影响作用方向为正。

若受访者已婚，随着婚龄的增加，受访者可能有后代的概率越大。因此，其为后代创造营养、健康、优质就餐环境的概率就越大，绿色蔬菜消费量占比可能就越高。

据此，本部分提出以下假设。

假设 1：受访者个人特征对其绿色农产品购买行为有显著影响。

2. 受访者家庭特征

家中是否有特殊人群例如老人、小孩等是影响受访者购买决策的主要因素。基于健康购买动机，共同生活 12 周岁及以下儿童数和共同生活 60 周岁以上同住老人数越多，受访者购买绿色蔬菜的可能性就越大，故本部分预期共同生活 12 周岁及以下儿童数越多、共同生活 60 周岁以上同住老人数越多，其绿色蔬菜消费量占比就越大。

市场调研发现,19.27%的受访者因绿色农产品售价过高而表示无法购买绿色农产品,因此绿色农产品价格因素成为制约受访者绿色农产品消费的原因之一。受访者家庭总收入越高,越追求高标准、高品质的生活,同时考虑自身健康,其购买或消费绿色蔬菜的可能性就越大。故本部分预期,受访者家庭总收入变量正向影响其绿色蔬菜消费量占比。

假设2:受访者家庭特征对其绿色农产品购买行为有显著影响。

3. 受访者购买动机特征

购买动机是消费者购买决策的主要驱动因素。已有研究表明,环境保护动机和食品安全动机是消费者购买绿色农产品的主要因素(王进,2014);实地调研发现,59.08%的受访者基于健康购买动机而选择购买绿色农产品。故本部分预期受访者环保购买动机、食品安全购买动机、健康购买动机正向影响其绿色蔬菜消费量占比。

假设3:受访者购买动机特征对其绿色农产品购买行为有显著影响。

4. 受访者认知特征

消费者对绿色农产品的认知是其绿色农产品购买行为的基础。受访者对绿色农产品标识的认知度越高,其通过辨别标识购买绿色农产品的概率就越大,故本部分预期受访者绿色农产品标识认知数越多,其绿色蔬菜消费量占比的可能性就越大。

随着农业中农药、化肥、农膜的使用,农业面源污染以及由此带来的对人体健康的危害;为构建环境友好型生产方式,绿色、无公害食品生产日益成为人们关注的焦点,无公害、绿色、有机食品已成为市场上"无污染"食品的代名词。受访者对绿色农产品生产相关知识的认知程度越高、对绿色农产品生产流程越了解,其越明晰绿色农产品消费对自身健康的益处,购买绿色农产品的可能性就越大。故本部分预期,受访者绿色农产品相关信息知晓度越高,其绿色蔬菜消费量占比就越大。

假设4:受访者认知特征对其绿色农产品购买行为有显著影响。

5. 受访者购买机会特征

购买机会因素关乎消费者获得绿色农产品相关信息的可能性,是决定消费者能否顺利购买绿色农产品的又一因素。便利的购买环境与渠道,能够增加受访者购买绿色农产品的机会,而购买渠道的不便利则制约消费者绿色农产品消费。综上所述,便利因素显著影响受访者绿色农产品购买行为。故基于上述分析,本部分预期,受访者绿色农产品购买越方便、绿色农产品销售地点离家越近,其绿色蔬菜消费量占比就越大。

假设5:受访者购买机会特征对其绿色农产品购买行为有显著影响。

6. 受访者营销特征

绿色农产品售价高低是决定消费者是否购买绿色农产品的主要因素。实地调研发现，多数受访者愿意购买绿色农产品，但鉴于绿色农产品过高的售价，受访者表示无法经常性购买绿色农产品，只能在其打折时进行购买。因此，目前绿色农产品定价越高的受访者，其绿色蔬菜消费量占比可能就越低；购买绿色农产品时，认为价格因素对其购买行为越不重要的受访者，其家庭总收入可能越高，故其绿色蔬菜消费量占比可能就越高。综上所述，本部分预期，受访者绿色农产品定价评价、购买绿色农产品时价格因素的重要程度变量负向影响其绿色蔬菜消费量占比。

假设6：受访者营销特征对其绿色农产品购买行为有显著影响。

## 三、数据来源与统计分析

### （一）数据来源

作为内蒙古首府城市，呼和浩特市是内蒙古重要的绿色蔬菜供应基地和绿色蔬菜消费区域。因此本次调研以呼和浩特市居民为调研对象。本章所用数据来源于笔者2017年7月至2017年9月对内蒙古呼和浩特市回民区、赛罕区、新城区、玉泉区等区的调研。为客观、真实地测算消费者对绿色蔬菜的购买情况，本研究采用问卷调查与实地走访相结合的方式，对大型超市、直销店、农贸市场等主要蔬菜销售场所进行面对面访谈与问卷调查。本次调研共完成331份问卷调查，其中有效问卷325份，有效问卷率为98.19%。

根据本章研究目的，本部分调研主要对消费者下述信息进行收集：①消费者个人及家庭特征（如性别、年龄、受教育年限、婚姻状况、共同生活12周岁及以下同住儿童数、60周岁以上同住老人数、家庭规模、家庭总收入等）；②绿色农产品认知与评价（如对绿色农产品标识认知个数、绿色农产品信息知晓度等）；③绿色农产品购买动机特征（如环境保护动机、食品安全动机、健康动机等），机会特征（如绿色农产品购买便利程度因素），营销特征（如对绿色农产品定价的评价、价格因素对绿色农产品购买的重要程度）；④绿色农产品购买情况（如购买绿色农产品考虑的主要因素、绿色蔬菜购买量占比等）。具体问卷设计及内容见附录。

### （二）受访者基本特征分析

本部分主要从受访者个体特征、家庭特征、动机特征、认知（能力）特征、机会特征和营销特征角度出发，对样本消费者不同特征进行分析。

1. 个体特征

受访者个体特征主要包括受访者性别、年龄、受教育年限和婚姻状况（表13-1）。由表13-1可知，女性（60.92%）和已婚人士（77.23%）占一半以上，说明已婚女性的绿色农产品购买经历较多，与现实情况相符。从受访者年龄来看，受访者年龄主要为55周岁及以下人口，占比为87.69%。受教育程度以大学（大专）文化为主，占比为53.85%；其次为高中（24.62%）、初中（16.31%）、小学学历（4.62%）的受访者，未上过学的受访者占比最低，仅为0.61%。综合来看，受访者个人特征方面，受访者以女性和已婚人士为主，年龄主要为55周岁以下人口，受教育水平相对较高，主要为大学（大专）文化水平。

表13-1 消费者个人特征

| 类别 | 个人特征 | 户数（户） | 占比（%） |
| --- | --- | --- | --- |
| 性别 | 男 | 127 | 39.08 |
| | 女 | 198 | 60.92 |
| 年龄 | 31岁以下 | 98 | 30.15 |
| | 31~40岁 | 88 | 27.08 |
| | 41~55岁 | 99 | 30.46 |
| | 56~65岁 | 26 | 8.00 |
| | 65岁以上 | 14 | 4.31 |
| 受教育年限 | 0年 | 2 | 0.61 |
| | 1~6年 | 15 | 4.62 |
| | 7~9年 | 53 | 16.31 |
| | 10~12年 | 80 | 24.62 |
| | 12年以上 | 175 | 53.85 |
| 婚姻状况 | 已婚 | 251 | 77.23 |
| | 未婚 | 74 | 22.77 |

数据来源：绿色农产品消费实地调研数据。

2. 家庭特征

受访者家庭特征包括共同生活12周岁及以下儿童数、共同生活60周岁以上同住老人数和家庭总收入（表13-2）。无共同生活12周岁及以下儿童数的受访者占比最高，为62.77%；共同生活12周岁及以下儿童数为1~2人的占比为36.92%；共同生活12周岁及以下儿童数为3人的受访者占比最低，仅为0.31%。无共同生活60周岁以上同住老人数的受访者占比最高，为86.15%；共同生活60周岁以上同住老人数为1人的受访者占比最低，为6.46%。受访者家庭总收入呈正态分布，主要集中在 10 万～20 万元，占比为 43.38%；其次为 5 万～10 万元的受访者，占比为 34.15%；家庭总收入为 50 万元及以上的受访者占比最低，仅为 1.23%。受访者家庭特征方面，无共同生活 12 周岁及以下儿童数和 60 周岁以上同住老人数的受访者占比较高，占比分别为 62.77% 和 86.15%；家庭总收入主要集中在 10 万～20 万元（43.38%），家庭总收入不足 20 万元的受访者占比高达 90.15%。

表 13-2 消费者家庭特征

| 类别 | 家庭特征 | 户数（户） | 占比（%） |
| --- | --- | --- | --- |
| 共同生活 12 周岁及以下儿童数 | 0 人 | 204 | 62.77 |
| | 1 人 | 104 | 32.00 |
| | 2 人 | 16 | 4.92 |
| | 3 人 | 1 | 0.31 |
| 共同生活 60 周岁以上同住老人数 | 0 人 | 280 | 86.15 |
| | 1 人 | 21 | 6.46 |
| | 2 人 | 24 | 7.39 |
| 家庭总收入 | 5 万元以下 | 41 | 12.62 |
| | 5 万～10 万元 | 111 | 34.15 |
| | 10 万～20 万元 | 141 | 43.38 |
| | 20 万～50 万元 | 28 | 8.62 |
| | 50 万元及以上 | 4 | 1.23 |

数据来源：绿色农产品消费实地调研数据。

3. 动机、认知、机会特征

受访者的购买动机、认知（能力）、机会特征分别见表 13-3、表 13-4、表 13-5。

从消费者绿色农产品购买动机特征来看（表 13-3），拥有环保、食品安全和健康购买动机的受访者占一半以上，占比分别为 87.38%、84.31% 和 59.08%，其中拥有环保动机的受访者占比最多。受访者绿色农产品认知特征包括绿色农产品标识认知数和绿色农产品相关信息知晓度（表 13-4）。受访者绿色农产品标识认知度较低，无公害、绿色、有机农产品共 5 个标识中，不认识上述标识的受访者占比最高，占比为 42.46%；认识 1～2 个的受访者次之，合计占比为 44.92%；完全认识 5 个标识的受访者占比最低，仅为 6.15%。绿色农产品相关知识共分为 4 题，若受访者知晓该知识点相应得 1 分，共 4 分；绿色农产品相关信息知晓度较低，绿色农产品相关知识得分主要集中在 1～2 分，二者合计占比为 78.46%，其中得分为 1 分的受访者占比最高，为 45.23%；绿色农产品相关知识得分为 4 分的受访者占比最低，仅为 3.08%。表 13-5 列示了受访者的购买机会特征。由表 13-5 可知，因便利因素和离家近因素而购买绿色农产品的受访者占比较低，占比分别为 3.08% 和 32%；可见，多数受访者并不是因便利或离家近的因素而选择购买绿色农产品。综合来看，受访者的购买动机、认知（能力）、机会特征方面，目前多数受访者具有食品质量安全、环境保护意识，对自身健康也比较关注；受访者绿色农产品标识及相关知识认知度较低；多数受访者并不是因便利或离家近的因素而选择购买绿色农产品。

表 13-3　消费者购买动机特征

| 动机因素 | 特征 | 户数（户） | 占比（%） |
| --- | --- | --- | --- |
| 是否同意绿色农产品比普通农产品更环保的提法 | 是 | 284 | 87.38 |
| | 否 | 41 | 12.62 |
| 是否同意绿色农产品比普通农产品质量更安全的说法 | 是 | 274 | 84.31 |
| | 否 | 51 | 15.69 |
| 是否因有益于身体健康而购买绿色农产品 | 是 | 192 | 59.08 |
| | 否 | 133 | 40.92 |

数据来源：绿色农产品消费实地调研数据。

注：是否同意绿色农产品比普通农产品更环保的提法，简称"环保购买动机"；是否同意绿色农产品比普通农产品质量更安全的说法，简称"食品安全购买动机"；是否因有益于身体健康而购买绿色农产品，简称"健康购买动机"。

表 13-4　消费者认知特征

| 认知因素 | 特征 | 户数（户） | 占比（%） |
| --- | --- | --- | --- |
| 绿色农产品标识认知数 | 0 个 | 138 | 42.46 |
| | 1 个 | 74 | 22.77 |
| | 2 个 | 72 | 22.15 |
| | 3 个 | 21 | 6.46 |
| | 4~5 个 | 20 | 6.15 |
| 绿色农产品相关信息知晓度 | 0 分 | 14 | 4.31 |
| | 1 分 | 147 | 45.23 |
| | 2 分 | 108 | 33.23 |
| | 3 分 | 46 | 14.15 |
| | 4 分 | 10 | 3.08 |

数据来源：绿色农产品消费实地调研数据。

表 13-5 消费者购买机会特征

| 机会因素 | 特征 | 户数（户） | 占比（%） |
| --- | --- | --- | --- |
| 是否因便利因素购买绿色农产品 | 是 | 10 | 3.08 |
|  | 否 | 315 | 96.92 |
| 是否因离家近的因素购买绿色农产品 | 是 | 104 | 32.00 |
|  | 否 | 221 | 68.00 |

数据来源：绿色农产品消费实地调研数据。

4. 营销特征

由表 13-6 可知，一半以上的受访者（56.61%）认为目前绿色农产品定价比较高；认为绿色农产品定价"非常低"的受访者占比最低，仅为 0.31%。从购买绿色农产品时价格因素的重要程度来看，价格因素仍然是消费者购买绿色农产品时比较看重的因素，认为价格因素"比较重要"的受访者占比最高，为 44.31%；认为价格因素"非常不重要"的受访者占比最低，仅为 3.38%。

表 13-6 消费者营销特征

| 营销因素 | 特征 | 户数（户） | 占比（%） |
| --- | --- | --- | --- |
| 绿色农产品定价评价 | 非常低 | 1 | 0.31 |
|  | 比较低 | 4 | 1.23 |
|  | 一般 | 114 | 35.08 |
|  | 比较高 | 184 | 56.61 |
|  | 非常高 | 22 | 6.77 |
| 购买绿色农产品时价格因素的重要程度 | 非常不重要 | 11 | 3.38 |
|  | 比较不重要 | 39 | 12.00 |
|  | 一般 | 107 | 32.92 |
|  | 比较重要 | 144 | 44.31 |
|  | 非常重要 | 24 | 7.39 |

数据来源：绿色农产品消费实地调研数据。

### （三）受访者不同特征与绿色蔬菜消费量占比的交叉分析

绿色农产品购买与否、购买多少是研究消费者绿色农产品支付意愿的关键。为科学判断不同特征受访者的绿色农产品购买行为，本部分以绿色蔬菜为例，在调查问卷中首先设置题目询问受访者绿色蔬菜消费量占比情况，而后对受访者绿色蔬菜消费与不消费的原因进行访问。由于受访者个人、家庭、购买动机、绿色农产品认知、购买机会、营销特征的差异性，消费者绿色蔬菜消费量占比会有明显差异。因此，描述与分析消费者不同特征与绿色蔬菜消费量占比的关系尤为重要。鉴于此，本部分首先分析所有受访者的绿色蔬菜消费量占比，而后根据样本消费者的绿色蔬菜消费量占比情况分析其消费与不消费的原因；其次从受访者不同特征角度出发，对受访者上述特征与绿色蔬菜消费量占比进行交叉分析，以从统计上明晰受访者不同特征对其绿色蔬菜消费量占比的影响。

1. 受访者绿色蔬菜消费量占比分析

在绿色农产品消费总体 325 位受访者中，多数消费者（267 位）表示购买与消费过绿色蔬菜，这部分受访者占全部受访者的比例为 82.15%；相对应，没有消费过绿色蔬菜的受访者为 58 位，占全部样本的比例为 17.85%。为进一步明晰受访者消费与不消费绿色蔬菜的原因，本部分对总体 325 份问卷中的受访者进行了原因访问。

从绿色蔬菜消费群体来看（图 13-2），健康购买动机是其购买与消费绿色蔬菜的主要原因，34.47% 的受访者因为绿色蔬菜有益于身体健康而选择购买绿色农产品；作为安全、无污染的农产品，绿色蔬菜因其质量有保障越来越得到受访者的青睐，26.93% 的受访者因为绿色蔬菜的质量有保障而选择购买；另外 20.29% 的受访者因为绿色蔬菜新鲜、营养与口感好的特性而对其进行购买；11.49% 的受访者因为孕妇、小孩及老人等特殊人群的需要而选择购买；受访者中因为绿色蔬菜购买便利、品牌因素而选择购买的受访者占比相对较低，二者合计占比为 5.74%；此外，1.08% 的受访者因为打折、送人等因素而选择购买绿色蔬菜。

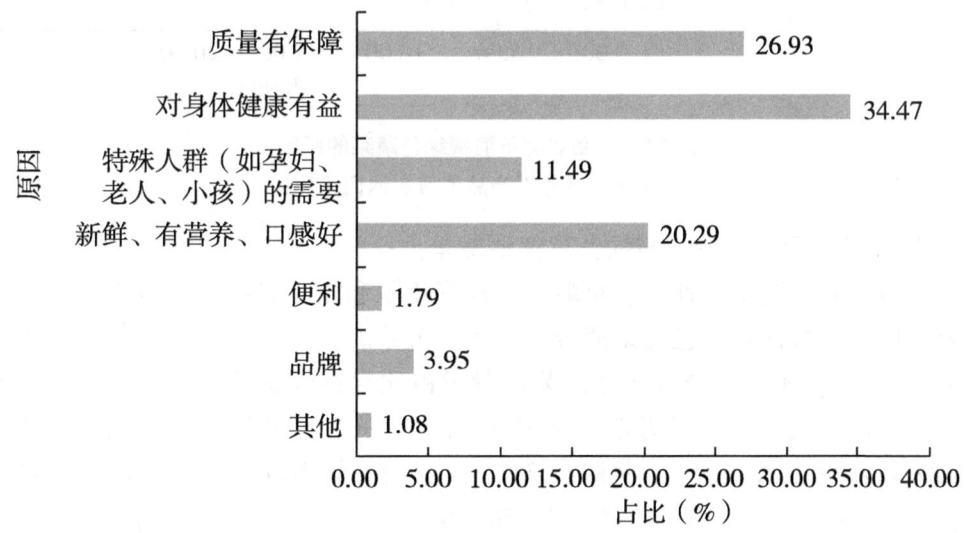

图 13-2　受访者消费绿色蔬菜的原因

（数据来源：绿色农产品消费实地调研数据）

受访者不消费绿色蔬菜的原因见图 13-3。绿色农产品认知不足是制约消费者绿色农产品消费的主要原因，25.69%的受访者表示因为不了解绿色蔬菜而不购买或消费绿色蔬菜；绿色蔬菜消费者与绿色蔬菜供应者的信息不对称是制约消费者绿色农产品消费的又一原因，20.18%的受访者表示因无法辨别绿色蔬菜的真伪而选择不购买绿色蔬菜；另外部分消费者因绿色蔬菜售价过高而选择不购买，这部分消费者占全部受访消费者的比例为19.27%；10.09%的受访者认为绿色蔬菜与普通蔬菜品质相差不大而不购买绿色蔬菜；9.18%的受访者因为购买不方便而无法购买绿色蔬菜；5.50%的受访者认为绿色蔬菜品牌、种类偏少，因此，其不购买绿色蔬菜；目前，多数受访者认为食品安全存在风险，只有3.67%的受访者认为当前食品质量安全问题不大；此外，6.42%的受访者表示，因自己种植、不买菜等原因而不购买绿色蔬菜。

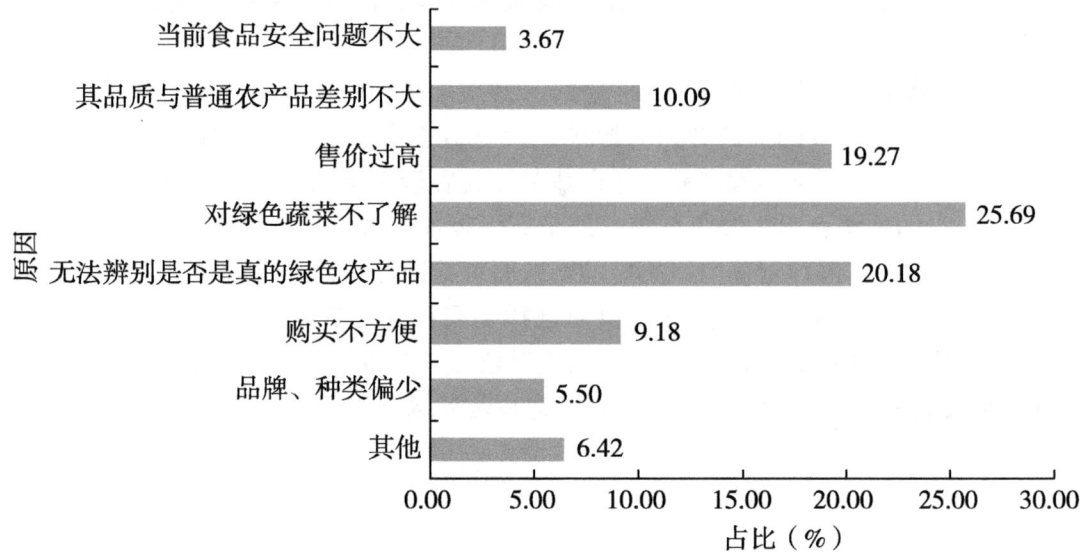

图 13-3 受访者不消费绿色蔬菜的原因

（数据来源：绿色农产品消费实地调研数据）

2. 受访者不同个人特征与绿色蔬菜消费量占比

本部分主要从受访者性别、年龄、受教育年限和婚姻状况四个方面出发，分析受访者不同个人特征与绿色蔬菜消费量占比的关系。

如图 13-4 所示，受访者绿色蔬菜消费量占比存在性别差异，女性受访者的绿色蔬菜平均消费量占比高于男性 2.98 个百分点。从受访者年龄与绿色蔬菜消费量占比的关系来看（图 13-5），年龄在 31～40 岁的受访者绿色蔬菜平均消费量占比最高，为 21.98%；其次为 41～55 岁、56～65 岁、不足 31 岁以下的受访者，其绿色蔬菜平均消费量占比分别为 18.80%、18.51%、17.60%；年龄在 65 岁以上的受访者绿色蔬菜平均消费量占比最低，为 15.57%；可见，受访者年龄与其绿色蔬菜平均消费量占比之间并没有呈现同向或反向的变动关系。从受访者受教育年限与绿色蔬菜消费量占比的关系来看（图 13-6），未上过学的受访者，其绿色蔬菜平均消

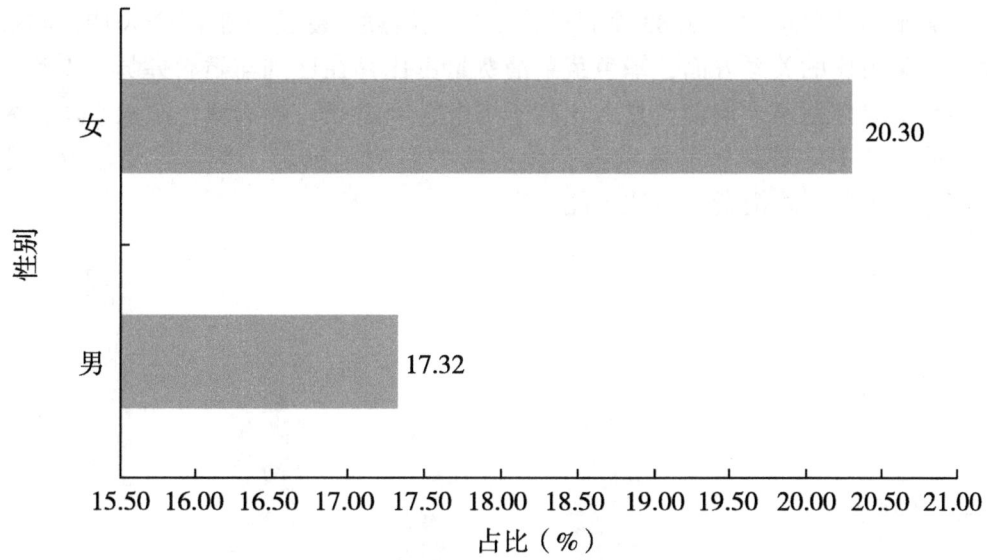

**图 13-4 受访者性别与绿色蔬菜消费量占比的交叉分析**
（数据来源：绿色农产品消费实地调研数据）

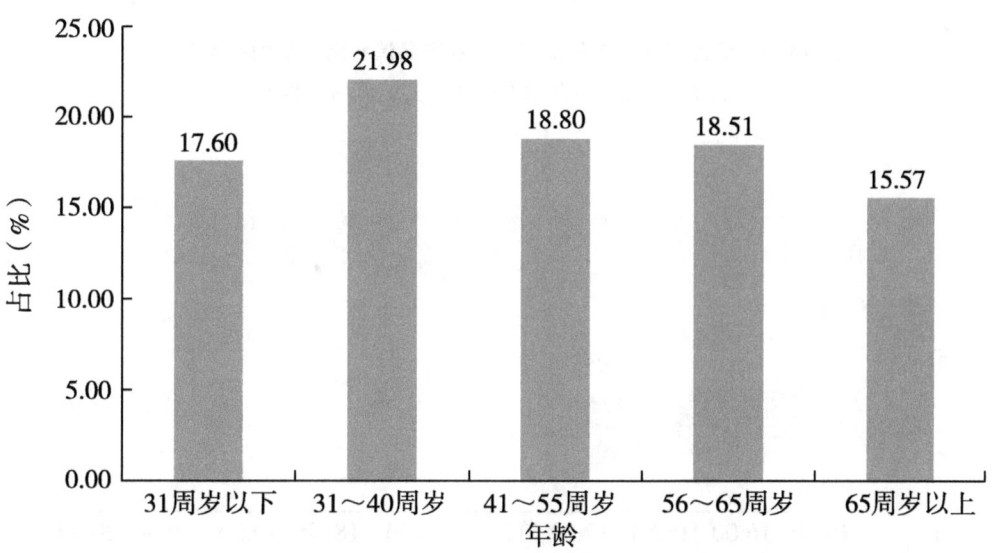

**图 13-5 受访者年龄与绿色农产品消费量占比的交叉分析**
（数据来源：绿色农产品消费实地调研数据）

费量占比最低，为 4.15%；大学（大专）及以上学历的受访者，其绿色蔬菜平均消费量占比最高，为 23.34%；且由图 13-6 可知，随着受访者受教育年限的增长，受访者绿色蔬菜平均消费量占比在波动中基本呈现逐渐上升的趋势，因此受访者受教育年限越长，其绿色蔬菜消费量占比可能越高。由图 13-7 可知，受访者绿色蔬菜消费量占比存在婚否差异，已婚受访者的绿色蔬菜平均消费量占比高于未婚受访者绿色蔬菜平均消费量占比 2.83 个百分点。综上所述，受访者不同个人特征与绿色蔬菜消费量占比的关系方面，绿色蔬菜消费量占比存在性别与婚否差异，女性、已婚受访者的绿色蔬菜平均消费量占比高于男性、未婚受访者的绿色蔬菜平均消费量占比；受访者年龄对其绿色蔬菜消费量占比的影响不确定；受访者受教育年限越长，其绿色蔬菜平均消费量占比可能越高。

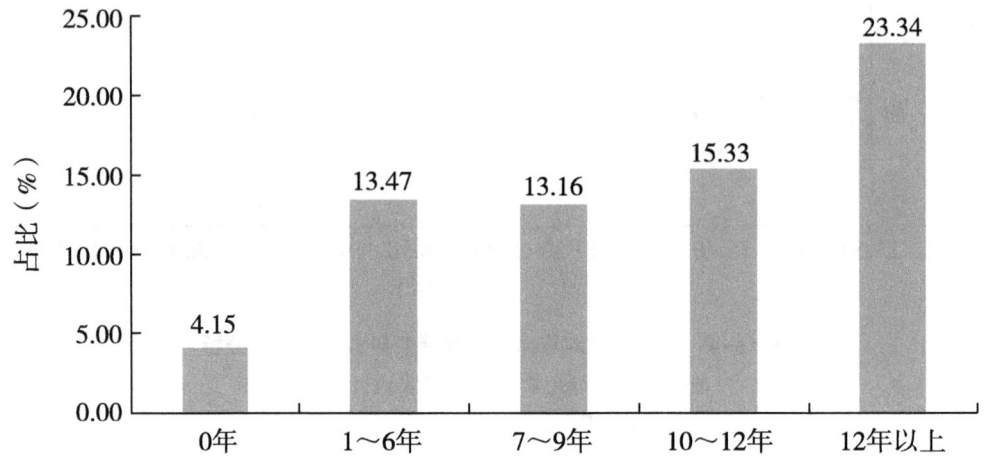

图 13-6 受访者受教育年限与绿色农产品消费量占比的交叉分析

（数据来源：绿色农产品消费实地调研数据）

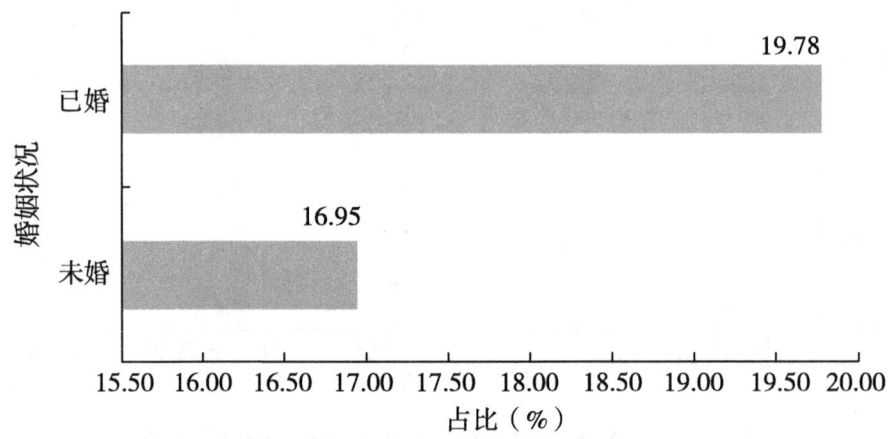

图 13-7 受访者婚姻状况与绿色农产品消费量占比的交叉分析

（数据来源：绿色农产品消费实地调研数据）

3. 受访者不同家庭特征与绿色蔬菜消费量占比

本部分主要从受访者家中共同生活 12 周岁及以下儿童数、共同生活 60 周岁以上同住老人数和家庭总收入 3 个方面出发，分析受访者不同家庭特征与绿色蔬菜消费量占比的关系。

从受访者家中共同生活 12 周岁及以下儿童数与绿色蔬菜消费量占比的关系来看（图 13-8），无共同生活 12 周岁及以下儿童数的受访者，其绿色蔬菜平均消费量占比最低，为 17.24%；共同生活 12 岁及以下儿童数为 2 人的受访者，其绿色蔬菜平均消费量占比最高，为 28.00%；可见，受访者家中共同生活 12 周岁及以下儿童数越多，其绿色蔬菜消费量占比可能越高。

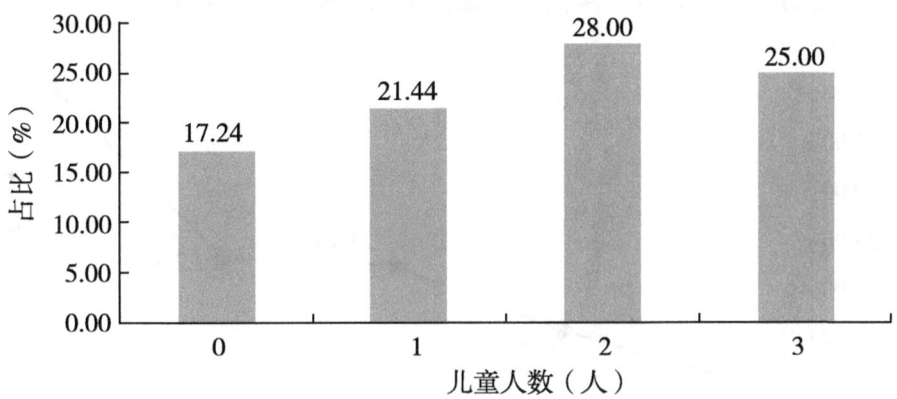

**图 13-8 受访者家中儿童人数与绿色蔬菜消费量占比的交叉分析**

（数据来源：绿色农产品消费实地调研数据）

注：家中共同生活 12 周岁及以下儿童数简称"家中儿童数"。

从受访者家中共同生活 60 岁以上同住老人数与绿色蔬菜消费量占比的关系来看（图 13-9），家中无共同生活 60 岁以上同住老人数的受访者，其绿色蔬菜平均消费量的占比最高，为 19.41%；家中共同生活 60 岁以上同住老人数为 2 人的受访者，其绿色蔬菜平均消费量的占比最低，为 16.25%；可见共同生活 60 岁以上同住

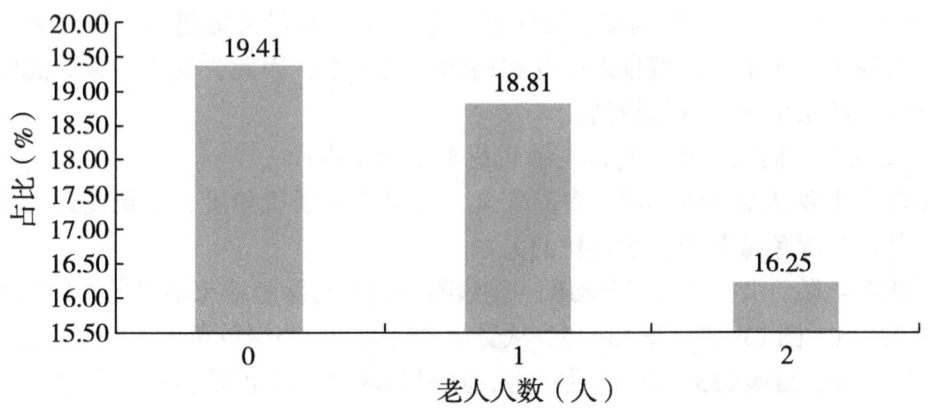

**图 13-9 受访者家中老人人数与绿色蔬菜消费量占比的交叉分析**

（数据来源：绿色农产品消费实地调研数据）

注：家中共同生活 60 岁以上同住老人数简称"家中老人人数"。

老人数越多，受访者绿色蔬菜消费量可能越低。

从受访者家庭总收入与绿色蔬菜消费量占比的关系（图 13-10）来看，家庭总收入不足 5 万元的受访者，其绿色蔬菜平均消费量占比最低，为 10.92%；家庭总收入为 50 万元及以上的受访者，其绿色蔬菜平均消费量占比最高，为 40.50%；且由图 13-10 可知，随着家庭总收入的提高，受访者绿色蔬菜平均消费量占比呈递增趋势，因此受访者家庭总收入越高，其绿色蔬菜消费量可能越高。

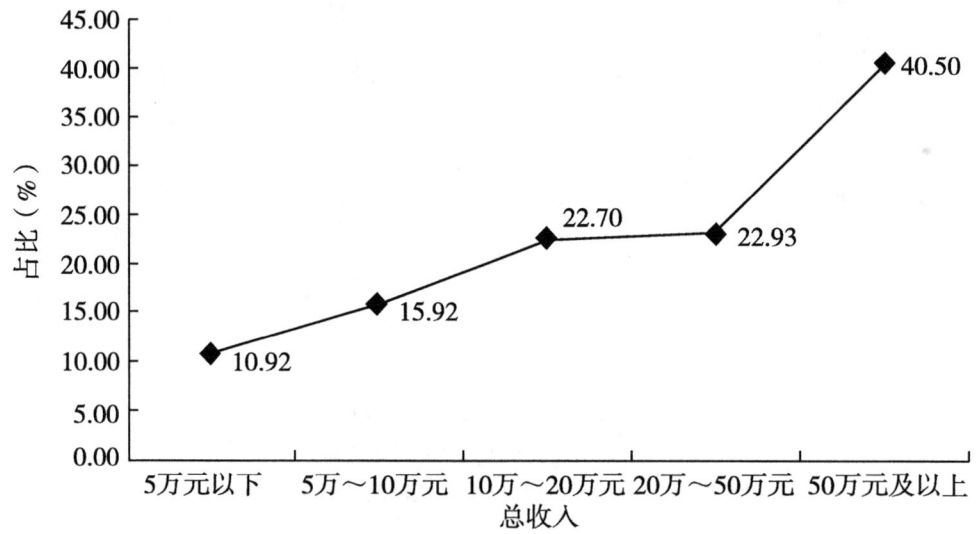

图 13-10　受访者家庭总收入与绿色蔬菜消费量占比的交叉分析

（数据来源：绿色农产品消费实地调研数据）

综合来看，受访者不同家庭特征与绿色蔬菜消费量占比的关系方面，受访者家中共同生活 12 周岁及以下儿童数越多，其绿色蔬菜消费量占比可能越高；共同生活 60 周岁以上同住老人数越多，受访者绿色蔬菜消费量可能越低；受访者家庭总收入与其绿色蔬菜平均消费量之间存在同向变动关系，因此，受访者家庭总收入越高，其绿色蔬菜消费量可能越高。

4. 受访者不同购买动机特征与绿色蔬菜消费量占比

本部分主要从受访者环保、食品安全、健康购买动机角度，分析受访者不同购买动机特征与绿色蔬菜消费量占比的关系。

受访者环保动机、食品安全动机、健康购买动机与绿色蔬菜消费量占比的关系分别见图 13-11、图 13-12、图 13-13。从受访者购买动机与绿色蔬菜消费量占比的关系来看，有环保、健康购买动机的受访者，其绿色蔬菜平均消费量占比分别高于无环保、健康购买动机受访者的绿色蔬菜平均消费量占比 6.20 个、9.46 个百分点；而无食品安全购买动机受访者的绿色蔬菜平均消费量占比却高于有食品安全购买动机受访者的绿色蔬菜平均消费量占比 0.74 个百分点。综合来看，受访者不同购买动机特征与绿色蔬菜消费量占比的关系方面，受访者有无环保动机、健康购买动机，其绿色蔬菜消费量占比有明显差异；而有无食品安全购买动机的受访者占比差异不明显。

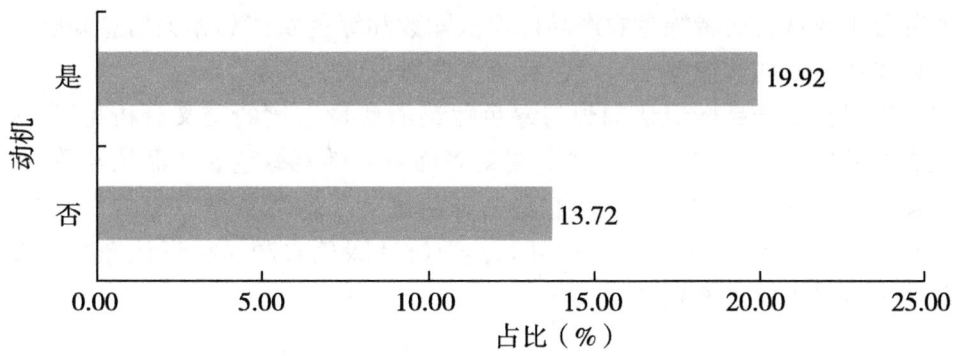

**图 13-11　受访者环保购买动机与绿色蔬菜消费量占比的交叉分析**
（数据来源：绿色农产品消费实地调研数据）

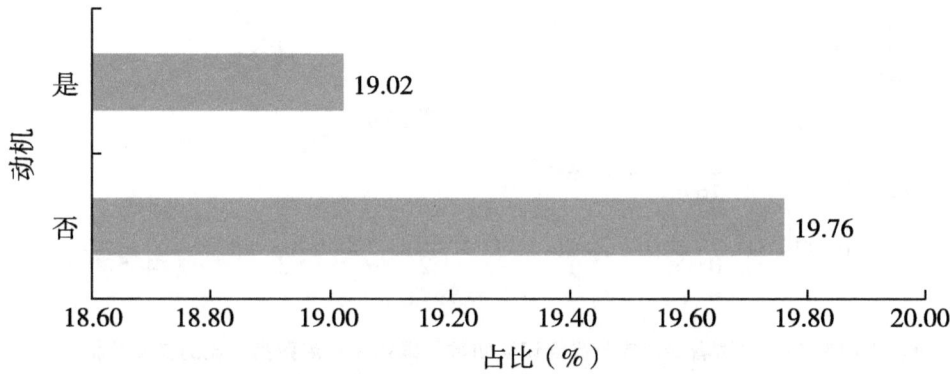

**图 13-12　受访者食品安全购买动机与绿色蔬菜消费量占比的交叉分析**
（数据来源：绿色农产品消费实地调研数据）

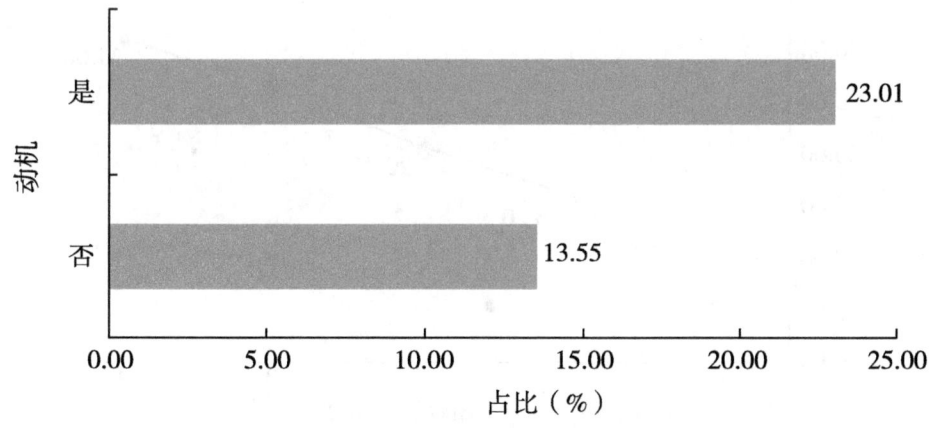

**图 13-13　受访者健康购买动机与绿色蔬菜消费量占比的交叉分析**
（数据来源：绿色农产品消费实地调研数据）

5. 受访者不同认知（能力）特征与绿色蔬菜消费量占比

本部分主要从受访者绿色农产品标识认知数和绿色农产品相关信息知晓度两方面，分析受访者不同认知特征与绿色蔬菜消费量占比的关系。

受访者绿色农产品标识认知数与绿色蔬菜消费量占比的交叉分析见图13-14。对绿色农产品标识认知数为1~5个的受访者而言，随着绿色农产品认知数的增多，其绿色蔬菜平均消费量占比呈递增趋势，绿色蔬菜平均消费量占比由15.86%增长到37.15%，增长21.29个百分点；可见，受访者绿色农产品标识认知数越多，其绿色蔬菜消费量占比可能越高。

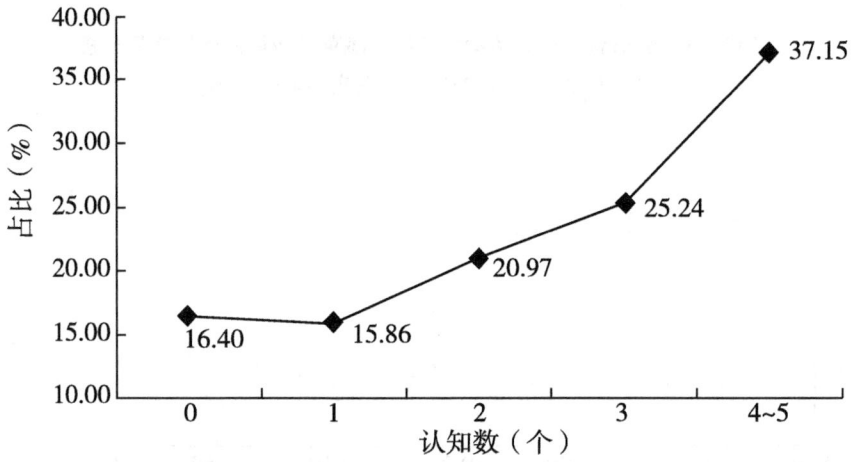

图13-14 受访者绿色农产品标识认知数与绿色蔬菜消费量占比的交叉分析
（数据来源：绿色农产品消费实地调研数据）

受访者绿色农产品信息知晓度与绿色蔬菜消费量占比的交叉分析见图13-15。对绿

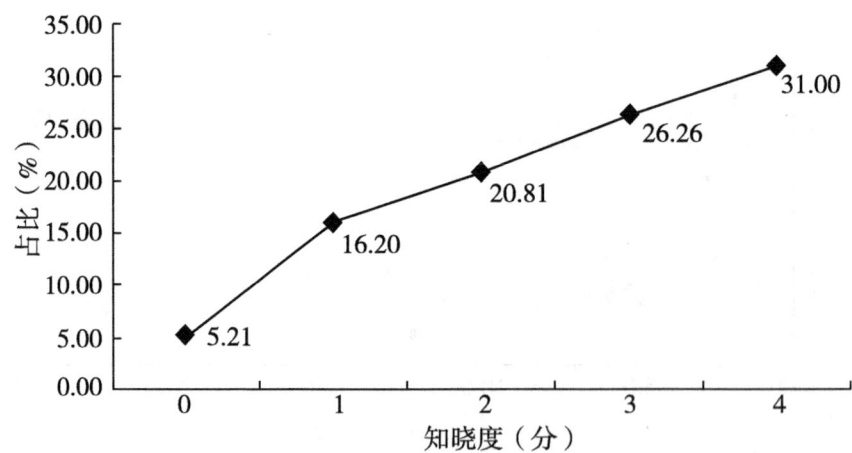

图13-15 受访者绿色农产品信息知晓度与绿色蔬菜消费量占比的交叉分析
（数据来源：绿色农产品消费实地调研数据）

色农产品相关信息知晓度而言，随着受访者绿色农产品相关信息知晓度的提高，其绿色蔬菜平均消费量明显呈递增趋势，可见，受访者绿色农产品相关信息知晓度越高，其绿色蔬菜平均消费量可能越高。

综合来看，受访者不同认知（能力）特征与绿色蔬菜消费量占比的关系方面，受访者绿色农产品标识认知数越多、绿色农产品相关信息知晓度越高，受访者绿色蔬菜消费量可能越高。

6. 受访者不同购买机会特征与绿色蔬菜消费量占比

本部分主要从受访者是否因便利因素购买绿色农产品和受访者是否因离家近因素购买绿色农产品两方面出发，分析受访者不同购买机会特征与绿色蔬菜消费量占比的关系。

受访者是否因便利因素购买绿色农产品、是否因离家近因素购买绿色农产品与绿色蔬菜消费量占比的关系见图13-16、图13-17。由图13-16可知，不是因便利因素购买绿色农产品的受访者，其绿色蔬菜平均消费量占比高于因便利因素购买绿色蔬菜受访者的绿色蔬菜平均消费量占比2.36个百分点。由图13-17可知，因离家近因素购买绿色农产品的受访者，其绿色蔬菜平均消费量比不是因离家近因素购买绿色农产品受访者的绿色蔬菜平均消费量占比高6.32个百分点。综合来看，受访者不同购买机会特征与绿色蔬菜消费量占比的关系方面，受访者是否因便利因素购买绿色农产品、是否因离家近因素购买绿色农产品，其绿色蔬菜消费量有明显差异。

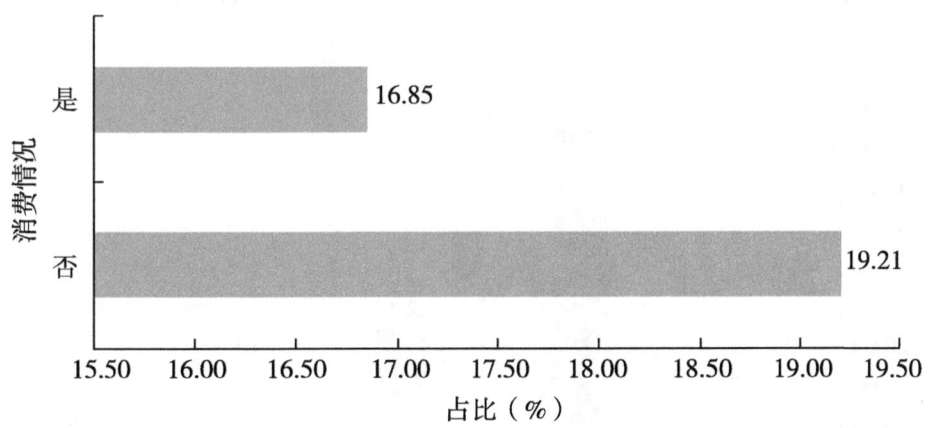

**图13-16 受访者是否因便利购买绿色农产品与绿色蔬菜消费量占比的交叉分析**

（数据来源：绿色农产品消费实地调研数据）

注：是否因便利因素购买绿色农产品简称"是否因便利购买绿色农产品"。

7. 受访者不同营销特征与绿色蔬菜消费量占比

本部分主要从受访者对绿色农产品定价的评价和受访者购买绿色农产品时价格因素的重要程度两方面，分析受访者不同营销特征与绿色蔬菜消费量占比的关系。

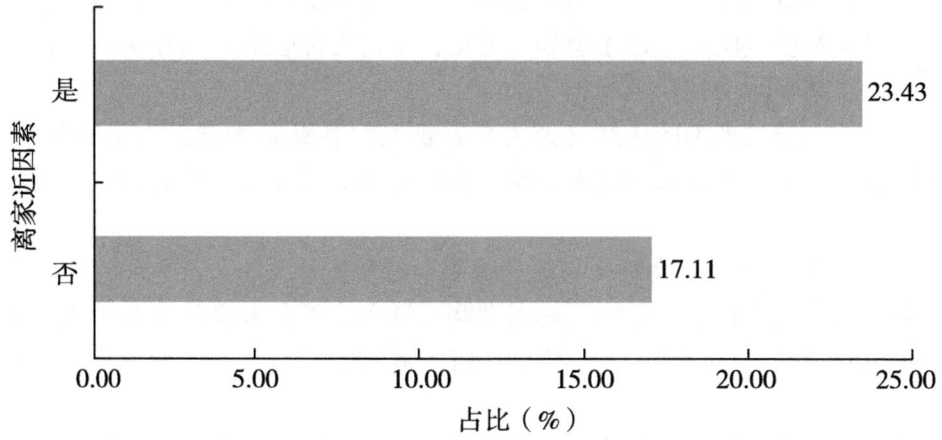

**图 13-17　受访者离家近因素与绿色蔬菜消费量占比的交叉分析**
（数据来源：绿色农产品消费实地调研数据）
注：是否因离家近因素购买绿色农产品简称"离家近因素"。

受访者对绿色农产品定价的评价与绿色蔬菜消费量占比的关系见图 13-18。由图 13-18 可知，认为目前绿色农产品定价评价"非常高"的受访者，其绿色蔬菜平均消费量占比最低，为 8.65%；同时，对目前绿色农产品定价评价"比较低"的受访者，其绿色蔬菜平均消费量占比最高，为 45.00%；可见，受访者对绿色农产品定价评价越高，其绿色蔬菜消费量占比可能越低。从图 13-19 来看，受访者购买绿色农产品时，价格因素对其越重要，其绿色蔬菜平均消费量占比越低，因此，受访

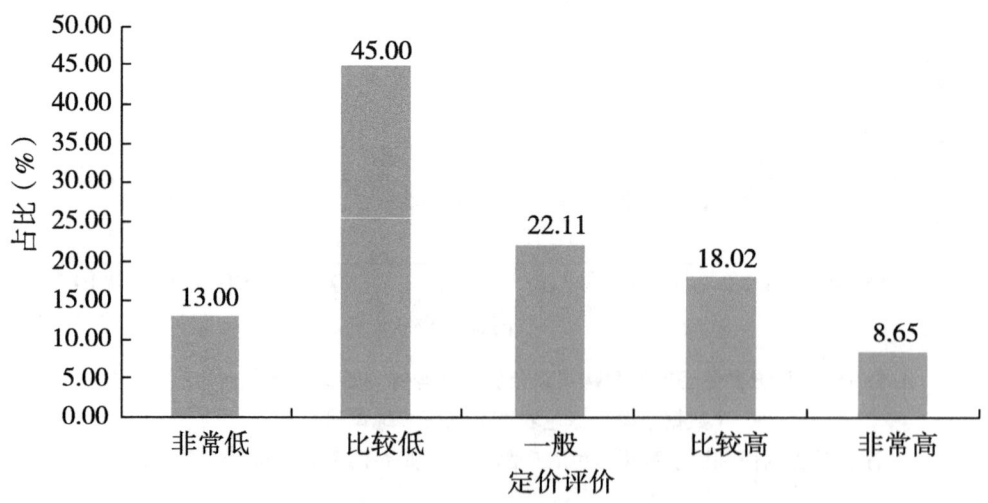

**图 13-18　受访者绿色农产品定价评价与绿色蔬菜消费量占比的交叉分析**
（数据来源：绿色农产品消费实地调研数据）

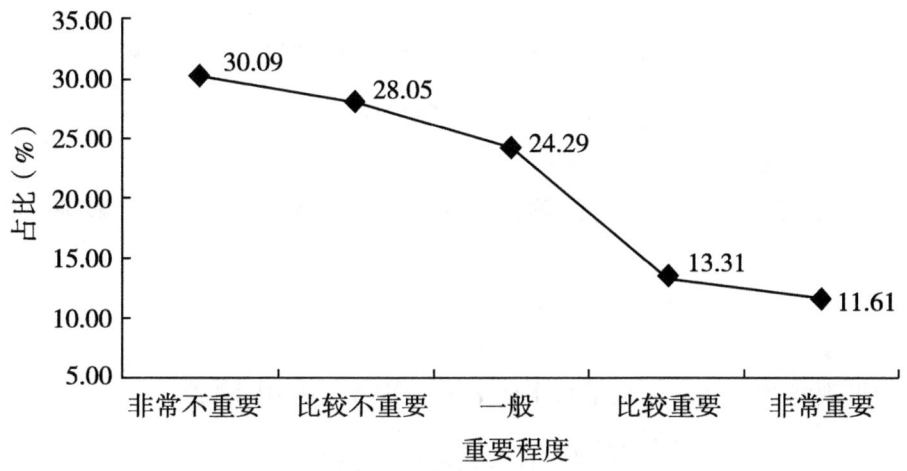

图 13-19 价格因素的重要程度与受访者绿色蔬菜消费量占比的交叉分析
（数据来源：绿色农产品消费实地调研数据）

者购买绿色农产品时价格因素的重要程度可能反向影响受访者绿色蔬菜消费量占比。综合来看，受访者不同营销特征与绿色蔬菜消费量占比方面，受访者对绿色农产品定价的评价越高，其绿色蔬菜消费量占比可能越低；受访者购买绿色农产品时价格因素的重要程度越高，其绿色蔬菜消费量占比可能越低。

## 四、绿色农产品购买行为影响因素实证分析

通过对受访者不同特征与绿色蔬菜消费量占比之间关系的统计性描述，可以发现，不同个体特征、家庭特征、动机特征、认知（能力）特征、机会特征和营销特征的受访者，其绿色蔬菜消费量占比会有明显差异。那么究竟哪些因素影响受访者绿色蔬菜消费量占比？影响作用方向和影响程度如何？还需要从实证角度进行进一步验证。为此，本节在上文统计分析的基础上，借助计量模型从实证角度进一步识别影响受访者绿色蔬菜消费量占比的主要因素。

### （一）研究方法

本部分研究的被解释变量（$y$）为受访者绿色蔬菜消费量占比，其取值范围为 [0,100]；当被解释变量为截取数据且受双尾约束时，采用 Tobit 模型的极大似然估计可得到一致性估计结果。Tobit 模型也称为受限因变量或审查模型，是被解释变量受限或满足某种约束条件下取值的模型（周华林等，2012；冯文丽等，2014），基于目前无软件支持 Tobit 估计方法加权重，为使模型结论更稳健，故本

部分采用加权的 OLS 方法与其做比较（乌云花等，2009），Tobit 模型的基本结构如下：

$$y_i^* = x_i\beta + \varepsilon_i, \quad \varepsilon_i \sim N(0, \sigma^2) \tag{13-1}$$

$$y_i = \begin{cases} y_i^* = x_i\beta + \varepsilon_i, & y_i^* > 0 \\ 0, & y_i^* \leq 0 \end{cases} \tag{13-2}$$

其中，$y_i$ 为被解释变量，$x_i$ 为解释变量，$\beta$ 为 $x$ 对隐变量 $y_i^*$ 的影响。对于 $y_i^*$ 而言：

$$\frac{\partial E[y_i^* | x_i]}{\partial x_i} = \beta \tag{13-3}$$

对于可观测的数据 $y$ 存在常数下限 $a$ 和上限 $b$，其边际效果为：

$$\frac{\partial E[y | x]}{\partial x} = \beta \times Prob[a < y^* < b] \tag{13-4}$$

假设 0 为单一下限，且误差项呈正态分布，边际效果可进一步化简为：

$$\frac{\partial E[y_i | x_i]}{\partial x_i} = \beta \Phi\left(\frac{x_i'\beta}{\sigma}\right) \tag{13-5}$$

进而推出 Tobit 模型的估计即极大似然估计式为：

$$\ln L = \sum_{y_i > 0} -\frac{1}{2}\left[\ln(2\pi) + \ln\sigma^2 + \frac{(y_i - x_i'\beta)^2}{\sigma^2}\right] + \sum_{y_i = 0} \ln\left[1 - \Phi\left(\frac{x_i'\beta}{\sigma}\right)\right] \tag{13-6}$$

### （二）变量的描述性统计

识别影响受访者绿色蔬菜消费量占比的主要因素，是本节的研究重点。在已有研究的基础上，结合受访者绿色蔬菜消费特点以及绿色农产品消费问卷调研实际，本节以受访者绿色蔬菜消费量占比为被解释变量，同时根据本章前文的理论研究框架，选取影响受访者绿色蔬菜消费量占比的特征变量例如个人特征、家庭特征、购买动机特征、认知（能力）特征、购买机会特征和营销特征为解释变量，其中受访者个人特征包括性别、年龄、受教育年限和婚姻状况 4 个变量，家庭特征包括共同生活 12 周岁及以下儿童数、60 周岁以上同住老人数和家庭总收入 3 个变量，购买动机特征包括环保、食品安全和健康购买动机 3 个变量，认知（能力）特征包括绿色农产品标识认知个数和绿色农产品相关信息知晓度 2 个变量，购买机会特征包括是否因便利因素购买绿色农产品和是否因离家近的因素购买绿色农产品 2 个变量，营销特征包括绿色农产品定价的评价和价格因素对绿色农产品购买的重要程度 2 个变量，解释变量共包括六方面 16 个变量，各变量的赋值、含义、预期作用方向及描述性统计如表 13-7、表 13-8 所示。

表 13-7 变量赋值、含义及预期作用方向

| 类别 | 项目 | 变量名称 | 单位 | 定义及赋值 | 预期作用方向 |
|---|---|---|---|---|---|
| 被解释变量 | 消费占比 | 绿色蔬菜消费量占蔬菜消费量的比例 | % | 连续变量 | |
| 解释变量 | 个人特征 | 性别 | | 男=1；女=0 | − |
| | | 年龄 | 周岁 | 连续变量 | + |
| | | 受教育年限 | 年 | 连续变量 | + |
| | | 婚姻状况 | | 已婚=1；未婚=0 | + |
| | 家庭特征 | 共同生活12周岁及以下儿童数 | 人 | 连续变量 | + |
| | | 共同生活60周岁以上同住老人数 | 人 | 连续变量 | + |
| | | 家庭总收入 | 万元/年 | 连续变量 | + |
| | 购买动机特征 | 环保购买动机 | | 是=1；否=0 | + |
| | | 食品安全购买动机 | | 是=1；否=0 | + |
| | | 健康购买动机 | | 是=1；否=0 | + |
| | 认知特征 | 绿色农产品标识认知数 | 个 | 连续变量 | + |
| | | 绿色农产品相关信息知晓度 | 分 | 连续变量 | + |
| | 购买机会特征 | 是否因便利因素购买绿色农产品 | | 是=1；否=0 | + |
| | | 是否因离家近因素购买绿色农产品 | | 是=1；否=0 | + |
| | 营销特征 | 绿色农产品定价评价 | | 非常低=1；比较低=2；一般=3；比较高=4；非常高=5 | − |
| | | 购买绿色农产品时价格因素的重要程度 | | 非常重要=1；比较重要=2；一般=3；比较重要=4；非常重要=5 | |

表 13-8 变量的描述性统计

| 变量 | 平均值 | 标准差 | 最小值 | 最大值 |
|---|---|---|---|---|
| 性别 | 0.39 | 0.49 | 0 | 1 |
| 年龄 | 39.98 | 14.07 | 20 | 98 |
| 受教育年限 | 13.14 | 4.13 | 0 | 30 |
| 婚姻状况 | 0.77 | 0.42 | 0 | 1 |
| 共同生活12周岁及以下儿童数 | 0.43 | 0.60 | 0 | 3 |
| 共同生活60周岁以上同住老人数 | 0.21 | 0.56 | 0 | 2 |

(续表)

| 变量 | 平均值 | 标准差 | 最小值 | 最大值 |
|---|---|---|---|---|
| 家庭总收入 | 14.39 | 55.53 | 1 | 1 000 |
| 环保购买动机 | 0.87 | 0.33 | 0 | 1 |
| 食品安全购买动机 | 0.84 | 0.36 | 0 | 1 |
| 健康购买动机 | 0.59 | 0.49 | 0 | 1 |
| 绿色农产品标识认知数 | 1.15 | 1.30 | 0 | 5 |
| 绿色农产品相关信息知晓度 | 1.66 | 0.88 | 0 | 4 |
| 是否因便利因素购买绿色农产品 | 0.03 | 0.17 | 0 | 1 |
| 是否因离家近因素购买绿色农产品 | 0.32 | 0.47 | 0 | 1 |
| 绿色农产品定价评价 | 3.68 | 0.63 | 1 | 5 |
| 购买绿色农产品时价格因素的重要程度 | 3.40 | 0.91 | 1 | 5 |

数据来源：绿色农产品消费实地调研数据。

### （三）实证结果

基于绿色农产品消费实地调研数据，本部分借助 STATA12.0 软件同时运用 Tobit 模型和 Ols 模型实证检验受访者绿色蔬菜消费量占比的影响因素。Tobit 模型的边际分析结果见表 13-9。

为得到稳健性结论，同时采用 OLS 模型与 Tobit 模型，以检验模型估计系数是否稳健。由表 13-9 可知，两种模型估计系数符号完全一致，说明模型估计结论是稳健的；联合概率 $P$ 值均在 1% 的置信水平下通过显著性检验，说明各解释变量对受访者绿色蔬菜消费量占比的影响在总体上具有统计意义。受访者个人特征、家庭特征、购买动机特征、认知（能力）特征、购买机会特征和营销特征对其绿色蔬菜消费量占比的影响及影响程度见表 13-9。

表 13-9　Tobit 与 OLS 模型回归结果

| 变量 | Tobit 模型 | | OLS 模型 | |
|---|---|---|---|---|
| | 系数 | $P$ 值 | 系数 | $P$ 值 |
| 性别 | −5.010** | 0.048 | −3.928* | 0.074 |
| 年龄 | 0.061 | 0.588 | 0.054 | 0.585 |
| 受教育年限 | 0.652* | 0.064 | 0.490 | 0.103 |
| 婚姻状况 | 1.851 | 0.623 | 0.556 | 0.864 |
| 共同生活 12 周岁及以下儿童数 | 4.489** | 0.047 | 3.588* | 0.071 |
| 共同生活 60 周岁以上同住老人数 | −2.518 | 0.263 | −2.112 | 0.279 |

(续表)

| 变量 | Tobit 模型 | | OLS 模型 | |
|---|---|---|---|---|
| | 系数 | P 值 | 系数 | P 值 |
| 家庭总收入 | 0.101** | 0.043 | 0.064*** | 0.001 |
| 环保购买动机 | 9.751*** | 0.013 | 7.573** | 0.024 |
| 食品安全购买动机 | −5.389 | 0.140 | −4.238 | 0.180 |
| 健康购买动机 | 10.325*** | 0.000 | 6.005*** | 0.009 |
| 绿色农产品标识认知数 | 1.938* | 0.056 | 1.569* | 0.080 |
| 绿色农产品相关信息知晓度 | 3.415** | 0.022 | 2.608** | 0.046 |
| 是否因便利因素购买绿色农产品 | 2.604 | 0.716 | 1.440 | 0.817 |
| 是否因离家近因素购买绿色农产品 | 4.664* | 0.077 | 3.097 | 0.187 |
| 绿色农产品定价评价 | −3.603* | 0.092 | −3.482* | 0.063 |
| 购买绿色农产品时价格因素的重要程度 | −4.337*** | 0.003 | −3.606*** | 0.005 |
| 常数项 | 11.569 | 0.355 | 20.985* | 0.051 |
| Log likelihood | −1 227.277 | | — | |
| LR $chi^2$ (16) | 114.19 | | — | |
| P | 0.000 | | 0.000 | |
| $R^2$ | 0.045 | | 0.250 | |

注：*、**、*** 分别表示 10%、5%、1%的显著性水平。

在1%的显著性水平下，受访者购买动机特征中的环保购买动机和健康购买动机对其绿色蔬菜消费量占比有显著正向影响；而营销特征中的购买绿色农产品时价格因素的重要程度对受访者绿色蔬菜消费量占比则有显著负向影响。除上述变量外，在5%的显著性水平下，受访者个人特征中的性别、家庭特征中的共同生活12周岁及以下儿童数和家庭总收入、认知特征中的绿色农产品相关信息知晓度对其绿色蔬菜消费量占比有显著影响，其中，受访者家中共同生活12周岁及以下儿童数、家庭总收入和绿色农产品相关信息知晓度对其绿色蔬菜消费量占比有显著正向影响；而受访者性别对其绿色蔬菜消费量占比则有显著负向影响。此外，在10%的显著性水平下，受访者个人特征中的受教育年限、认知特征中的绿色农产品标识认知数、购买机会特征中的是否因离家近的因素购买绿色农产品和营销特征中的购买绿色农产品时价格因素的重要程度对受访者绿色蔬菜消费量占比有显著影响，其中受访者受教育年限、绿色农产品标识认知数、是否因离家近的因素购买绿色农产品、购买绿色农产品时价格因素的重要程度对其绿色蔬菜消费量占比的影响为正向，而绿色农产品定价评价变量对受访者绿色蔬菜消费量占比则有负向影响。受访者个人特征中的年龄和婚姻状况、家庭特征中的共同生活60周岁以上同住老人数、购买动机特征中的食品安全购买动机、购买机会特征中的是否因便利因素购买绿色农产品对其绿色蔬菜消费量占比无显著影响。解释变量的具体计量结果分析如下。

1. 受访者个人特征对其绿色蔬菜消费量占比的影响

受访者性别对其绿色蔬菜消费量占比有显著负向影响，系数为-5.01，表明在其他条件不变时，若受访者性别为男性，其绿色蔬菜消费量占比提高1%的概率下降5.01。实地调研发现，女性受访者比男性受访者更倾向于消费绿色蔬菜，故该变量对被解释变量的影响作用方向为正向，与预期假设一致。

受教育年限越长，受访者对绿色农产品的认知能力越强，越易于接受新鲜事物；受教育年限变量系数为0.652，说明在其他条件不变的情况下，受教育年限每增加1年，其绿色蔬菜消费量占比提高1%的概率增加0.652；该变量对被解释变量的影响作用方向为正向，与预期假设一致。

受访者年龄、婚姻状况对其绿色蔬菜消费量占比无显著影响，可能的原因是年龄在56周岁及以上的受访者和未婚的受访者占比相对较低，二者占比分别为12.31%和22.77%，从而不足以对被解释变量产生显著性影响。

2. 受访者家庭特征对其绿色蔬菜消费量占比的影响

共同生活12周岁及以下儿童数变量系数为4.489，表明其他条件不变时，共同生活12周岁及以下儿童数每增加1人，受访者家庭绿色蔬菜消费量占比提高1%的概率增加4.489。共同生活12周岁及以下儿童数越多，基于健康角度，受访者为儿童营造营养、优质就餐环境的可能性就越大，故该变量正向受访者绿色蔬菜消费量占比，与预期假设作用方向一致。

家庭总收入变量对受访者绿色蔬菜消费量占比有显著正向影响，系数为0.101，表明在其他条件不变的情况下，受访者家庭总收入每增加1万元，其绿色蔬菜消费量占比提高1%的概率增加0.101。随着家庭总收入的提高，受访者越有能力购买售价较高的绿色农产品，故其绿色蔬菜消费量占比越高，该变量对被解释变量的影响作用方向为正向与预期作用方向一致。

共同生活60周岁以上同住老人数变量对受访者绿色蔬菜消费量占比无显著影响，可能的原因是调查样本中多数家庭无共同生活60周岁以上同住老人，共同生活60周岁以上同住老人为1~2人的受访家庭占比仅为13.85%，不足以对被解释变量产生显著性影响；故该变量对受访者绿色蔬菜消费量占比的影响不显著。

3. 受访者购买动机特征对其绿色蔬菜消费量占比的影响

受访者环保购买动机、健康购买动机对其绿色蔬菜消费量占比具有显著正向影响，系数分别为9.751、10.325，表明在其他条件不变的情况下，若受访者有环保购买动机和健康购买动机，其绿色蔬菜消费量占比提高1%的概率分别增加9.751和10.325；说明受访者对环境保护和自身健康关注程度越高，其绿色蔬菜消费量占比越高。对食品安全关注程度越高的受访者，其绿色蔬菜消费量占比理应越高，但实地调研发现，虽然84%的受访者同意"绿色农产品比普通农产品质量更安全"的说法，但因经济水平的差异，并不是所有同意该说法的受访者都能购买售价较高的绿色蔬菜，故该变量对受访者绿色蔬菜消费量占比的影响不显著。

4. 受访者认知特征对其绿色蔬菜消费量占比的影响

受访者绿色农产品标识认知数、绿色农产品相关信息知晓度正向影响其绿色蔬菜消费量占比，系数分别为1.938和3.415，说明其他条件不变时，受访者绿色农产品标识认知数每增加1个、绿色农产品相关信息知晓度每增加1分，其绿色蔬菜消费量占比提高1%的概率分别增加1.938和3.415。受访者绿色农产品标识及相关信息认知是其绿色农产品购买行为的基础，绿色农产品认知越高，其购买绿色农产品的可能性越大，故受访者认知特征正向影响其绿色蔬菜消费量占比，与预期假设相一致。

5. 受访者购买机会特征对其绿色蔬菜消费量占比的影响

受访者是否因离家近因素购买绿色农产品变量正向影响其绿色蔬菜消费量占比，系数为4.664，表明在其他条件不变的情况下，受访者若因离家近的因素购买绿色农产品，其绿色蔬菜消费量占比提高1%的概率增加4.664。在经济条件允许的情况下，绿色农产品销售地点离家越近，受访者基于健康角度可能越倾向于消费绿色农产品，故该变量对被解释变量的影响作用方向为正，与预期研究方向一致。

受访者是否因便利因素购买绿色农产品对其绿色蔬菜消费量占比的影响不显著，可能的解释：受访者因便利因素购买绿色农产品的占比过低仅为3.08%，不足以使模型产生显著性影响。

6. 受访者营销特征对其绿色蔬菜消费量占比的影响

受访者对绿色农产品定价评价和购买绿色农产品时价格因素的重要程度变量对其绿色蔬菜消费量占比有显著负向影响，系数分别为-3.603和-4.337，表明其他条件不变时，受访者对绿色农产品定价的评价每提高1个等级、购买绿色农产品时价格因素的重要程度每上升1个等级，其绿色蔬菜消费量占比上升1%的概率分别下降3.603和4.337。受访者认为绿色农产品定价越高、购买绿色农产品时认为价格因素越重要，说明其认为绿色农产品售价越高，作为市场经济中的理性人，其越不可能购买绿色农产品，故受访者营销特征中两变量反向影响其绿色蔬菜消费量占比，与预期假设相一致。

## （四）结论、讨论与启示

基于对受访者不同特征及其与绿色蔬菜消费量占比的交叉分析，可以发现，82.15%的受访者购买并消费过绿色农产品，可见多数消费者倾向于购买绿色农产品，生产者较明显的农户收入效应在一定程度上是由消费者的绿色农产品消费引起的。通过对受访者不同特征与绿色蔬菜消费量占比之间关系的统计性描述,可以发现,不同个体特征、家庭特征、动机特征、认知(能力)特征、机会特征和营销特征的受访者,其绿色蔬菜消费量占比会有所差别。那么究竟哪些因素影响受访者绿色蔬菜消费量占比?影响作用方向和影响程度如何?还需要从实证角度进行进一步验证。

故本节以受访者绿色蔬菜消费量占比为被解释变量,将解释变量分为受访者个人特征、家庭特征、购买动机特征、认知(能力)特征、购买机会特征和营销特征六方面;运用 Tobit 模型和 OLS 识别影响受访者绿色蔬菜消费量占比的主要因素。研究结果表明,实证分析结果与预期假设基本一致,即受访者个人特征中的受教育年限、家庭特征中的共同生活 12 周岁及以下儿童数和家庭总收入、购买动机特征中的环保购买动机和健康购买动机、认知特征中的绿色农产品标识认知数和绿色农产品相关信息知晓度、购买机会特征中的是否因离家近因素购买绿色农产品对其绿色蔬菜消费量占比有显著正向影响;受访者个人特征中的性别、营销特征中的绿色农产品定价评价和购买绿色农产品时价格因素的重要程度对其绿色蔬菜消费量占比有显著负向影响;而因年龄在 56 周岁及以上的受访者、共同生活 60 周岁以上同住老人为 1~2 人的受访家庭、未婚和受访者因便利因素购买绿色农产品的受访者占比相对较低,受访者年龄、婚姻状况、共同生活 60 周岁以上同住老人数、食品安全购买动机和受访者是否因便利因素购买绿色农产品对其绿色蔬菜消费量占比无显著影响;此外受访者食品安全购买动机变量的实证分析结果与预期假设不一致,究其原因,同意"绿色农产品比普通农产品质量更安全"说法的受访者,基于现实因素例如收入水平,其可能无法购买绿色农产品。通过上述分析,提出如下几点政策启示。

一是绿色农产品认知不足仍然是制约绿色农产品消费的主要因素。实地调研发现,仍有 42.46% 的受访者完全不认识绿色农产品标识,对绿色农产品相关信息完全知道的受访者占比仅为 3.08%;因此应加大绿色农产品广告宣传力度,积极引导消费者进行绿色农产品消费。

二是建立可追溯体系,提高消费者绿色农产品信任度。市场调研发现,仍有 10.09% 的受访者表示绿色农产品与普通农产品的质量相差不大,这成为其不购买绿色农产品的主要原因。故绿色农产品销售商应扩展销售渠道,合理选择营销手段来提高消费者的绿色农产品认知能力,增强消费者对绿色农产品的信任度;同时建立绿色农产品质量可追溯体系,提高绿色农产品的质量安全溯源能力。

三是规范绿色农产品生产,形成适度规模经营,降低绿色农产品销售价格。实地调研发现,19.27% 的受访者因绿色农产品售价过高而无法购买绿色农产品。因此,政府应加大财政支持力度,积极推进"企业+农户""合作社+农户"或"企业+合作社+农户"的绿色农产品生产模式,扩大绿色农产品生产规模并形成适度规模经营，从而降低绿色农产品生产成本进而进一步降低绿色农产品售价，唯有如此，消费者才能消费绿色农产品，其绿色农产品需求才能得到满足。

## 本章小结

本章在对受访者绿色农产品购买行为及其影响因素进行文献回顾的基础上，构建了受访者绿色农产品购买行为影响因素的理论研究框架并提出研究假设，基于绿色农产品消费实地调研数据，分别从统计上和实证上分析了受访者的不同特征对其绿色蔬菜消费量占比的影响，描述性统计即交叉分析表明，受访者个人特征、家庭特征、购买动机特征、认知（能力）特征、购买机会特征和营销特征不同，其绿色蔬菜消费量占比有所差异；为进一步了解受访者不同特征对其绿色蔬菜消费量占比的影响及影响程度的大小，运用 Tobit 模型和 OLS 论证了影响消费者绿色蔬菜消费量占比的主要因素，实证分析结果表明：受访者受教育年限、共同生活 12 周岁及以下儿童人数、家庭总收入、环保购买动机、健康购买动机、绿色农产品标识认知数、绿色农产品相关信息知晓度、是否因离家近因素购买绿色农产品对其绿色蔬菜消费量占比有显著正向影响；受访者性别、绿色农产品定价评价、购买绿色农产品时价格因素的重要程度对其绿色蔬菜消费量占比有显著负向影响；而受访者年龄、婚姻状况、共同生活 60 周岁以上同住老人数、食品安全购买动机和是否因便利因素购买绿色农产品对其绿色蔬菜消费量占比无显著影响。

# 第十四章
# 消费者对绿色农产品的支付意愿研究

市场经济中"优质优价"是市场价格机制在农产品质量安全调解领域发挥作用的重要指标（方伟等，2013），同时也是激发生产者生产安全优质农产品积极性的重要手段。由前文分析可知，在食品安全事件频发的背景下，多数消费者愿意购买绿色农产品，换言之绿色农产品消费对生产有驱动作用，但是消费者对绿色农产品的消费在多大程度上影响绿色农产品生产？消费者究竟愿意为绿色农产品支付多少价钱？与普通农产品相比，消费者对同种绿色农产品是否存在支付溢价？若存在，溢价支付水平又是多少？上述问题还需要从实证角度进行进一步探讨与论证。因此，本章在对绿色农产品支付意愿相关文献进行回顾的基础上，构建反映消费者支付意愿的理论框架，同时基于消费者实地调研数据，以畜产品中的羊肉为例，借助计量模型实证分析及测算消费者对绿色羊肉的支付意愿。

## 一、研究背景

畜产品质量安全属性是畜产品在质量、安全方面具有的特性，是消费者辨别产品质量优劣的主要依据。消费者对畜产品质量安全属性的认可与接受意愿是决定优质畜产品能否在市场上实现"优质优价"的关键所在。随着人们收入水平的提高和生活方式的转变，以"低脂肪、低胆固醇、高蛋白"著称的羊肉日益得到广大消费者青睐。据统计，2000—2016年，羊肉占肉类消费的比例由2.08%上升至5.75%，羊肉在居民食品消费中占据日趋重要的地位；然而近年来有关羊肉食品安全问题的事件却层出不穷，"注水羊肉""非法使用添加剂羊肉""假冒羊肉"等食品安全事件严重打击消费者信心。为准确识别消费者对畜产品质量安全属性的选择偏好与支付意愿，本部分以羊肉为例，基于消费者问卷调查数据，应用规范的选择实验模型，在深入研究不同消费者对不同质量安全属性选择偏好的基础上，进一步测算消费者对各类安全属性的支付意愿。研究结论对于准确了解消费者对食品质量安全属性的偏好，明确市场认可度高的畜产品质量安全标识行为，真正实现畜产品的优质优价,促进畜牧业高质量发展具有重要作用。

选择实验模型是研究消费者食品属性偏好与支付意愿的新方法,近年来在学术界得到广泛应用。学者们利用此方法主要研究消费者对畜产品中猪肉政府认证、动物福利、品牌等质量安全属性的偏好与支付意愿,并得出了不同的结论。多数研究表明,消费者愿意为政府认证支付最高溢价,例如Ortega et al.（2011）、张振等（2013）和吴林海等（2014）的研究指出消费者愿意为政府认证分别支付67.17%、13.07%和16.38%的溢价;Vansickle（2013）发现消费者对该属性的支付意愿最高。动物福利方面,Miranda et al.（2005）和Sigrid et al.（2017）指出消费者对动物福利的支付意愿最高,支付溢价分别为44.8%和29.63%;Liljenstolpe（2011）指出瑞典消费者对猪肉质量安全的偏好突出表现在对动物福利的关注上。"品牌"作为区分产品质量优劣的主要标志,是解决食品安全问题、提高消费者信任度的重要手段,王文智等（2013）的研究表明消费者愿意为猪肉"品牌"属性支付额外溢价,但美国消费者更愿意为非品牌猪肉支付额外溢价（David et al., 2011）。

以往研究成果对本部分的研究有借鉴意义,但分析以往研究,学者们对肉类质量安全属性的研究主要集中在猪肉产品领域。与猪肉消费相比,羊肉在居民膳食结构中的地位逐渐上升。2010—2016年,羊肉占肉类消费的年均增长率（7.96%）高于猪肉占肉类消费年均增长率（2.43%）5.53个百分点;学者预测"到2020年中国肉类消费结构将有所优化,猪肉消费比重下降,羊肉消费比重逐渐增加"（程广燕等,2015）。然而在羊肉消费量逐渐增大且羊肉食品安全问题凸显的背景下,学者对羊肉质量安全属性的关注却很少;选择实验法是一种假想价值评估法,以往学者多采用选择实验法研究市场上已经交易的食品,这与选择实验法的应用前提相悖;此外,多数学者在研究消费者食品属性偏好与支付意愿时并没有考虑导致偏好差异的消费者人口统计特征的影响。鉴于此,在目前内蒙古呼和浩特市"高品质"羊肉尤其是有机羊肉价格体系有待进一步健全的背景下,本部分引入受访者人口统计特征的影响,利用选择实验法,识别消费者对羊肉质量安全属性的偏好,并计算其支付意愿。

## 二、选择实验的理论框架

### （一）实验机理

经济理论关于"偏好与消费者选择"关系的分析思路之一是:在消费者偏好完全理性的假定下探讨消费者偏好对其选择行为的影响,消费者的偏好决定其可获得的效用,继而决定其消费行为（王文智等,2014）。当实际消费行为未发生时,陈述性偏好是分析消费者选择行为的替代做法,而选择实验法则是研究陈述性偏好的主要方法,即基于有限约束条件(货币度量属性、样本容量、选择集与选项数量)在陈述消费者产品属性偏好的基础上计算其对各属性的支付意愿。

选择实验法的理论基础是 Lancaster 消费理论和随机效用理论。Lancaster 消费理论认为消费者无法从商品本身获取效用(Lancaster,1966),而是从其附带的特征属性中获得效用,换言之消费是一种将商品特征属性从商品中剥离出来的活动,同一商品的不同属性可为消费者提供不同的效用。随机效用理论假定消费者在无法获得完全信息的前提下,在预算约束内从选择集中选择其偏好的属性集合以最大化其期望效用。

选择实验法是一种模拟真实购买环境并对产品属性及其水平进行购买决策的方法。设计思路是,基于真实市场的产品价格设置货币度量属性,受访者在价格因素约束下,对产品各属性及其水平进行仔细权衡并选择偏好的属性组合,同时考虑不同受访者偏好的差异,本部分在考虑消费者人口统计特征影响的基础上分析其产品属性偏好,将偏好选择问题转化为效用比较问题,用效用最大化来表示受访者对选择集中最优(偏好)方案的选择,以达到估计模型属性参数并计算支付意愿的目的(樊辉等,2013)。故选择实验法在异质性因素和价格属性约束下要求受访者在多个选择集各选项间进行决策权衡的实验设计,较好地诠释了 Lancaster 消费理论和随机效用理论(Breidert et al.,2008)。

### (二)理论模型

现实生活中,因对产品认知度及消费习惯的不同,消费者的偏好存在异质性(Nguyen et al.,2015)。为避免将消费者视为同质而对结果进行估计造成的偏差,本部分选取选择实验中研究不同受访者的随机参数 Logit(RPL)模型作为分析受访者选择偏好与支付意愿的具体计量模型。

根据 Lancaster 消费理论,假设消费者 $i$ 从羊肉 $a$ ($a=1,2,\cdots,a$) 中获得的效用 $V_{ia}$ 是从羊肉属性 $O$ ($O=1,2,\cdots,O$) 中所获得的效用 $V_{iaO}$ 之和,则 $V_{ia}$ 的线性方程为:

$$V_{ia} = \beta_{1i}v_{1ia} + \beta_{2i}v_{2ia} + \cdots + \beta_{Oi}v_{Oia} \tag{14-1}$$

其中,$\beta_{oi}$ 代表消费者 $i$ 对羊肉属性 $O$ 的偏好程度。文中选取羊肉质量安全属性向量 $V_{ia}$ 和人口统计特征向量 $Z_{ia}$ 作为效用函数变量来构建效用函数,函数形式如下:

$$U_{ia} = \beta_{ASC_i}ASC_i + \beta_{1i}v_{1ia} + \beta_{2i}v_{2ia} + \cdots + \beta_{Oi}v_{Oia} + \delta_i Z_{ia} + \varepsilon_{ia} \tag{14-2}$$

其中,$U_{ia}$ 为消费者 $i$ 选择羊肉 $a$ 所获得的最大效用,$V_{ia}$ 为效用函数的可观测部分,$\varepsilon_{ia}$ 为不可观测部分,$\beta$、$\delta$ 分别代表羊肉质量安全属性和人口统计特征向量的待估参数。为避免消费者在给定选项强迫选择时可能引起的估计结果偏差,本部分设置两者都不选即 ASC 选项作为"选项特定常数"(王晓蜀等,2016),ASC=1 代表受访者选择"两者都不选"选项,否则 ASC = 0;ASC 代表消费者"维持现状"的基准效用或随机误差项中未观测变量的平均效应(Blamey et al.,2000;全世文,2016)。由于 ASC 选项会影响其他备选方案的选择概率,违背了多元 Logit 模型中"无关选项相互独立(IIA)"的假定,因此引入 ASC 时突破严格 IIA 假定的 RPL 模型成为主要替代方法(Morey et al.,2003),此时消费者 $i$ 选择羊肉属性 $a$ 的概率为:

$$P_{ia} = \int \frac{\exp(\beta'_i V_{ia} + \delta'_i Z_{ia})}{\sum_m \exp(\beta'_i V_{ia} + \delta'_i Z_{ia})} f(\beta, \delta) d(\beta, \delta) \tag{14-3}$$

支付意愿是指在效用水平不变的前提下,当产品某种属性发生变化时,消费者愿意为此支付的价格。若以 WTP 表示羊肉质量安全属性价值,则计算方法为:

$$WTP = -\frac{\beta_O}{\beta_p} \tag{14-4}$$

其中,$\beta_O$ 为羊肉质量安全属性的估计参数,$\beta_p$ 为羊肉价格的估计参数。

## 三、实验设计与数据来源

### (一)羊肉质量安全属性选择

羊肉品质可通过多种属性进行识别,例如保质期、营养成分、品牌、质量认证、产地信息、包装形式、可追溯信息等。其中,羊肉保质期和营养成分是揭示羊肉品质的重要属性,然而,根据"理性人"假设,消费者将在保质期之内且有营养成分的羊肉视为其购买羊肉必不可少的属性,任何一种属性的缺失,消费者都拒绝选择。因此本研究假定受访者在已知羊肉营养成分及保质期信息的基础上,识别其对"有机食品"认证、产地信息、包装形式、可追溯信息标签的支付意愿。

随着我国食品质量安全体系的不断健全,"有机食品"认证成为生产者向消费者证明产品品质、减少信息不对称的手段之一(Janssen et al.,2012;尹世久等,2015)。在信息不对称条件下,产地信息、与产品质量与安全相关的可追溯信息标签成为消费者辨别产品质量优劣的重要依据。对羊肉消费而言,不同部位羊肉的食用品质:质地、风味、嫩度、肉色和化学成分差异显著,是否分割包装是消费者分辨产品质量好坏的又一属性,经过多道质量检验检疫流程的分割羊肉更能兼顾食品质量安全信息。综上所述,本部分从消费者羊肉需求视角出发,依据选择实验设置要求,最终确定羊肉价格和"有机食品"认证、产地信息、包装形式、可追溯信息4个属性,说明如下。

羊肉价格是选择实验的货币度量属性,本部分在前期市场调研的基础上,将羊肉价格设置为 22 元/斤、45 元/斤、68 元/斤，其中 22 元/斤为普通羊肉平均价格下调 5%的价格，68 元/斤为有机羊肉平均价格上调 5%的价格，目的在于明晰受访者对低价和高价羊肉的需求。

"有机食品"认证：羊肉包装上标注"有机食品"标志，说明其通过食品质量安全认证检验；分有、无"有机食品"认证两种水平。

产地信息：羊肉包装上标明具体生产产地，分有、无产地信息两种水平。

包装形式：羊肉若按不同部位分割成块包装，则为"分割"水平；若剔除羊体三个腔体后其余部位整体包装则为"不分割"水平。

可追溯信息：羊肉包装上标注二维码，通过扫描二维码可获知生产者、经营者屠宰加工与配送销售等环节相关信息；分有、无可追溯信息两种水平。

## （二）问卷设计

根据全因子实验设计，5 种属性中四属性两水平、一属性三水平可生成 48（$2^4×3$）种可能的选择方案，但要求受访者对所有方案进行选择是不切实际的，故本部分运用 SAS 软件进行部分因子实验设计，在剔除理论上有矛盾和不符合常规组合集的基础上，根据 D-optimal 设计随机获得 12 个选择集（选择集示例见表 14-1），其中 D-Efficiency 值为 90.86，表明问卷设计优良。为使受访者科学、合理地做出选择，本研究共设计两份不同区组（Block）问卷，每份问卷分设 6 个选择集，每个选择集有 3 个选项，受访者按要求在 3 个选择项中选择其偏好的一个选项。

表 14-1 选择集示例

| 属性 | 选项 1 | 选项 2 | 选项 3 |
| --- | --- | --- | --- |
| 价格 | 68 元/斤 | 45 元/斤 | |
| "有机食品"认证 | 无 | 有 | |
| 产地信息 | 无 | 有 | 两者都不选 |
| 包装形式 | 分割 | 不分割 | |
| 可追溯信息 | 无 | 有 | |
| 我倾向购买 | ○ | ○ | ○ |

资料来源：根据绿色农产品消费实地调研问卷整理所得。

## （三）数据来源与样本特征

本研究调查区域为内蒙古呼和浩特市。内蒙古是我国羊肉主产区，作为内蒙古首府，呼和浩特市人均羊肉消费量为每年 29.08 斤，而全国人均羊肉消费量为 6.41 斤/年；与其他西部地区省会城市相比，呼和浩特市居民人均羊肉消费量远高于其他省会城市，银川、乌鲁木齐、拉萨的人均羊肉年消费量分别为 15.36 斤、13.82

斤和14.82斤。由此可见呼和浩特市居民的羊肉消费偏好较强、市场消费量较大。因此研究呼和浩特市居民对羊肉质量安全属性的选择偏好和支付意愿具有典型代表性。

为客观、真实地测算消费者对羊肉质量安全属性的支付意愿，课题组于2017年8月对呼和浩特市回民区、赛罕区、新城区、玉泉区的大型超市、直销店、农贸市场等主要羊肉销售场所的331位消费者进行问卷调查，剔除重要指标缺失问卷，共获得有效问卷325份，有效率为98.19%。此次调研受访者以青年和中年人（21~45岁）为主（67.38%）；女性（60.31%）和已婚（77.23%）人士占一半以上；受访者文化素养较高，41.23%的受访者接受过大学（大专）教育；受访家庭总收入最高为1 000万元，最低为1万元，但大部分受访家庭收入在10万~20万元，占比为42.77%；受访者家庭月均羊肉消费量符合正态分布以5~10斤为主，占比为30.15%。

## 四、变量选取与描述性统计

基于消费者行为理论、行为经济学理论、理性人假说和国内外研究成果，将影响消费者羊肉质量安全属性选择偏好的因素分为羊肉质量安全属性特征和人口统计特征两方面，羊肉质量安全属性特征包括"有机食品"认证、产地信息、包装形式、可追溯信息和作为选择实验货币度量属性的羊肉价格。人口统计特征为用以刻画消费者选择偏好差异的变量，包括受访者年龄、受教育程度、家庭总收入、老人儿童数占比和家庭月均羊肉消费量。变量描述性统计见表14-2。

表14-2 变量描述性统计

| 变量名称 | 变量定义及赋值 | 均值 | 标准差 | 最小值 | 最大值 |
| --- | --- | --- | --- | --- | --- |
| 羊肉质量安全属性 | | | | | |
| "有机食品"认证 | 有=1；无=0 | 0.97 | 0.16 | 0 | 1 |
| 产地信息标签 | 有=1；无=0 | 0.97 | 0.17 | 0 | 1 |
| 包装形式 | 分割=1；不分割=0 | 0.95 | 0.22 | 0 | 1 |
| 可追溯信息标签 | 有=1；无=0 | 0.94 | 0.23 | 0 | 1 |
| 羊肉价格 | 22元/斤；45元/斤；68元/斤 | 29.98 | 26.16 | 0 | 68 |
| 人口统计特征 | | | | | |
| 年龄 | 按受访者实际年龄计算（周岁） | 40.06 | 13.90 | 20 | 84 |
| 受教育程度 | 小学及以下=1；初中=2；高中或中专=3；大学或大专=4；大学或大专以上=5 | 1.08 | 3.39 | 1 | 5 |

（续表）

| 变量名称 | 变量定义及赋值 | 均值 | 标准差 | 最小值 | 最大值 |
|---|---|---|---|---|---|
| 家庭总收入 | 按家庭实际总收入计算（万元） | 14.29 | 55.54 | 1 | 1 000 |
| 老人儿童数占比 | 60周岁以上同住老人与12周岁以下儿童数之和占家庭总人口的比例（%） | 18.04 | 23.49 | 0 | 100 |
| 家庭月均羊肉消费量 | 家庭平均每月消费羊肉数（斤/月） | 6.78 | 8.02 | 0.5 | 90 |

数据来源：绿色农产品消费实地调研数据。

注：羊肉价格最小值为0是消费者选择"两者都不选"选项时对应的价格。

## 五、实证结果

本部分运用 Nlogit 5.0 软件估计 RPL 模型参数。如表 14-3 所示，模型 1 为未考虑消费者人口统计特征的选择偏好结果，为更好地解释消费者的异质性偏好和效用组成，笔者在模型 1 的基础上结合消费者人口统计特征的影响构建模型 2。比较两种模型拟合结果，模型 2 的 Log $likelihood$ 和 McFadden $R^2$ 更大、拟合效果更好，说明本部分在考虑消费者人口统计特征影响的基础上分析其羊肉质量安全属性选择偏好与支付意愿具有科学性，得出的结论是稳健与可靠的。

### （一）羊肉质量安全属性偏好估计

由表 14-3 可知，受访者对羊肉质量安全属性的选择偏好不同，对有机认证有最强偏好，其次是可追溯信息和产地信息，对包装形式的偏好最低。由模型 2 估计结果可知，受访者对羊肉质量安全属性的偏好存在差异性。质量安全属性中，有机认证的系数最大（0.770 4），为受访者最为偏好。可追溯信息、产地信息、包装形式的系数分别为 0.676 3、0.663 6、0.427 4，相对而言，有机认证、可追溯信息和产地信息对提高消费者效用有明显的效应。

受访者人口统计特征是影响其羊肉质量安全属性选择偏好的主要因素，其中受教育程度越高、家庭总收入越高、老人儿童数占比越低的受访者越偏好有机羊肉，家庭月均羊肉消费量越大的受访者对有产地信息的羊肉偏好越强，老人儿童数占比越高、家庭月均羊肉消费量越低的人越偏好分割羊肉。有机认证属性与受教育程度、家庭总收入、老人儿童数占比的交叉项系数显著，系数分别为 0.241 9、0.402 0 和 −0.284 2，说明受教育程度越高、家庭总收入越高、老人儿童数占比越低的受访者越偏好有机羊肉。产地信息与家庭月均羊肉消费量的交叉项系数显著且为正，表明家庭月均羊肉消费量越大的受访者对有产地信息的羊肉偏好越强。包装形式与老人儿童数占比、家庭月均羊肉消费量的交叉项系数显著,系数分别为0.233 8、-0.016 0,说明老人儿童数占比越高、家庭月均羊肉消费量越低的人越偏好分割羊肉。

表14-3 RPL模型估计结果

| 变量 | 模型1 | | 模型2 | |
|---|---|---|---|---|
| | 系数 | 标准误 | 系数 | 标准误 |
| 有机认证 | 1.138 4*** | 0.072 6 | 0.770 4*** | 0.196 4 |
| 产地信息 | 0.891 7*** | 0.072 5 | 0.663 4*** | 0.193 2 |
| 包装形式 | 0.145 7** | 0.069 0 | 0.427 4** | 0.215 4 |
| 可追溯信息 | 0.602 7*** | 0.071 2 | 0.676 3*** | 0.199 9 |
| 价格 | -0.040 8*** | 0.002 2 | -0.041 4*** | 0.002 2 |
| 有机认证×年龄 | | | -0.024 9 | 0.142 9 |
| 产地信息×年龄 | | | 0.100 9 | 0.002 2 |
| 包装形式×年龄 | | | -0.125 5 | 0.162 6 |
| 可追溯信息×年龄 | | | 0.069 7 | 0.149 7 |
| 有机认证×受教育年限 | | | 0.241 9* | 0.132 9 |
| 产地信息×受教育年限 | | | -0.072 8 | 0.129 9 |
| 包装形式×受教育年限 | | | 0.078 1 | 0.148 1 |
| 可追溯信息×受教育年限 | | | -0.036 0 | 0.143 9 |
| 有机认证×家庭总收入 | | | 0.402 0** | 0.174 0 |
| 产地信息×家庭总收入 | | | 0.162 9 | 0.167 6 |
| 包装形式×家庭总收入 | | | -0.270 3 | 0.183 3 |
| 可追溯信息×家庭总收入 | | | -0.117 8 | 0.165 7 |
| 有机认证×老人儿童数占比 | | | -0.284 2** | 0.126 6 |
| 产地信息×老人儿童数占比 | | | -0.002 8 | 0.123 6 |
| 包装形式×老人儿童数占比 | | | 0.233 8* | 0.140 6 |
| 可追溯信息×老人儿童数占比 | | | -0.049 4 | 0.128 3 |
| 有机认证×家庭月均羊肉消费量 | | | 0.010 0 | 0.007 3 |
| 产地信息×家庭月均羊肉消费量 | | | 0.012 6* | 0.007 5 |
| 包装形式×家庭月均羊肉消费量 | | | -0.016 0* | 0.009 0 |
| 可追溯信息×家庭月均羊肉消费量 | | | 0.003 9 | 0.008 2 |
| 选项特定常数 | -0.415 9*** | 0.113 3 | -0.408 4*** | 0.114 1 |
| Log likelihood | -1 699.552 9 | | -1 686.105 4 | |
| McFadden $R^2$ | 0.219 3 | | 0.222 8 | |

注:*、**、***分别表示10%、5%、1%的显著性水平。

## (二) 羊肉质量安全属性支付意愿分析

对 RPL 模型的参数估计并不能为政策制定者提供决策支持,因此需要根据已算参数值来计算消费者对羊肉质量安全属性的支付意愿(表14-4)。

表14-4 消费者对羊肉质量安全属性的支付意愿

| 变量 | 支付意愿均值(元/斤) | 95%置信区间 |
| --- | --- | --- |
| "有机食品"认证 | 18.60 | [9.31, 27.89] |
| 产地信息 | 16.02 | [6.87, 25.16] |
| 包装形式 | 10.32 | [0.13, 20.51] |
| 可追溯信息 | 16.33 | [6.87, 25.79] |

由表14-4可知,受访者对羊肉质量安全属性的支付意愿存在差异性,对有机羊肉的支付意愿最高,愿意为有机认证属性每斤多支付18.60元;其次为可追溯信息(16.33)、产地信息(16.02),对包装形式的支付意愿最低,仅为10.32元/斤。

总的来看,受访者对有机认证有最高支付意愿,与23元/斤的普通羊肉均价相比,受访者对有机羊肉支付溢价占普通羊肉均价的80.87%;究其原因,在目前食品安全事件频发的背景下,秉承"优质=高价"的消费心理,受访者对来自天然放牧、安全、优质的有机羊肉表现出积极支付溢价。可追溯信息和产地信息是减少信息不对称、解决食品安全问题的重要举措;尽管消费者对上述两种属性的支付溢价低于有机认证属性溢价,但与普通羊肉相比,仍有71%和69.65%的平均支付溢价。受访者对包装形式的支付意愿最低,说明羊肉是否分割包装对消费者羊肉质量安全属性选择偏好的影响较小。

## 六、结论与启示

### (一) 结论

选择实验法是一种假想价值评估法,因其接近真实购买环境的实验原理,是目前国外学者研究食品属性价值的主要方法,且部分学者探讨了该方法应用的科学性(Carlsson et al., 2007;Ortega et al., 2011)。在内蒙古呼和浩特市"高品质"羊肉尤其是有机羊肉价格体系不健全且国内学者对该内容研究尚少的背景下,本部分基于呼和浩特市325份问卷调查数据,运用国际上应用比较成熟的选择实验法,研究消费者对羊肉质量安全属性的选择偏好与支付意愿,对进一步发掘食品质量安全市场信息、助力生产者为呼和浩特市安全优质羊肉尤其是有机羊肉制定科学合理的售价从而实现畜产品的"优质优价"具有重要意义。本部分的研究结论主要揭示了以下两点。

一是受访者对羊肉质量安全属性的选择偏好不同，受教育年限、家庭总收入、老人儿童数占比、家庭月均羊肉消费量是影响受访者羊肉质量安全属性选择偏好差异的主要因素，受访者年龄对其羊肉质量安全属性偏好无显著影响。

二是受访者对"有机"认证的支付意愿最高，其次是可追溯信息和产地信息，对包装形式的支付意愿最低。

## （二）启示

一是由于受访者受教育程度、家庭总收入、老人儿童数占比和家庭月均羊肉消费量的差异，消费者对羊肉质量安全属性的选择偏好与支付意愿不同。政府和企业应从不同地区消费者实际消费需求出发，例如重点关注高学历、高收入水平和羊肉消费量较大群体的消费需求，以提高有机和有产地信息羊肉等高品质畜产品的市场普及率。

二是"有机食品"认证是目前消费者辨别羊肉等食品质量优劣的主要依据，政府应担此大任，继续构建食品质量安全认证体系网，提高"有机食品"认证的可信度，确保消费者"买得放心、吃得安心"，继而利用消费者的"品质消费"倒逼生产市场改革，以稳步改善畜产品品质进而提高全民食品安全水平。

三是可追溯信息与产地信息的逐步实施与完善仍然是政府和企业长期坚持的提高产品品质、保障食品安全的重要措施，消费者对可追溯信息和产地信息表现出的积极偏好表明消费者对这两种属性是有需求的，因此，应继续健全产品质量追溯体系，尤其是增强消费者对羊肉等新鲜肉类产品的质量安全溯源能力，使消费者在信息对称的前提下，实现每一次的消费都遂心如愿。

## 本章小结

消费者对绿色农产品支付意愿的大小决定绿色农产品市场能否长远发展并不断壮大。为测算消费者对绿色农产品的支付意愿，本章首先对绿色农产品支付意愿相关文献进行回顾；而后在文献回顾的基础上构建选择实验的理论研究框架；最后以羊肉为例，基于绿色农产品消费实地调研数据，利用选择实验法，识别消费者对羊肉质量安全属性的选择偏好，并计算其支付意愿。研究结果表明：①受访者对羊肉质量安全属性的选择偏好不同，受教育年限、家庭总收入、老人儿童数占比、家庭月均羊肉消费量是影响受访者羊肉质量安全属性选择偏好差异的主要因素，受访者年龄对其羊肉质量安全属性偏好无显著影响；②受访者对"有机"认证的支付意愿最高，其次是可追溯信息和产地信息，对包装形式的支付意愿最低。综上所述，本章指出，基于市场驱动的食品安全保障措施例如准确真实的"有机食品"认证、信息可靠完备的产地信息与可追溯信息标签是羊肉等食品发展的主要方向。

# 第十五章
# 内蒙古农产品绿色发展研究结论及政策建议

近年来,绿色农产品生产和消费越来越得到党和国家政府的重视。绿色农产品是支农惠农、安全、优质的农产品,国家发展绿色农产品的目的一方面在于激励农户生产从而提高农户收入;另一方面则是解决食品安全问题、保障消费者农产品消费安全。为此,本部分以中国绿色农产品发展的重要践行区——内蒙古为例,基于大量实地调研数据,从绿色农产品生产和消费角度出发,检验绿色农产品生产的农户收入效应,同时识别消费者购买绿色农产品的主要因素与测算消费者对绿色农产品的支付意愿,并基于所得研究结论,提出进一步完善内蒙古绿色农产品发展的政策建议。

## 一、内蒙古农产品绿色发展研究结论

本部分主要研究与解决两方面核心问题,一是从绿色农产品生产角度分析,农户是否生产绿色农产品?哪些因素影响农户绿色农产品生产行为?绿色农产品生产是否具有"提高农户收入"的作用?二是从绿色农产品消费角度分析,绿色农产品消费对绿色农产品生产的倒逼作用,即从消费端来看,哪些因素影响消费者购买绿色农产品?消费者对绿色农产品的支付意愿和支付水平又是多少?基于对上述问题的探讨,本部分得出如下几点研究结论。

### (一)内蒙古绿色农产品发展较为迅速

从绿色农产品发展以来,在国家政府的补贴、组织保障和相关制度规范下,内蒙古绿色农产品发展取得了较为显著的成效,具体表现在以下方面。一是发展规模不断壮大,绿色农产品认证企业总数、产品总数、产品总产量在不同程度上有所增长,2012—2017年,绿色农产品认证企业总数、产品总数和产品总产量年均增速分别为23.82%、2.45%和18.46%;其中绿色农产品中无公害农产品增长幅度最大、增速最快,有机食品产量增速快于数量增速。二是绿色农产品种类日趋齐全,产品结构日趋完善，绿色农产品现已覆盖农产品及加工食品等 1 782 个品种；与 2012 年相比，绿色农产品产品结构中畜牧业、加工业占比有所提高。三是东部地区优势明显，内蒙古东、中、西部地区认证产品、认证规模数呈现东、西、中依次减少的趋势，东部地区绿色农产品发展优势突出。四是销售状况日趋良好，2014—2017 年，绿色农产品国内销售额和出口额在不同程度上有所增加，销售业绩突出。

虽然近年来绿色农产品发展取得了较为显著的成就，但其发展过程中也存在诸多需要解决的问题，如绿色农产品宣传有待加强、产品结构不均衡、生产企业规模小和资金比较短缺、发展后劲不足等问题。

### （二）受访者倾向于生产绿色农产品

绿色农产品生产调查问卷显示，总体受访者中 56.88% 的受访者生产绿色农产品，高于普通农产品生产户 13.76 个百分点。其中，无法获利和绿色农产品生产及相关知识认知不足是受访者不生产绿色农产品的主要因素。受访者绿色农产品生产行为即是否生产绿色农产品受多种因素影响，由受访者不同个人特征、家庭特征、生产经营特征、绿色农产品认知特征、其他特征与绿色农产品生产行为的交叉分析可知，受访者个人特征、家庭特征、生产经营特征、绿色农产品认知特征和其他特征的不同，其是否生产绿色农产品会有明显差异。

在对受访者不同特征与其是否绿色农产品生产的关系进行描述性统计的基础上，本部分运用 Logistic 模型进一步从实证角度检验与论证了受访者不同特征对其生产行为的影响，结果发现，受访者家庭特征中的劳动力数占家庭总人口数的比例和家庭总收入、生产经营特征中的种植规模和绿色农产品种植年限、其他特征中的绿色农产品生产及认证培训活动参与次数和地区变量对受访农户是否生产绿色农产品有显著影响，其中受访者家庭总收入、绿色农产品生产及认证培训活动参与次数、绿色农产品种植年限和地区变量对其绿色农产品生产行为的影响为正向，而受访者家中劳动力数占家庭总人口数的比例和种植规模变量对其绿色农产品生产行为则有负向影响。

### （三）内蒙古绿色农产品生产具有提高农户收入的作用

绿色农产品生产需要严格遵循绿色生产标准进行生产，虽然生产成本高于普通农产品生产成本，但因绿色农产品的质量显著优于普通农产品的质量，故绿色农产品的售价远远高于普通农产品售价，因此，理论上绿色农产品生产具有提高农户种植业每亩纯收入的作用。

为检验现实中绿色农产品生产的农户收入效应，本部分基于绿色农产品生产实地调研数据，运用 TEM 模型实证检验了绿色农产品生产对农户种植业每亩纯收入的影响，实证结果表明，绿色农产品生产确实具有"提高农户收入"的作用，其中绿色农产品的"优价"是绿色农产品生产"增收"效应明显的主要原因，理论分析与实证结论相吻合。因此，今后内蒙古应继续推进绿色农产品生产进程、强化政府对绿色农产品的宣传及扶持力度、扩大具有比较优势的绿色农产品种植规模，使更多农户参与到绿色农产品生产中，惠及更多农户。

### （四）绿色农产品消费对生产有驱动作用

绿色农产品消费调查问卷显示，82.15%的受访者购买并消费过绿色农产品，可见多数消费者因绿色农产品无毒、无害、安全、健康、优质的品质倾向于购买绿色农产品，生产者较明显的农户收入效应在一定程度上是由消费者的绿色农产品消费引起的。但不同个体特征、家庭特征、动机特征、认知（能力）特征、机会特征和营销特征的受访者所表现出的绿色农产品购买行为有所差别，故本部分以消费者消费量大的绿色蔬菜为例，对受访者上述特征与绿色蔬菜消费量占蔬菜消费量的比例进行交叉分析，交叉分析结果显示，受访者个体特征、家庭特征、动机特征、认知（能力）特征、机会特征和营销特征的不同，其绿色蔬菜消费量占比有所差异。

为进一步检验受访者不同特征对其绿色蔬菜消费量占比的影响及影响程度大小，本部分运用 Tobit 模型和 OLS 模型实证检验了消费者绿色蔬菜消费量占比的主要影响因素，结果发现，受访者个人特征中的受教育年限、家庭特征中的共同生活12周岁及以下儿童数和家庭总收入、购买动机特征中的环保购买动机和健康购买动机、认知特征中的绿色农产品标识认知数和绿色农产品相关信息知晓度、购买机会特征中的是否因离家近的因素购买绿色农产品对其绿色蔬菜消费量占比有显著正向影响；受访者个人特征中的性别、营销特征中的绿色农产品定价评价和购买绿色农产品时价格因素的重要程度对其绿色蔬菜消费量占比有显著负向影响。鉴于此，本部分认为，应从提高消费者绿色农产品认知、增强消费者对绿色农产品的信任度和开展适度规模经营、降低绿色农产品售价等方面出发进一步促进消费者绿色农产品消费。

### （五）绿色农产品消费驱动作用明显

市场经济中"优质优价"是市场价格机制在农产品质量安全调解领域发挥作用的重要指标，同时也是激发生产者生产安全优质农产品积极性的重要手段。在食品安全事件频发的背景下，多数消费者愿意购买生产者生产的绿色农产品；而消费者对绿色农产品支付溢价的大小决定绿色农产品能否长远发展并不断壮大。故本部分以羊肉为例，基于消费者实地调研数据，利用选择实验法，识别消费者对羊肉质量安全属性的选择偏好，并计算其支付意愿。实证研究结果表明，受访者对羊肉质量安全属性的选择偏好不同，受教育年限、家庭总收入、老人儿童数占比、家庭月均羊肉消费量是影响受访者羊肉质量安全属性选择偏好差异的主要因素，受访者年龄对其羊肉质量安全属性偏好无显著影响;受访者对"有机"认证的支付意愿最高,其次是可追溯信息和产地信息,对包装形式的支付意愿最低。可见,羊肉上述 4 种质量安全属性中,消费者对有机认证属性的支付溢价最高,且与市场上普通羊肉 23 元/斤的平均价格相比,受访者对有机羊肉的支付溢价占普通羊肉平均价格的 80.87%,说明消费者愿意为生产者生产的绿色农产品进行溢价支付,消费者的绿色农产品溢价支付行为可激发生产者从事绿色农产品生产经营活动。

## 二、推进内蒙古农产品绿色发展的政策建议

### (一)加强绿色农产品宣传,提高生产者和消费者的绿色农产品认知

绿色农产品认知是其购买行为的基础,17.14%的受访者由于没听说过或不了解绿色农产品生产相关知识而不生产绿色农产品;25.69%的受访者因不了解绿色农产品而不选择购买绿色农产品;可见绿色农产品认知不足仍然是制约绿色农产品生产和消费的主要因素。因此需要政府及相关机构加强绿色农产品宣传,提高生产者和消费者的绿色农产品认知。

绿色农产品生产是绿色农产品整个供应链的源头,提高生产者绿色农产品及绿色农产品生产相关知识的认知,有助于使更多的生产者参与到绿色农产品生产中来,确保绿色农产品有效供给。从消费者角度来看,政府对消费者应进行与绿色农产品相关的宣传教育工作,深化消费者对绿色农产品的认知,具体而言,宣传工作应从以下几方面入手:一是对"绿色农产品生产有益于农业生产生态环境保护"进行宣传,提升消费者的环境保护意识,使环境保护上升为社会道德层次;二是发挥各公益平台及媒体的作用,加大对绿色农产品无毒、无害、安全、健康、优质品质的宣传,定期为消费者进行绿色、健康知识的培训,使消费者意识到绿色农产品消费对自身健康的重要性;三是定期向公众公布市场上绿色农产品的质量检测结果,曝光那些以次充好、以假冒真、未达标的品牌及产品,发动全社会力量进行监督。此外,绿色农产品生产企业及合作社也应加强绿色农产品宣传工作,通过塑造品牌、LOGO、广告等多种渠道,提高消费者对绿色农产品的认知,降低消费者的搜寻成本,扩大消费者对绿色农产品的市场需求。

### (二)严格规范绿色农产品生产过程质量控制,加快绿色农产品生产体系建设

实地调研发现,目前有关绿色农产品生产质量控制和认证标准方面的体系仍然不健全,因此,应从如下几方面加强绿色农产品质量安全监管。

第一，国家应制定和完善与农产品质量安全相关的农药、肥料、饲料、添加剂和动物防疫等方面的法规和管理办法。第二，加快建设绿色农产品质量检疫检验服务体系，绿色农产品生产相关企业及合作社应加快购入绿色农产品检测、检验设备，出台具体标准，培训相关技术人员，并定期发布绿色农产品质量报告。第三，加快构建和完善绿色农产品认证体系，目前绿色农产品认证标准较多，不同标准相矛盾的情况时有发生，因此，政府应明确绿色农产品认证流程，规范绿色农产品认证、检测工作，加快建设与完善绿色产品认证体系。第四，加强绿色农产品投入品专项整治力度，从源头上防止绿色农产品污染；深入开展绿色农产品污染监控和预警工作，对绿色农产品生产过程使用的种子、农药、肥料、饲料、添加剂等投入品进行全程监督和跟踪，严厉打击生产、销售假冒伪劣绿色农产品投入品的违法行为。第五，规范绿色农产品市场管理，优化市场准入制度；绿色农产品市场准入制度应分阶段、有步骤地进行，部分大宗农产品如蔬菜、水果、食用油、畜禽产品等可优先施行，引导和支持生产组织和销售市场自发性地创建检测体系，确定重点监测区域和品种。

### （三）加大技术投入、塑造绿色农产品品牌，以提升绿色农产品品质

绿色农产品生产是整个绿色农产品供应链的源头，生产者不仅需要提升绿色农产品质量从而提高消费者绿色农产品消费量，还需要开展适度规模，同时引进新技术，以降低绿色农产品生产成本，进而降低绿色农产品售价；另外，品牌是判别产品质量优劣的主要标志，生产者需要打造自己的绿色农产品品牌，以提升绿色农产品在消费者心中的地位。具体而言，应从以下两方面入手。

1. 改变传统生产模式，加大绿色生产技术的投入和应用

传统的小农生产模式已无法适应现代化农业生产，因此绿色农产品生产也应在一定程度上进行创新和改变。具体而言，绿色农产品生产者应借助社会其他力量，与社会多方资源进行合作，如继续加强与合作社、农户的生产合作，形成"企业+合作社+农户"的生产模式。绿色农产品生产技术的投入和使用是提升绿色农产品质量的关键，科技含量高的绿色农产品市场竞争力强，且在规模化生产中其生产成本也有所降低，故绿色农产品生产者应加强与科研机构的合作，争取在生产技术上取得突破，同时提高科学技术在绿色农产品中的转化效率。

2. 塑造绿色农产品品牌，提升农产品质量

品牌是农产品质量、服务及生产文化的高度升华，是反映农产品品质的重要标志，是消费者辨别产品质量好坏的主要依据。在绿色农产品市场竞争中，品牌化已成为提高绿色农产品市场竞争力的趋势，故绿色农产品生产者要想在市场竞争中立于不败之地，必须做强做大绿色农产品品牌。具体而言，在塑造绿色农产品品牌时，生产者要加强对绿色农产品绿色、健康、环保等概念的宣传和推广；生产者应

定期与部分消费者进行互动，如让消费者实地参观生产基地，通过实地采摘、品尝、游玩来增强消费者对绿色农产品品牌的信任度；另外，若资金充足，生产者也可以构建网络宣传平台，借助互联网的力量对经营的绿色农产品进行宣传，提高绿色农产品知名度；此外，品牌形成后，生产者要定期维护绿色农产品品牌如加强广告宣传、做消费者消费民意调查并及时解决其中存在的问题等，确保消费者对绿色农产品品牌保持持久的信任和认可度。

**（四）创新绿色农产品营销模式，缓解生产者与消费者的信息不对称**

市场调研发现，无绿色农产品购买行为的受访者中，有10.09%的消费者表示绿色农产品品质与普通农产品品质相差不大、20.18%的受访者反映其无法辨别是否是真的绿色农产品，因此他们拒绝购买价格相对较高的绿色农产品；而对于无公害农产品、绿色食品和有机食品的标识而言，只有3.62%的消费者完全知道绿色农产品标志，根本不知道绿色农产品标志的消费者占比高达42.3%；可见消费者对绿色农产品的无法分辨、对绿色农产品的不信任、生产者和消费者关于绿色农产品品质的信息不对称是制约绿色农产品消费的主要因素。

基于上述分析，绿色农产品生产者应创新营销模式，以减轻市场上生产者和消费者间的信息不对称。具体而言，生产者可以构建网络销售平台，借助互联网平台，在宣传绿色农产品的同时提高绿色农产品销量；生产者要做到信息对称，公开绿色农产品产销过程信息，对原材料购买、要素投入、生产过程监控信息进行公开、透明化的展示；建立农产品质量可追溯体系，实现绿色农产品质量全程可追溯，强化"从田间、草场到餐桌"的全程监管，使消费者可以低成本甚至无成本、随时随地查看和跟踪绿色农产品生产相关信息，加强消费者的绿色农产品质量安全溯源能力；此外，生产者还可通过实行农超对接、农社对接、农校对接、电商销售等多维度销售方式，扩大农产品销售群体，提高绿色农产品的销量。

**（五）加大政府财政支持力度，完善绿色农产品生产相关优惠政策**

财政支持和政策优惠是绿色农产品发展的基础和保障，充足的绿色农产品生产资金和相关优惠政策是生产者生产和扩大绿色农产品种植规模的资金和政策保障。

具体而言，第一，政府要根据内蒙古各盟市绿色农产品发展情况，因地制宜地制定生产相关优惠政策，加强绿色农产品生产的资金投入，例如在内蒙古各盟（市）成立绿色农产品生产和开发专用基金组织，在绿色农产品生产和生产技术研发方面给予专项资金支持。第二，政府应进行有效的市场监管和干预，继续完善并创建以财政支出为主、金融机构贷款为辅、集合社会闲余资本投资的多维度筹资体制，为绿色农产品的快速发展提供坚实的资金基础。第三，与政府、企业、合作社和农户的实地座谈中得知，目前绿色农产品认证检测费由政府承担，多数绿色农产品生产企业或合作社表示，绿色农产品认证费用的减免以及政府其他财政资金的支持是其生产绿色农产品的动力之一，因此建议继续减免绿色农产品认证检测费，同时对绿色农产品认证审查费、申请费和标志使用费方面给予一定费用减免，以激励更多生产者参与到绿色农产品生产中来。第四，加强对绿色农产品生产龙头企业和合作社的支持，给予龙头企业和合作社一定的税收优惠或补贴，使龙头企业或合作社发挥辐射带动作用，惠及更多农户。

# 参考文献

白光林，万晨阳，2012. 城市居民绿色消费现状及影响因素调查［J］. 消费经济（2）：92-94.

白世贞，郑佳，吴绒，2017. 绿色农产品认知、溢价意愿与购买行为实证分析［J］. 商业经济研究（6）：171-173.

拜锦美，徐金晶，2016. 基于成本收益分析的扬州市有机农产品发展前景研究［J］. 农村经济与科技，27（1）：114-115，118.

包宗顺，2002. 中国有机农业发展对农村劳动力利用和农户收入的影响［J］. 中国农村经济（10）：38-43.

毕继东，2010. 负面网络口碑对消费者行为意愿的影响研究［D］. 济南：山东大学.

曹东，赵学涛，杨威杉，2012. 中国绿色经济发展和机制政策创新研究［J］. 中国人口·资源与环境（5）：48-54.

曹小林，2018. 新能源产业项目融资风险控制研究［J］. 产业与科技论坛（20）：196-198.

陈芳平，李静，2010. 新能源产业发展的金融支持策略［J］. 甘肃金融（2）：43-45.

陈凤霞，吕杰，2010. 农户采纳稻米质量安全技术影响因素的经济学分析：基于黑龙江省稻米主产区325户稻农的实证分析［J］. 农业技术经济（2）：84-89.

陈柳钦，2011. 新能源产业发展的金融支持研究［J］. 金融发展研究（6）：30-34.

陈瑞冰，席运官，徐欣，等，2009. 有机水稻与常规水稻生产的经济效益比较［J］. 贵州农业科学，37（6）：96-98.

陈翔宇，2016. 内蒙古新能源产业发展分析及对策［J］. 内蒙古科技与经济（7）：15-16.

陈新建，董涛，2012. 有机食品溢价、消费者认知与支付意愿研究：以有机水果为例的实证分析［J］. 价格理论与实践（11）：84-85.

陈雨生，乔娟，闫逢柱，2009. 农户无公害认证蔬菜生产意愿影响因素的实证分析：以北京市为例［J］. 农业经济问题（6）：34-39.

陈雨生，2010. 农产食品质量安全认证中不同利益主体行为及监管体系研究：以北京市为例［D］. 北京：中国农业大学.

陈云飞，2011. 石河子市农产品质量安全管理问题研究［D］. 石河子：石河子大学.

陈长英，2017. 浙江省农户无公害农产品生产意愿的影响因素分析［J］. 金华职业技术学院学报，17（4）：29-34.

陈志颖，2006. 无公害农产品购买意愿及购买行为的影响因素分析：以北京地区为例［J］. 农业技术经济（1）：68-75.

成昕，2009. 我国农产品质量安全认证对策研究［D］. 北京：中国农业科学院.

程婵娟，潘璇，2012. 论金融支持与产业结构调整：以陕西为例［J］. 西安石油大学学报（社会科学版），21（4）：16-22.

程广燕，刘珊珊，杨祯妮，等，2015. 中国肉类消费特征及2020年预测分析［J］. 中国农村经济（2）：76-82.

池强，2017. 发展绿色食品蔬菜的必要性及对策［J］. 农业工程技术，37（20）：17.

戴迎春，朱彬，应瑞瑶，2006. 消费者对食品安全的选择意愿：以南京市有机蔬菜消费行为为例［J］. 南京农业大学学报（社会科学版），6（1）：47-52.

董军，冯天天，2014. 内蒙古新能源发展现状与战略研究［J］. 电子世界（9）：191，193.

杜鹏，2012. 消费者绿色食品支付意愿研究：顾客体验视角［J］. 农业经济问题（11）：98-103，112.

樊辉，赵敏娟，2013. 自然资源非市场价值评估的选择实验法：原理及应用分析［J］. 资源科学，35（7）：1347-1354.

范清文，2016. 舒城县绿色农产品生产影响因素实证研究［D］. 合肥：安徽大学.

范志伟，2016. 无公害绿色有机农业集成技术推广与"三品"效益初探［J］. 中国农业信息（3）：25，28.

方促进，2013. 江西新能源产业发展现状、问题及对策［J］. 企业经济（12）：19-22.

方伟，梁俊芬，林伟君，等，2013. 食品企业质量控制动机及"优质优价"实现状态分析：基于300家国家级农业龙头企业调研［J］. 农业技术经济（2）：112-120.

冯江茹，2016. 金融发展支持产业结构优化的实证研究［J］. 财会月刊（5）：87-90.

冯文丽，杨雪美，薄悦，2014. 基于Tobit模型的我国农业保险覆盖率实证分析［J］. 金融与经济（4）：77-80.

冯忠泽，李庆江，2008. 消费者农产品质量安全认知及影响因素分析：基于全国7省9市的实证分析［J］. 中国农村经济（1）：23-29.

付婷，邓文丽，2008. 区间删失数据任意阶原点矩估计［J］. 江西科学，26（2）：188-190.

傅惠民，敖亮，2007. 区间数据整体估计方法［J］. 航空动力学报，22（2）：

175-179.

傅丽芳, 邓华玲, 魏薇, 等, 2014. 基于 Probit 回归的绿色农产品消费影响因素及购买行为分析 [J]. 生态经济 (7): 60-64.

高大伟, 2014. 构建河南新能源产业发展的金融支持体系 [J]. 金融理论与实践 (7): 115-118.

高晓燕, 王治国, 2017. 绿色金融与新能源产业的耦合机制分析 [J]. 江汉论坛 (11): 42-47.

高芸, 2014. 农户有机农业生产意愿及发展路径 [D]. 无锡: 江南大学.

耿宁, 李秉龙, 2013. 基于利益博弈的农业标准化生产行为分析: 以"龙头企业+农户"模式为例 [J]. 农村经济 (8).

管明, 马国胜, 薛誉华, 2012. 江苏太湖流域发展有机低碳农业效益分析和金融支持对策 [J]. 江苏农业科学, 40 (7): 13-15.

郭斌, 甄静, 谭敏, 2014. 城市居民绿色农产品消费行为及其影响因素分析 [J]. 华中农业大学学报 (社会科学版) (3): 82-90.

郭立伟, 沈满洪, 2012. 新能源产业发展文献述评 [J]. 经济问题探索 (7): 123-130.

郭宇飞, 2014. 山西省无公害农产品、绿色食品、有机农产品产业模式与发展历程 [J]. 山西农业科学, 42 (2): 186-189.

何建奎, 2005. 发展绿色产业与开发绿色产品问题研究 [J]. 生态经济 (中文版) (8): 70-73.

侯国庆, 2017. 环境规制视角下的农户蛋鸡养殖适度规模研究 [D]. 北京: 中国农业大学.

胡滨, 2011. 逻辑回归在个人信用评估模型上的运用 [J]. 信息与电脑: 理论版 (3): 118-119.

胡定寰, 2005. 农产品"二元结构"论: 论超市发展对农业和食品安全的影响 [J]. 中国农村经济 (2): 12-18.

胡月英, 2009. 安徽省绿色农产品一体化经营的现状、问题及对策 [J]. 特区经济 (6): 169-171.

黄国勤, 2005. 绿色农业及其若干特征探讨 [J]. 中国食物与营养, 12: 55-58.

黄漫宇, 彭虎锋, 2014. 中国绿色食品产业发展水平的地区差异及影响因素分析 [J]. 中国农业科学, 47 (23): 4745-4753.

江林, 2015. 消费者行为学 [M]. 上海: 上海财经大学出版社.

姜百臣, 朱桥艳, 欧晓明, 2013. 优质食用农产品的消费者支付意愿及其溢价的实验经济学分析: 来自供港猪肉的问卷调查 [J]. 中国农村经济 (2):

23-34.

解强,2016. 基于感知价值视角的消费者绿色农产品支付溢价研究 [D]. 咸阳:西北农林科技大学.

靳明,林星,2006. 绿色消费行为与绿色消费替代的经济性分析 [J]. 浙江学刊(1):190-194.

靳明,赵昶,2007. 绿色农产品消费意愿的经济学分析 [J]. 财经论丛(浙江财经大学学报),134(6):85-91.

靳明,林玉君,2005. 绿色农产品消费供求关系分析及其促进 [J]. 经济管理(24):53-57.

靳明,赵昶,2008. 绿色农产品消费意愿和消费行为分析 [J]. 中国农村经济(5):44-55.

孔伟炎,2011. 上海市消费者对绿色农产品的认知与购买意愿研究 [D]. 南京:南京农业大学.

匡毅,2015. 新能源产业的发展动力资本与金融支持的实证研究 [J]. 统计与决策(6):136-139.

李秉龙,邢伟,乔娟,2008. 消费者乳品购买行为与支付意愿分析:以北京市居民为例 [J]. 中国食物与营养(7):31-34.

李光泗,张利国,2006. 无公害农产品认证对生产影响的分析 [J]. 江西农业学报,18(6):169-172.

李建平,杜秀玲,2004. 对绿色农产品"优质不能优价"的现象探析 [J]. 价格理论与实践(11):40-41.

李娟,任鑫鹏,2014. 黑龙江省新能源产业开发的金融支持策略研究 [J]. 金融理论与教学(2):11-13.

李萌,邓曦东,2014. 中国新能源产业化发展的影响因素分析 [J]. 创新,8(2):17-20.

李庆江,黄玉萍,郭征,2008. 我国无公害农产品发展成效及措施 [J]. 农产品质量与安全(4):26-30.

李治国,潘鑫馨,2015. 我国新能源产业发展的金融支持研究:基于上市公司2003—2012的数据 [J]. 工业技术经济,34(10):151-160.

辽宁省物价局课题组,2002. 发展绿色产品增加农民收入:优质农产品效益情况的案例分析 [J]. 价格理论与实践(11):33-34.

林伯强,2018. 中国新能源发展战略思考 [J]. 中国地质大学学报(社会科学版),18(2):76-83.

林毅夫,1992. 制度、技术与中国农业发展 [M]. 上海:上海人民出版社.

刘德伟,2016. 基于企业视角的新能源产业影响因素实证研究 [J]. 中国市场

(16)：59-60.

刘洪昌，闫帅，2013. 战略性新兴产业发展的金融支持及其政策取向 [J]. 现代经济探讨（1）：60-63.

刘军弟，王凯，韩纪琴，2009. 消费者对有机猪肉的认知水平及其消费行为调研：基于上海与南京的调查数据 [J]. 现代经济探讨（4）：50-53.

刘军弟，王凯，韩纪琴，2009. 消费者对食品安全的支付意愿及其影响因素研究 [J]. 江海学刊（3）：83-89.

刘清娟，2012. 黑龙江省种粮农户生产行为研究 [D]. 哈尔滨：东北农业大学.

刘容珍，田允波，2007. 发展有机农业是解决"三农"问题的有效途径 [J]. 安徽农业科学，35（15）：4632-4633.

刘瑞峰，陈彤，Rainer Haas，2008. 有机农业对农村经济发展促进作用浅析：以新疆伊吾县有机农业发展为例 [J]. 农业考古（3）：305-307.

刘瑞峰，2014. 消费者特征与特色农产品购买行为的实证分析：基于北京、郑州和上海城市居民调查数据 [J]. 中国农村经济（5）：51-61.

刘晓霞，2006. 发展有机农业是农民增收的有效途径 [J]. 北方农业学报（1）：22-24.

刘宇翔，2013. 消费者对有机粮食溢价支付行为分析：以河南省为例 [J]. 农业技术经济（12）：43-53.

刘云茹，2016. "合作社+农户"模式下蔬菜生产者标准化生产行为研究 [D]. 沈阳：沈阳农业大学.

卢立果，2011. 西安市"三品一标"发展成效、问题及对策 [D]. 咸阳：西北农林科技大学.

卢茗，2007. 发展无公害农产品的必要性及建议 [J]. 甘肃农业（11）：35-36.

卢素兰，刘伟平，2017. 自媒体时代：健康信念与绿色农产品消费行为研究：基于中介效应及结构方程模型 [J]. 福建论坛（人文社会科学版）（2）：59-67.

罗丞，2010. 消费者对安全食品支付意愿的影响因素分析：基于计划行为理论框架 [J]. 中国农村观察（6）：22-34.

罗小锋，秦军，2010. 农户对新品种和无公害生产技术的采用及其影响因素比较 [J]. 统计研究，27（8）：90-95.

吕美晔，王凯，2004. 山区农户绿色农产品生产的意愿研究：安徽皖南山区茶叶生产的实证分析 [J]. 农业技术经济（5）：33-37.

马骥，秦富，2009. 消费者对安全农产品的认知能力及其影响因素：基于北京市城镇消费者有机农产品消费行为的实证分析 [J]. 中国农村经济（5）：26-34.

马敏, 2018. 内蒙古产业结构优化中金融支持的研究 [D]. 呼和浩特: 内蒙古农业大学.

孟浩, 陈颖健, 2010. 基于层次分析法的新能源产业发展能力综合评价 [J]. 中国科技论坛 (6): 51-58.

莫丽红, 2005. 广西无公害农产品发展现状、制约因素及对策研究 [D]. 北京: 中国农业大学.

倪学志, 2012. 我国绿色农产品有效供给研究 [J]. 农业经济问题, 33 (4): 18-21.

彭建仿, 杨爽, 2011. 共生视角下农户安全农产品生产行为选择: 基于407个农户的实证分析 [J]. 中国农村经济 (12): 68-78.

乔金亮, 2018. 乡村振兴战略: 新时代农业农村经济工作总抓手: 访农业部部长韩长赋 [J]. 农村经营管理 (1): 11-12.

乔梅, 李时黎, 2016. 中国新能源产业发展障碍与对策研究 [J]. 长春大学学报, 26 (9): 6-11.

全世文, 2016. 选择实验方法研究进展 [J]. 经济学动态 (1): 127-141.

任熹真, 李学华, 王文昭, 2002. 黑龙江省绿色食品产业"点式"调查与分析: 试析密山、虎林绿色食品产业的发展 [J]. 商业研究 (24): 130-134.

邵长建, 2009. 临沂市有机农产品发展现状及对策 [J]. 现代农业科技 (10): 303-304.

沈佐民, 许信旺, 2005. 池州市有机茶产业发展研究 [J]. 农业经济问题, 26 (1): 65-70.

史丹, 夏晓华, 2015. 新能源产业融资问题研究 [J]. 经济研究参考 (7): 23-43.

史诺平, 廖进中, 2010. 中国金融发展与产业结构调整关系的实证研究 [J]. 统计与决策 (3): 114-116.

史清华, 1999. 农户经济增长与发展研究 [D]. 北京: 中国农业大学.

宋国宇, 尚旭东, 李立辉, 2013. 中国绿色食品产业发展的现状、制约因素与发展趋势分析 [J]. 哈尔滨商业大学学报 (社会科学版) (6): 15-24.

宋启道, 方佳, 李玉萍, 等, 2010. 影响农户安全农产品生产因素探讨 [J]. 中国农学通报, 26 (24): 466-471.

宋言奇, 2010. 发达地区农民环境意识调查分析: 以苏州市714个样本为例 [J]. 中国农村经济 (1): 53-62, 73.

苏江, 2013. 生物质新能源产业发展的金融支持研究 [J]. 统计与决策 (11): 167-169.

孙雷, 郝雷, 2012. 新能源产业发展的影响因素: 以河北省为范例 [J]. 河北大学学报, 37 (3): 109-113.

孙志红, 吴悦, 2017. 技术进步、金融发展与产业升级: 基于供给侧改革背景下新疆地区的研究 [J]. 科技管理研究, 37 (17): 109-114.

唐兵, 2010. 建国以来中国消费者行为变迁研究 [D]. 成都: 西南财经大学.

唐学玉, 张海鹏, 李世平, 2012. 农业面源污染防控的经济价值: 基于安全农产品生产户视角的支付意愿分析 [J]. 中国农村经济 (3): 53-67.

王二朋, 周应恒, 2011. 城市消费者对认证蔬菜的信任及其影响因素分析 [J]. 农业技术经济 (10): 69-77.

王锋, 张小栓, 穆维松, 等, 2009. 消费者对可追溯农产品的认知和支付意愿分析 [J]. 中国农村经济 (3): 68-74.

王华书, 徐翔, 2004. 南京市绿色农产品开发方略及对策 [J]. 南京社会科学 (5): 95-99.

王怀明, 尼楚君, 徐锐钊, 2011. 消费者对食品质量安全标识支付意愿实证研究: 以南京市猪肉消费为例 [J]. 南京农业大学学报 (社会科学版), 11 (1): 21-29.

王慧敏, 乔娟, 宁攸凉, 2012. 消费者对安全食品购买意愿的影响因素分析: 基于北京市城镇消费者"绿色食品"认证猪肉消费行为的实证分析 [J]. 中国畜牧杂志 (6): 48-52.

王进, 2014. 有机食品购买行为、支付意愿及其影响因素研究 [D]. 武汉: 华中农业大学.

王军, 张越杰, 2009. 消费者购买优质安全人参产品意愿及其影响因素的实证分析 [J]. 中国农村经济 (5): 35-42.

王可山, 王芳, 2010. 质量安全保障体系对农户安全农产品生产行为影响的实证研究 [J]. 中国食物与营养 (9): 69-71.

王可山, 郭英立, 李秉龙, 2007. 北京市消费者质量安全畜产食品消费行为的实证研究 [J]. 农业技术经济 (3): 50-55.

王立国, 赵婉妤, 2015. 我国金融发展与产业结构升级研究 [J]. 财经问题研究 (1): 22-29.

王娜, 2016. 粮食主产区农户生态友好型生产行为研究与政策分析 [D]. 无锡: 江南大学.

王世喜, 谢文发, 周伟, 2015. 大庆市绿色农产品产业发展现状及对策建议 [J]. 大庆社会科学 (6): 55-58.

王田, 梅洪常, 张伟. 影响消费的诸因素分析及模型化描述方法研究 [J]. 消费经济, 2005, 21 (5): 7-12.

王文智, 武拉平, 2013. 城镇居民对猪肉的质量安全属性的支付意愿研究: 基于选择实验（Choice Experiments）的分析［J］. 农业技术经济（11）：24-31.

王文智，武拉平，2014. 选择实验理论及其在食品需求研究中的应用：文献综述［J］. 技术经济，33（1）：110-117.

王晓蜀，王文智，武拉平，2016. 农户对夏玉米品种性状属性的支付意愿研究：基于选择实验的分析［J］. 统计与信息论坛，31（8）：106-112.

王艳花，2012. 陕西农业标准化经济效应研究［D］. 咸阳：西北农林科技大学.

王兆锋，俞红，2007. 消费者绿色食品消费行为的实证研究［J］. 安徽农业科学，35（10）：3122-3125.

王志刚，2003. 食品安全的认知和消费决定：关于天津市个体消费者的实证分析［J］. 中国农村经济（4）：41-48.

王志刚，毛燕娜，2006. 城市消费者对HACCP认证的认知程度、接受程度、支付意愿及其影响因素分析：以北京市海淀区超市购物的消费者为研究对象［J］. 中国农村观察（5）：2-12.

韦得胜，谢屹，卫望玺，等，2014. 绿色蔬菜购买行为及影响因素研究：基于北京市200名消费者的实证分析［J］. 消费经济（5）：61-66.

魏茂青，2013. 福建省农资综合补贴政策实施效果研究［D］. 福州：福建农林大学.

乌云花，黄季焜，Scott Rozelle，2009. 水果销售渠道主要影响因素的实证研究［J］. 系统工程理论与实践，29（4）：58-66.

吴林海，王红纱，刘晓琳，2014. 可追溯猪肉：信息组合与消费者支付意愿［J］. 中国人口·资源与环境，24（4）：35-45.

吴愉萍，李永华，连瑛，等，2011. 宁波市种植业无公害农产品生产主体现状的调查研究［J］. 浙江农业科学（5）：983-987.

武兆瑞，李庆江，2009. 我国无公害农产品的发展及举措［J］. 农业质量标准（2）：17-20.

肖歆，洪岚，周凤华，2015. 无公害蔬菜农户供给意愿影响因素的实证分析：以北京市为例［J］. 蔬菜（11）：20-23.

幸家刚，周洁红，2014. 农业标准化示范基地绩效测评［J］. 华南农业大学学报（社会科学版）（1）：11-19.

熊肖雷，李冬梅，2014. 农户参与农业标准化生产意愿的影响因素：基于四川种植业农户的调查与实证［J］. 华中农业大学学报（社会科学版）（6）：51-57.

熊泽森，陈珊，2006. 从有机农业发展看农民增收机制的创新：对我国第一个生态农业有机食品示范基地的调查［J］. 农业考古（6）：287-289.

徐柏园，2007-09-03. 发展绿色农业是建设现代农业的最佳选择［N］. 中国信息报（3）．

徐枫，陈昭豪，2013．金融支持新能源产业发展的实证研究［J］．宏观经济研究（8）：78-85．

徐枫，周文浩，2014．新能源产业的金融支持绩效评价：基于 DEA 和 Logit 模型［J］．科技管理研究，34（20）：33-38．

徐秋艳，2017．新疆居民羊肉消费行为研究［D］．北京：中国农业大学．

徐文成，2017．有机食品消费行为研究［D］．咸阳：西北农林科技大学．

徐玉霞，2005．我国绿色农产品发展战略研究［D］．咸阳：西北农林科技大学．

许箫迪，张志雯，余梦荻，等，2018．新能源产业演化模型及数值模拟分析［J］．统计与决策，34（22）：45-50．

薛楠，刘舜，2013．新能源战略性新兴产业投融资问题探讨［J］．中国流通经济，27（6）：116-120．

闫晶，韩洁平，2015．协同动力视角下新能源产业成长机制研究［J］．科技管理研究，35（1）：117-121．

严力蛟，汪自强，2003．我国绿色农产品发展概况与对策措施［J］．农业现代化研究（3）：234-238．

严瑞芳，黄明，2014．湖南省金融支持高新技术产业发展的实证分析：基于时间序列数据的模型研究［J］．湖南社会科学（5）：125-127．

晏国祥，2008．消费者行为理论发展脉络［J］．经济问题探索（4）：31-36．

杨文君，李卓君，杨文爽，2017．哈尔滨市居民购买绿色农产品影响因素研究［J］．安徽农业科学，45（17）：210-211，224．

杨伊侬，2012．有机食品购买的主要影响因素分析：基于城市消费者的调查统计［J］．经济问题（7）：66-69．

姚志坚，2009．凌源市绿色农产品发展现状及对策研究［D］．长春：吉林大学．

尹润锋，2012．我国新能源产业影响因素实证研究［J］．科技进步与对策，29（20）：72-75．

尹世久，吴林海，2008．全球有机农业发展对生产者收入的影响研究［J］．南京农业大学学报（社会科学版），8（3）：8-14．

尹世久，吴林海，陈默，2008．基于支付意愿的有机食品需求分析［J］．农业技术经济（5）：81-88．

尹世久，徐迎军，陈默，2013．消费者有机食品购买决策行为与影响因素研究［J］．中国人口·资源与环境，23（7）：136-141．

尹世久，徐迎军，徐玲玲，等，2015．食品安全认证如何影响消费者偏好：基于山东省 821 个样本的选择实验［J］．中国农村经济（11）：40-53．

尹肖妮，王国红，2015．新能源产业金融支持影响因素实证研究［J］．工业技术经济（11）：12-18.

尹志洁，钱永忠，2008. 农产品质量安全信息不对称问题研究评述［J］. 农业质量标准（1）：44-47

应瑞瑶，徐斌，胡浩，2012. 城市居民对低碳农产品支付意愿与动机研究［J］. 中国人口·资源与环境，22（11）：165-171.

于雪，李秉龙，乔娟，2013. 消费者对中高端猪肉认知与购买行为以及购买意愿影响因素分析：基于北京市城镇居民的调查［J］. 中国畜牧杂志，49（12）：24-29.

喻法金，陈丽琳，2011. 湖北省绿色食品产业发展现状与对策［J］. 农产品质量与安全（1）：26-29.

余建斌，2012. 消费者对不同认证农产品的支付意愿及其影响因素实证分析：基于广州市消费者的调查［J］. 消费经济（6）：90-94.

袁学国，1997. 对无公害蔬菜发展问题的经济学思考［J］. 农业现代化研究，18（5）：40-42.

曾寅初，夏薇，黄波，2007. 消费者对绿色食品的购买与认知水平及其影响因素：基于北京市消费者调查的分析［J］. 消费经济（1）：38-42.

张蓓，黄志平，文晓巍，2014. 营销刺激、心理反应与有机蔬菜消费者购买意愿和行为：基于有序Logistic回归模型的实证分析［J］. 农业技术经济（2）：47-56.

张海英，王厚俊，2009. 绿色农产品的消费意愿溢价及其影响因素实证研究：以广州市消费者为例［J］. 农业技术经济（6）：62-69.

张海英，2010. 广州市绿色农产品的消费者行为及其影响因素实证研究［J］. 西北农林科技大学学报（社会科学版），10（4）：52-56.

张亮，2009. 我国节能与新能源行业的融资模式［J］. 发展研究（7）：38-41.

张鹏，2010. 凌源市绿色农产品发展问题研究［D］. 长春：吉林大学.

张婷，吴秀敏，2010. 消费者绿色食品购买行为分析［J］. 商业研究（12）：117-121.

张文静，2017. 转基因食品消费行为研究［D］. 咸阳：西北农林科技大学.

张小霞，于冷，2006. 绿色食品的消费者行为研究：基于上海市消费者的实证分析［J］. 农业技术经济（6）：30-35.

张晓勇，李刚，张莉，2004. 中国消费者对食品安全的关切：对天津消费者的调查与分析［J］. 中国农村观察（1）：14-21，80.

张秀芳，崔卫杰，2004. 中国绿色农产品价格定位探析［J］. 经济与管理评论，20（6）：170-172.

张旭光，2016. 奶牛保险的减损效果及对养殖户行为的影响［D］. 呼和浩特：

内蒙古农业大学.

张振, 乔娟, 黄圣男, 2013. 基于异质性的消费者食品安全属性偏好行为研究[J]. 农业技术经济 (5): 95-104.

章迎迎, 2015. 消费者对亲环境农产品的购买行为与支付意愿研究：以大米为例[D]. 杭州：浙江大学.

赵昶, 靳明, 赵敏, 2008. 女性群体绿色农产品购买行为结构研究[J]. 财经问题研究 (1): 113-118.

赵建欣, 刘彬, 卢燕, 2013. 农户家庭人口学特征对绿色农产品生产影响的实证分析[J]. 经济与管理 (11): 35-39.

赵丽丽, 2016. "一带一路"背景下西部地区金融发展与产业结构调整研究：以甘肃省为例[J]. 现代管理科学 (8): 75-77.

赵晓华, 岩甾, 2014. 绿色农产品品牌建设探析：以普洱市为例[J]. 生态经济, 30 (11): 93-96.

赵一林, 2017. 基于博弈论的北京市新能源产业发展支持路径研究[J]. 中国人口·资源与环境, 27 (S1): 211-213.

赵元凤, 2011. 消费者安全乳品支付意愿研究[J]. 中国流通经济, 25 (10): 82-87.

郑佳, 2017. 绿色农产品生产、消费决策行为演化博弈研究[D]. 哈尔滨：哈尔滨商业大学.

郑诗情, 胡玉敏, 2018. 中国新能源产业与金融发展关系的实证研究[J]. 山西财经大学学报, 40 (S2): 55-59.

周华林, 李雪松, 2012. Tobit模型估计方法与应用[J]. 经济学动态 (5): 105-119.

周洁红, 2004. 消费者对蔬菜安全的态度、认知和购买行为分析：基于浙江省城市和城镇消费者的调查统计[J]. 中国农村经济 (11): 44-52.

周应恒, 吴丽芬, 2012. 城市消费者对低碳农产品的支付意愿研究：以低碳猪肉为例[J]. 农业技术经济 (8): 4-12.

周应恒, 2004. 食品安全：消费者态度、支付意愿及信息的影响作用：对南京市超市消费者的调查分析[C]. 中国"三农"问题国际研讨会, 杭州.

周应恒, 霍丽玥, 彭晓佳, 2004. 食品安全：消费者态度、购买意愿及信息的影响：对南京市超市消费者的调查分析[J]. 中国农村经济 (11): 53-59, 80.

周应恒, 彭晓佳, 2006. 江苏省城市消费者对食品安全支付意愿的实证研究：以低残留青菜为例[J]. 经济学, 5 (3): 1319-1342.

朱晨冉, 2014. 农户参与绿色食品生产的意愿研究[D]. 济南：山东师范大学.

朱俊峰，陈凝子，王文智，2011. 后"三鹿"时期河北省农村居民对质量认证乳品的消费意愿分析［J］. 经济经纬（1）：63-67.

朱林耀，2005. 武汉市蔬菜产业现状与无公害蔬菜生产发展对策［D］. 武汉：华中农业大学.

朱乃芬，2004. 吉林省发展绿色农产品的构想［J］. 农业与技术，24（5）：4-5.

朱世宏，胡国松，2012. 节能与新能源产业金融支持研究［J］. 西南石油大学学报（社会科学版），13（2）：1-4.

ÁGATA M R, BORCHARDT M, VACCARO G L R, et al., 2014. Motivations for promoting the consumption of green products in an emerging country: exploring attitudes of Brazilian consumers［J］. Journal of Cleaner Production, 106: 507-520.

AKERLOF G, 1970. The Market for "Lemons": Quality Uncertainty and the Market Mechanism［J］. Quarterly Journal of Economics, 84（3）: 488-500.

ALTIERI M A, 2012. Green Agriculture: foundations for biodiverse, resilient and productive agricultural systems［J］. International Journal of Agricultural Sustainability, 10（10）: 61-75

AMORE M D, SCHNEIDER C, ZALDOKAS A, 2013. Credit Supply and Corporate Innovation［J］. Social Science Electronic Publishing, 109（3）: 835-855.

AMULYA R, 1999. Goals, Strategies and Policies for Rural Energy［J］. Economic and Political Weekly, 34（49）: 3435-3445.

ANA M ANGULO, JOSÉ M GIL, L TAMBURO, 2005. Food Safety and Consumers' Willingness to Pay for Labelled Beef in Spain［J］. Journal of Food Products Marketing, 11（3）: 89-105.

ANDERSON J B, JOLLY D A, GREEN R, 2005. Determinants of farmer adoption of organic production methods in the fresh-market produce sector in California: A logistic regression analysis［J］. General Information.

ANGULO A M, GIL J M, 2007. Risk perception and consumer willingness to pay for certified beef in Spain［J］. Food Quality & Preference, 18（8）: 1106-1117.

ARVOLA A, VASSALLO M, DEAN M, et al., 2008. Predicting intentions to purchase organic food: the role of affective and moral attitudes in the Theory of Planned Behavior［J］. Appetite, 50（2-3）: 443-454.

AZUCENA G, MARIAL L, RODOLFOMJR N, 2009. Consumers' valuation of nutritional information: A choice experiment study［J］. Food Quality & Preference, 20（7）: 463-471.

Bagehot, 1873. Lombard Street: A Description of the Money Market［M］. Biblolife Bookstore.

BATTE M T, HOOKER N H, HAAB T C, et al., 2007. Putting their money where their mouths are: Consumer willingness to pay for multi-ingredient, processed organic food products [J]. Food Policy, 32 (2): 145-159.

BECKER G S, 1965. A Theory of the Allocation of Time [J]. Economic Journal, 75 (299): 493-517.

Berardi M, 2007. Credit Rationing in Market with Imperfect Information [J]. American Economic Review, 71 (3): 393-410.

BERGER A N, WILLIAM C, 1993. The efficiency of financial institutions: A review and preview of research past, present and future [J]. Journal of Banking and Finance, 17 (3): 221-249.

BISWAS A, ROY M, 2015. Green products: an exploratory study on the consumer behaviour in emerging economies of the East [J]. Journal of Cleaner Production, 87 (1): 463-468.

BLAMEY R K, BENNETTB J W, LOUVIEREC J J, et al., 2000. A test of policy labels in environmental choice modelling studies [J]. Ecological Economics, 32 (2): 269-286.

BOCCALETTI S, NARDELLA M, 2000. Consumer willingness to pay for pesticide-free fresh fruit and vegetables in Italy [J]. International Food & Agribusiness Management Review, 3 (3): 297-310.

BOLTON D J, MEALLY A, BLAIR I S, et al., 2008. Food safety knowledge of head chefs and catering managers in Ireland [J]. Food Control, 19 (3): 291-300.

BOUGHERARA D, COMBRIS P, 2009. Eco-labelled food products: what are consumers paying for? [J]. European Review of Agricultural Economics, 36 (3): 321-341.

BREIDERTC, HAHSLER M, REUTTERER T, 2008. A Review of Methods for Measuring Willingness-to-Pay [J]. Innovative Marketing (1).

BRIZ T, WARD R W, 2009. Consumer awareness of organic products in Spain: An application of multinomial logit models [J]. Food Policy, 34, 295-304.

BRYŁA P, 2016. Organic food consumption in Poland: Motives and barriers [J]. Appetite, 105: 737-746.

BURTON M, DAN R, YOUNG T, 1999. Analysis of the Determinants of Adoption of Organic Horticultural Techniques in the UK [J]. Journal of Agricultural Economics, 50 (1): 47-63.

BUZBY J, READY R, SKEES J, 1995. Contigent valuation in food policy analysis: a case study of a pesticide reside risk reduction [J]. Journal of Agriculture and Applied Economics (27): 613-625.

CARLSSON F, FRYKBLOM P, LAGERKVIST C J, 2007. Preferences with and without prices - does the price attribute affect behavior in stated preference surveys? [J]. Environmental & Resource Economics, 38 (2): 155-164.

CEYLAN I C, OLHAN E, KÖKSALÖ, 2010. Determination of the effective factors on organic olive cultivation decision [J]. African Journal of Agricultural Research, 5 (23): 3164-3168.

CHEN M, 2009. Attitude toward organic foods among Taiwanese as related to health consciousness, environmental attitudes, and the mediating effects of a healthy lifestyle [J]. British Food Journal, 111 (2): 165-178.

CHEUNG R, LAM A Y C, MEI M L, 2015. Drivers of green product adoption: the role of green perceived value, green trust and perceived quality [J]. Journal of Global Scholars of Marketing Science, 25 (3): 232-245.

CHRISTA. N, BRUNNSCHWEILER, 2006. Financing the Alternative: Renewable Energy in Developing and Transition Countries [J]. Economics working paper series (6): 49-55.

CLARK S F, 2009. The Profitability of Transitioning to Organic Grain Crops in Indiana [J]. American Journal of Agricultural Economics, 91 (5): 1497-1504.

CONNER D S, OPPENHEIM D, 2008. Demand for Pasture-Raised Livestock Products: Results from Michigan Retail Surveys [J]. Journal of Food Distribution Research, 39 (1).

CONTER M, ZANARDI E, Ghidini S, et al., 2008. Consumers' behaviour toward typical Italian dry sausages [J]. Food Control, 19 (6): 609-615.

CONWAY G R, 1986. Agroecosystem analysis for research and development [J]. Agroecosystem Analysis for Research & Development, 1: 382-390.

DAVID UBILAVA, KENNETH A FOSTER, JAYSON L LUSK, et al., 2011. Differences in consumer preferences when facing branded versus non-branded choices [J]. Journal of Consumer Behaviour, 10 (2): 61-70.

DAVIES A, TITTERINGTON A J, COCHRANE C, 1995. Who buys organic food? A profile of the purchasers of organic food in Northern Ireland [J]. British Food Journal, 97 (10): 17-23.

DICKINSON D L, DEE V B, 2005. Experimental Evidence on Willingness to Pay for Red Meat Traceability in the United States, Canada, the United Kingdom, and Japan [J]. Journal of Agricultural & Applied Economics, 37 (3): 537-548.

DUNKERLEY JOY, 1995. Financing the energy sector in developing countries: context and overview [J]. Energy policy, 23 (11): 929-939.

EDWARD SHAW, MCKINNON, RONALD, 1973. Financial Deepening in Economic Development [M]. New York: Oxford University Press.

EFTHIMIA TSAKIRIDOU, KONSTANTINOS MATTAS, IRINI TZIMITRA KALOGIANNI, 2006. The Influence of Consumer Characteristics and Attitudes on the Demand for Organic Olive Oil [J]. Journal of International Food & Agribusiness Marketing, 18 (3-4): 23-31.

ENNEKING U, 2004. Willingness-to-pay for safety improvements in the German meat sector: the case of the Q&S label [J]. European Review of Agricultural Economics, 31 (2): 205-223.

FAIRWEATHER J R, 1999. Understanding how farmers choose between organic and conventional production: Results from New Zealand and policy implications [J]. Agriculture & Human Values, 16 (1): 51-63.

FALGUERA V, ALIGUER N, FALGUERA M, 2010. An integrated approach to current trends in food consumption: Moving toward functional and organic products? [J]. Food Control, 21 (11): 274-281.

FINCO M V A, DOPPLER W, 2010. Bioenergy and Sustainable Development: The Dilemma of Food Security and Climate Change in the Brazilian Savannah [J]. Energy for Sustainable Development, 14 (3): 194-199.

FISMAN R, LOVE I, 2003. Trade Credit, Financial Intermediary Development, and Industry Growth [J]. The Journal of Finance, 38 (1): 353-374.

FRANK R, STONEFIELD K I, SUDA P, et al., 1982. Impact of nickel contamination on the production of vegetables on an organic soil, Ontario, Canada, 1980-1981 [J]. Science of the Total Environment, 26 (1): 41-65.

GENIUS M, PANTZIOS C J, TZOUVELEKAS V, 2006. Information Acquisition and Adoption of Organic Farming Practices [J]. Journal of Agricultural & Resource Economics, 31 (1): 93-113.

GLADSTONE D, 2008. The Benefits of Lending Relationships-Evidence from Small Business Data [J]. The Journal of Finance, 49 (1): 3.

GORT M, KLEPPER S, 1982. Time Paths in the Diffusion of Product Innovation [J]. The Economic Journal (9): 630-653.

GOVINDASAMY R, ITALIA J, 1998. A willingness-to-purchase comparison of integrated pest management and conventional produce [J]. Agribusiness, 14 (5): 403-414.

GOVINDASAMY R, ITALIA J, 2009. Predicting willingness-to-pay a premium for organically grown fresh produce [J]. Journal of Food Distribution Research, 30 (2).

GRACIA A, MAGISTRIS T D, 2008. The demand for organic foods in the South of Italy: A discrete choice model [J]. Food Policy, 33 (5): 386-396.

GRAHAM A DAVIS, BRANDON OWENS, 2003. Optimizing the Level of Renewable Electric and Expenditures: Using Real Options Analysis [J]. Energy Policy (15): 1589-1608.

HAY J, 1989. The Consumer's Perspective on Organic Foods [J]. Canadian Institute of Food Science & Technology Journal, 22 (2): 95-99.

HERMAN, 1997. Financial Structure and Financial Intermediation [J]. Journal of Finance (2): 32-35.

HJELMAR U, 2011. Consumers' purchase of organic food products. A matter of convenience and reflexive practices [J]. Appetite, 56 (2): 336.

HONKANEN P, VERPLANKEN B, OLSEN S O, 2006. Ethical values and motives driving organic food choice [J]. Journal of Consumer Behaviour, 5 (5): 420-430.

HUANG LIMING, 2008. Financing rural renewable energy: A comparison between China and India [R]. Renewable and Sustainable Energy Reviews.

ILYINA A, SAMANIEGO R, 2012. Structural change and financing constraints [J]. Journal of Monetary Economics, 59 (2): 166-179.

JANSSEN M, HAMM U, 2012. Product labelling in the market for organic food: Consumer preferences and willingness-to-pay for different organic certification logos [J]. Food Quality & Preference, 25 (1): 9-22.

JENNER S, GROBA F, INDVIK J, 2011. Assessing the strength and effectiveness of renewable electricity feed in tariffs in European Union countries [J]. Energy Policy, 52: 385-401.

JING S, CHIEN-FEI C, JINHUA C, et al., 2018. Are China's solar PV products competitive in the context of the Belt and Road Initiative [J]. Energy Policy, 120: 559-568.

JOLLY D A, SCHUTZ H G, DIAZKNAUF K V, et al., 1989. Organic foods: consumer attitudes and use [J]. Food Technology, 43: 60-66.

JOY MORGENSTERN, 2002. Renewable energy for rural electrification in developing countries [R]. The faculties of the university of Pennsylvania.

JUAN FCO, JULIÁIGUAL RICARDO J, SERVER IZQUIERDO, 2006. Economic and Financial Comparison of Organic and Conventional Citrus-growing Systems

[R]. Food and Agriculture Organization of the United Nations.

KAHL J, BAARS T, BÜGEL S, et al., 2012. Organic food quality: a framework for concept, definition and evaluation from the European perspective [J]. Journal of the Science of Food & Agriculture, 92 (14): 2760.

KAMGA A, KOUAMÉ C, TCHINDJANG M, et al., 2013. Environmental impacts from overuse of chemical fertilizers and pesticides amongst market gardening in Bamenda, Cameroon [J]. Revue Scientifique Et Technique, 1 (1): 6-19.

KEHAGIA O, LINARDAKIS M, CHRYSSOCHOIDIS G, 2007. Beef traceability: are Greek consumers willing to pay? [J]. Euromed Journal of Business, 2 (2): 173-190.

KEHLBACHER A, BENNETT R, BALCOMBE K, 2012. Measuring the consumer benefits of improving farm animal welfare to inform welfare labelling [J]. Food Policy, 37 (6): 627-633.

KILIAN B, JONES C, PRATT L, et al., 2006. Is sustainable agriculture a viable strategy to improve farm income in Central America? A case study on coffee [J]. Journal of Business Research, 59 (3): 322-330.

KLAUS G, GRUNER S H, JOSEPHINE W, 2014. Sustainability labels on food products: consumer motivation, understanding and use [J]. Food Policy, 44: 177-189.

KLAUS RAVE, 1999. Finance and Banking for Wind Energy [J]. Renewable Energy (16): 855-857.

KLEPPER R, LOCKERETZ W, COMMONER B, et al., 1977. Economic Performance and Energy Intensiveness on Organic and Conventional Farms in the Corn Belt: A Preliminary Comparison [J]. American Journal of Agricultural Economics, 59 (1): 1-12.

KRETZSCHMAR U, SCHMID O, 2005. Approaches Used in Organic and Low Input Food Processing: Impact on Food Quality and Safety, Results of a delphi survey from an expert consultation in 13 European countries [J]. Research Institute of Organic Agriculture Fibl Frick Switzerland, 10 (2): 191-204.

KRYSTALLIS A, CHRYSSOHOIDIS G, 2005. Consumers' willingness to pay for organic food: Factors that affect it and variation per organic product type [J]. British Food Journal, 107 (5): 320-343.

LANCASTER K J, 1966. A New Approach to Consumer Theory [J]. Journal of Political Economy, 74 (2): 132-157.

LÄPPLE D, RENSBURG T V, 2011. Adoption of organic farming: Are there differences between early and late adoption? [J]. Ecological Economics, 70 (7): 1406-1414.

LAROCHE M, BERGERON J, BARBARO FORLEO G, 2013. Targeting consumers who are willing to pay more for environmentally friendly products [J]. Journal of Consumer Marketing, 18 (6): 503-520.

LEA E, WORSLEY T, 2005. Australians' organic food beliefs, demographics and values [J]. British Food Journal, 107 (11): 855-869.

LEE H J, PARK S Y, 2013. Environmental orientation in going green: A qualitative approach to consumer psychology and sociocultural factors of green consumption [J]. Journal of Global Scholars of Marketing Science, 23 (3): 245-262.

LEWIN K, 1951. Field theory in social science [J]. American Catholic Sociological Review, 12 (2): 103.

LILJENSTOLPE C, 2011. Demand for value-added pork in Sweden: a latent class model approach [J]. Agribusiness, 27 (2): 129-146.

LOO E J V, CAPUTO V, JR R M N, et al., 2011. Consumers' willingness to pay for organic chicken breast: Evidence from choice experiment [J]. Food Quality & Preference, 22 (7): 603-613.

LOUREIRO M L, MCCLUSKEY J J, MITTELHAMMER R C, 2001. Assessing Consumer Preferences for Organic, Eco-labeled, and Regular Apples [J]. Journal of Agricultural & Resource Economics, 26 (2): 404-416.

LOUREIRO M L, MCCLUSKEY J J, MITTELHAMMER R C, 2002. Will Consumers Pay a Premium for Eco-labeled Apples? [J]. Journal of Consumer Affairs, 36 (2): 203-219.

LOUREIRO M L, UMBERGER W J, 2007. A choice experiment model for beef: What US consumer responses tell us about relative preferences for food safety, country-of-origin labeling and traceability [J]. Food Policy, 32 (4): 496-514.

LOUVIERE J J, HENSHER D A, 1983. Using discrete choice models with experimental design data to forecast consumer demand for a unique cultural event [J]. Journal of Consumer Research, 10 (3): 348-361.

LOUVIERE J J, WOODWORTH G, 1983. Design and Analysis of Simulated Consumer Choice or Allocation Experiments: An Approach Based on Aggregate Data [J]. Journal of Marketing Research, 20 (4): 350-367.

LUSK J L, NILSSON T, FOSTER K, 2007. Public Preferences and Private Choices: Effect of Altruism and Free Riding on Demand for Environmentally Certified Pork [J]. Environmental and Resource Economics, 36 (4): 499-521.

MADDALA G S, 1983. Limited-Dependent and Qualitative Variables in Econometrics [J]. Cambridge England Cambridge University Press, 79 (387): 80-81.

MAKSIMOVIC V, 2016. Law, Finance, and Firm Growth [J]. The Journal of Finance, 53 (6): 2107-2137.

MAS-COLELL A, WHINSTONE M D, GREEN J R, et al., 1995. Microeconomic Theory [M]. New York: McGraw-Hill.

MAZZUCATO M, SEMIENIUK G, 2018. Financing renewable energy: Who is financing what and why it matters [J]. Technological Forecasting & Social Change, 127: 8-22.

MCBRIDE W D, GREENE C, 2009. Costs of Organic Milk Production on U. S. Dairy Farms [J]. Review of Agricultural Economics, 31 (4): 793-813.

MEUWISSEN M P M, LANS I A V D, 2005. Trade-offs Between Consumer Concerns: An Application for Pork Production [J]. Acta Agriculturae Scandinavica, 2 (1): 27-34.

MICHAELIDOU N, HASSAN L M, 2008. The role of health consciousness, food safety concern and ethical identity on attitudes and intentions towards organic food [J]. International Journal of Consumer Studies, 32 (2): 163-170.

MICHAUD C, LLERENA D, JOLY I, 2013. Willingness to pay for environmental attributes of non-food agricultural products: a real choice experiment [J]. European Review of Agricultural Economics, 40 (2): 313-329.

MIRANDA P M MEUWISSEN, IVO A VAN DER LANS, 2005. Trade-offs Between Consumer Concerns: An Application for Pork Production [J]. Acta Agriculturae Scandinavica, 2 (1): 27-34.

MISCHA BECHBERGER, 2006. Good Environmental Governance for Renewable Energies the Example of Germany: Lessons for China [J]. working paper: 1-31.

MITTAL V K, SANGWAN K S, 2014. Prioritizing Barriers to Green Manufacturing: Environmental, Social and Economic Perspectives [J]. Procedia Cirp, 17 (15): 559-564.

MONDELAERS K, VERBEKE W, HUYLENBROECK G V, et al., 2009. Importance of health and environment as quality traits in the buying decision of organic products [J]. British Food Journal, 111 (10): 1120-1139.

MORCK R, NAKAMURA M, 1999. Banks and corporate control in Japan [J]. The Journal of Finance, 54 (1): 319-339.

MOREY E, ROSSMANN K G, 2003. Using Stated - Preference Questions to Investigate Variations in Willingness to Pay for Preserving Marble Monuments:

Classic Heterogeneity, Random Parameters, and Mixture Models [J]. Journal of Cultural Economics, 27 (3-4): 215-229.

MUERDUOKE, 1997. Finance and the Sources of Growth [J]. American Economic Review: 537-556.

MØRK T, BECH-LARSEN T, GRUNERT K G, et al., 2017. Determinants of citizen acceptance of environmental policy regulating consumption in public settings: Organic food in public institutions [J]. Journal of Cleaner Production, 148: 407-414.

MØRKBAK M R, CHRISTENSEN T, GYRD-HANSEN D, 2010. Consumer preferences for safety characteristics in pork [J]. British Food Journal, 112 (7): 775-791 (17).

NADINE WETTSTEIN, JON H HANF, CHRISTINE BURGGRAF, 2011. Unshakable loyalty in the food sector: Sustainable customer retention. Empirical Study of Organic Food Consumers in Germany [J]. Journal of Consumer Protection and Food Safety (6): 359-365.

NAPOLITANO F, BRAGHIERI A, PIASENTIER E, et al., 2010 Effect of information about organic production on beef liking and consumer willingness to pay [J]. Food Quality & Preference, 21 (2): 207-212.

NELSON E, TOVAR L G, 2010. Participatory organic certification in Mexico: an alternative approach to maintaining the integrity of the organic label [J]. Agric Hum Values, 27: 227-237.

NG T H, 2016. Bond financing for renewable energy in Asia [J]. Energy Policy (3): 1-9.

NGUYEN T T, HAIDER W, SOLGAARD H S, et al., 2015. Consumer willingness to pay for quality attributes of fresh seafood: A labeled latent class model [J]. Food Quality & Preference, 41: 225-236.

OELOFSE M, HØGHJENSEN H, ABREU L S, et al., 2010. Certified organic agriculture in China and Brazil: market accessibility and outcomes following adoption [J]. Ecological Economics, 69 (9): 1785-1793.

OLESEN I, ALFNES F, RØRA M B, et al., 2010. Eliciting consumers' willingness to pay for organic and welfare-labelled salmon in a non-hypothetical choice experiment [J]. Livestock Science, 127 (2-3): 218-226.

ONDERSTEIJN C J M, GIESEN G W J, HUIRNE R B M, 2003. Identification of farmer characteristics and farm strategies explaining changes in environmental management and environmental and economic performance of dairy farms [J]. Agricultural Systems, 78 (1): 31-55.

ONKEN K A, BERNARD J C, PESEK J D, 2011. Comparing Willingness to Pay for Organic, Natural, Locally Grown, and State Marketing Program Promoted Foods in the Mid-Atlantic Region [J]. Agricultural & Resource Economics Review, 40 (1): 33-47.

ONNO K, BRANGER FRÉDÉRIC, PHILIPPE Q, 2019. Competitive advantage in the renewable energy industry: Evidence from a gravity model [J]. Renewable Energy, 131: 472-481.

ORIORDAN, 2001. Assessing the Consequences of Converting to Organic Agriculture [J]. Journal of Agricultural Economics, 52 (1): 22-35.

ORTEGA D L, WANG H H, WU L, et al., 2011. Modeling heterogeneity in consumer preferences for select food safety attributes in China [J]. Food Policy, 36 (2): 318-324.

Painuly J P, H Park, 2003. Promoting energy efficiency financing and ESCOs in developing countries: mechanisms and barriers [J]. Journal of Cleaner Production, 11 (6): 659-665.

PARVATHI P, WAIBEL H, 2016. Organic Agriculture and Fair Trade: A Happy Marriage? A Case Study of Certified Smallholder Black Pepper Farmers in India [J]. World Development, 77: 206-220.

PETRESCU A G, ONCIOIU I, PETRESCU M, 2017. Perception of Organic Food Consumption in Romania [J]. Foods, 6 (6): 42.

PIETOLA K S, LANSINK A O, 2001. Farmer response to policies promoting organic farming technologies in Finland [J]. European Review of Agricultural Economics, 28 (1): 1-15.

PIMENTEL D, HEPPERLY P, HANSON J, et al., 2005. Environmental, Energetic, and Economic Comparisons of Organic and Conventional Farming Systems [J]. Bioscience, 55 (7): 573-582.

POPKIN S L, 1979. The rational peasant: the political economy of rural society in Vietnam [J]. Foreign Affairs, 41 (4).

PROBST L, HOUEDJOFONON E, AYERAKWA H M, et al., 2012. Will they buy it? The potential for marketing organic vegetables in the food vending sector to strengthen vegetable safety: A choice experiment study in three West African cities [J]. Food Policy, 37 (3): 296-308.

PRUNIER A, LEBRET B, GUYOMARD H, et al., 2009. Organic pig production in France: characteristics of farms, impacts on health and welfare of animals and on product quality [J]. Productions Animales, 22 (3): 4739-4741.

QIAO Y, MARTIN F, COOK S, et al., 2018. Certified Organic Agriculture as an Alternative Livelihood Strategy for Small-scale Farmers in China: A Case Study in Wanzai County, Jiangxi Province [J]. Ecological Economics, 145.

RAYMOND W G, 1969. Financial Structure and Economic Development [M]. New Haven: Yale University Press.

RIOJA F, VALEV N, 2016. Finance and the Source of Growth at Various Stages of Economic Development [J]. Economic Inquiry, 42 (1): 127-140.

RODDY G, COWAN C A, HUTCHINSON G, 1996. Consumer attitudes and behavior to organic foods in Ireland [J]. Journal of International Consumer Marketing, 9: 41-63.

ROITNERSCHOBESBERGER B, DARNHOFER I, SOMSOOK S, et al., 2008. Consumer perceptions of organic foods in Bangkok, Thailand [J]. Food Policy, 33 (2): 112-121.

RONALD I M, 1973. Money and Capital in Economic Development [M]. Washington: The Bookings Institution.

RUBEN R, ZUNIGA G, 2011. How standards compete: comparative impact of coffee certification schemes in Northern Nicaragua [J]. Supply Chain Management An International Journal, 16 (2): 98-109.

RYAN W, STEVEN P, 1998. Financing Investments in Renewable Energy: The Role of Policy Design and Restructuring [R]. Renewable and Sustainable Energy Reviews.

SAMUELSON P, NORDHAUS W, 2004. Economics (18th ed) [M]. New York: McGraw-Hill/Irwin.

SÁNDORSZABÓ, 2007. More competition: Threat or chance for financing renewable electricity [J]. Energy Policy, 36 (4): 1167-1187.

SARIG Y, 2003. Traceability of Food Products [J]. Agricultural Engineering International : The CIGR e-journal, 4 (12).

SHAW E, 1969. Financial Deepening in Economic Development [M]. Oxford: Oxford University Press.

SIGRID DENVER, PETERSANDØE, TOVE CHRISTENSEN, 2017. Consumer preferences for pig welfare-Can the market accommodate more than one level of welfare pork? [J]. Meat Science, 129.

SMITH S, PALADINO A, 2010. Eating clean and green? Investigating consumer motivations towards the purchase of organic food [J]. Australasian Marketing Journal,

18（2）：93-104.

SOLER F, GIL J M, SÁNCHEZ M, 2002. Consumers' acceptability of organic food in Spain：Results from an experimental auction market［J］. British Food Journal, 104（8）：670-687.

STIEGLITZ JOSEPH E, 1985. May, Credit Markets and the Control of Capital［J］. Journal of Money, Credit and Banking：239-251.

STREIMIKIENE D, KLEVAS V, 2005. Use of EU structural funds for sustainable energy development in new EU member states［J］. Renewable and Sustainable Energy Reviews, 11（6）：1167-1187.

SUKI N M, SUKI N M, 2015. Consumption values and consumer environmental concern regarding green products［J］. International Journal of Sustainable Development & World Ecology, 22（3）：269-278.

SUKI N M, SUKI N M, 2015. Does religion influence consumers' green food consumption? Some insights from Malaysia［J］. Journal of Consumer Marketing, 32（7）：551-563.

TANG A, CHIARA N, TAYLOR J E, 2012. Financing renewable energy infrastructure：Formulation, pricing and impact of carbon revenue bond［J］. Energy Policy, 45（11）：691-703.

TARKIAINEN A, SUNDQVIST S, 2005. Subjective norms, attitudes and intentions of Finnish consumers in buying organic food［J］. British Food Journal, 107（11）：808-822.

TAYLOR D H, 1994. Problems of Food Supply Logistics in Russia and the CIS［J］. International Journal of Physical Distribution & Logistics Management, 24（2）：15-22.

TENG C C, LU C H, 2016. Organic food consumption in Taiwan：Motives, involvement, and purchase intention under the moderating role of uncertainty［J］. Appetite, 105：95-105.

THOMPSON G D, KIDWELL J, 1998. Explaining the Choice of Organic Produce：Cosmetic Defects, Prices, and Consumer Preferences［J］. American Journal of Agricultural Economics, 80（2）：277-287.

THORUPKRISTENSEN K, NIGGLI U, LEIFERT C, et al., 2007. Effect of crop management practices on the sustainability and environmental impact of organic and low input food production systems［J］. Proceedings of the National Academy of Sciences of the United States of America, 86（24）：9788-9792.

TONSOR G T, 2011. Consumer inferences of food safety and quality［J］. European

Review of Agricultural Economics, 38 (2): 213-235.

TORJUSEN H, LIEBLEIN G, 2001. Food system orientation and quality perception among consumers and producers of organic food in Hedmark County, Norway [J]. Food Quality & Preference, 12 (3): 207-216.

TOVAR L G, MARTIN L, CRUZ M A G, et al., 2005. Certified organic agriculture in Mexico: Market connections and certification practices in large and small producers [J]. Journal of Rural Studies, 21 (4): 461-474.

TRACEY D, MARC O, TIM N, 2018. What stalls a renewable energy industry? Industry outlook of the aviation biofuels industry in Australia, Germany, and the USA [J]. Energy Policy, 123: 92-103.

TRAVIS BRADFORD, 2006. The Economic Transformation of the Global Energy Industry [J]. Solar Revolution, 32 (9): 1789-1798.

TSUTSUMI M, ONO Y, OGASAWARA H, et al., 2017. Life-cycle impact assessment of organic and non-organic grass-fed beef production in Japan [J]. Journal of Cleaner Production, 172.

URBAN J, ZVERINOVA I, SCASNY M, 2012. What Motivates Czech Consumers to Buy Organic Food? [J]. Czech Sociological Review, 48 (3): 509-536.

VAN SICKLE JOE, 2013. Facing the New Pork Consumer [J]. National Hog Farmer, 41.

VAN ZYL K, 2011. Applying experimental economics to determine consumers' willingness to pay for food attributes [J]. South Africa.

VERHOEF P C, 2005. Explaining purchases of organic meat by Dutch consumers [J]. European Review of Agricultural Economics, 32 (2): 245-267.

VERHOOG H, BUEREN E T L V, MATZE M, et al., 2007. The value of 'naturalness' in organic agriculture [J]. NJAS - Wageningen Journal of Life Sciences, 54 (4): 333-345.

VILLALOBOS P, PADILLA C, PONCE C, et al., 2010. Beef consumer preferences in Chile: importance of quality attribute differentiators on the purchase decision[J]. Chilean Journal of Agricultural Research, 70 (1): 85-94.

VOON J P, NGUI K S, AGRAWAL A, 2011. Determinants of Willingness to Purchase Organic Food: An Exploratory Study Using Structural Equation Modeling [J]. International Food & Agribusiness Management Review, 14 (2): 103-120.

WILCOCK A, PUN M, KHANONA J, et al., 2004. Consumer attitudes, knowledge and behaviour: a review of food safety issues [J]. Trends in Food Science & Technology, 15 (2): 56-66.

WORNER F, MEIER-PLOEGER A, 1999. What the consumer says? [J]. Ecology and Farming, 20: 14-15.

XIONG Y, LUO M, 2011. Research on Farmers' Production Willingness of Safe Agricultural Products and Its Influence Factors: An Empirical Analysis in China [J]. Energy Procedia, 5 (5): 53-58.

YIN S, CHEN M, XU Y, et al., 2017. Chinese consumers' willingness-to-pay for safety label on tomato: Evidence from choice experiments [J]. China Agricultural Economic Review, 9 (1): 141-155.

YIRIDOE E K, 2005. Comparison of consumer perceptions and preference toward organic versus conventionally produced foods: A review and update of the literature [J]. Renewable Agriculture and Food Systems (20): 193-205.

YUE C Y, TONG C, 2009. Organic or local? Investigating consumer preference for fresh produce using a choice experiment with real economic incentives [J]. Hortscience A Publication of the American Society for Horticultural Science, 44 (2): 366-371.

ZHANG C, BAI J, WAHL T I, 2012. Consumers' willingness to pay for traceable pork, milk, and cooking oil in Nanjing, China [J]. Food Control, 27 (1): 21-28.

ZHU Q, LI Y, GENG Y, et al., 2013. Green food consumption intention, behaviors and influencing factors among Chinese consumers [J]. Food Quality & Preference, 28 (1): 279-286.

# 附 录

# 附录一　绿色农产品生产调查问卷

尊敬的农民朋友：

您好！我是内蒙古农业大学的一名研究生，现在正在进行一项关于内蒙古绿色农产品生产情况的问卷调查，主要目的在于研究内蒙古绿色农产品生产对农户收入的影响，同时了解农户对绿色农产品及生产相关知识的认知与评价，以归纳总结其中存在的问题与不足，为进一步完善内蒙古绿色农产品生产提供切实可行的政策建议。

本次调查采取不记名的方式进行，请您根据绿色农产品实际生产情况如实作答。本人承诺，此次调查资料只用于学术研究，您的所有资料绝不会外流，衷心感谢您的参与与配合！

内蒙古农业大学经济管理学院研究生

问卷编号：_____ 日期：_____ 年____月____日　调研员姓名：_____
调研地点：_____内蒙古盟（市）_____旗（县、区）_____乡（镇）村
受访者类型：_____（①农户②家庭农场）与名称：_____距离最近的乡镇政府_____公里。
受访者姓名：_____联系电话：_____。

一、受访者家庭基本信息

| 性别 | 年龄 | 是否为户主 | 是否为建档立卡贫困户 | 家中有无干部 | 上学年数 | 健康状况 | 务农年数 | 家庭人口数 | 劳动力数 |
|---|---|---|---|---|---|---|---|---|---|
| 1男 2女 | 周岁 | 1是 2否 | 1是 2否 | 1有 2无 | 年 | 1良好 2一般 3差 | 年 | 人 | 人 |

1. 受访者基本特征：_____。
2. 如果您是贫困户，则您认为导致您家贫困的主要原因是什么？（可多选）
①家庭成员患重病或残疾（若选此项，重病人，残疾能自理人，残疾不能自理人）②子女上学负担重（若选此项，有个孩子在读大学）③孩子结婚致贫（若选

此项，子女结婚花费万元）④缺劳动力⑤除常规种植、养殖业外，没有其他收入来源⑥自然灾害或突发事件多发⑦交通不便⑧家中劳动力缺技术⑨养老负担重⑩其他_____。

3. 共同生活家庭成员兼业信息

| 年份 | 关系 | 职业类型 | 地点 | 月数 | 月收入（元） |
|---|---|---|---|---|---|
| 2016 |  |  |  |  |  |
|  |  |  |  |  |  |
|  |  |  |  |  |  |
| 2015 |  |  |  |  |  |
|  |  |  |  |  |  |
|  |  |  |  |  |  |

关系：1本人 2配偶 3儿子 4儿媳 5女儿 6女婿 7孙子 8孙女 9外孙 10外孙女 11母亲 12父亲。

地点：1本村 2邻村 3本县城 4本市其他旗、县、区 5本区其他盟市 6外省（区、市）。

4. 2016年您的家庭成员是否购买了以下保险产品？（可以多选）

| 项目 | 新型农村合作医疗（新农合） | 新型农村社会养老保险（新农保） | 商业人身保险 | 农村住房保险 | 农机具保险 | 车险（不包括交强险） | 其他（请注明） |
|---|---|---|---|---|---|---|---|
| 是否购买 | 1是 2否 | 1是（ ）人 2否 | 1是（ ）人 2否 | 1是 2否 | 1是 2否 | 1是 2否 |  |
| 保费 | 元/年 | 元/年 | 元/年 | 元/年 | 元/年 | 元/年 | 元/年 |

二、受访者家庭收入与支出情况

5. 经营主体土地拥有情况（若没有，请填写0）

| 土地类型 | | 2017年 | | 2016年 | | 2015年 | |
|---|---|---|---|---|---|---|---|
| | | 面积（亩） | 租金（元/亩） | 面积（亩） | 租金（元/亩） | 面积（亩） | 租金（元/亩） |
| 自有耕地① | 水地 |  |  |  |  |  |  |
|  | 旱地 |  |  |  |  |  |  |
| 转入耕地② | 水地 |  |  |  |  |  |  |
|  | 旱地 |  |  |  |  |  |  |
| 转出耕地③ | 水地 |  |  |  |  |  |  |
|  | 旱地 |  |  |  |  |  |  |

(续表)

| 土地类型 | 2017 年 | | 2016 年 | | 2015 年 | |
|---|---|---|---|---|---|---|
| | 面积（亩） | 租金（元/亩） | 面积（亩） | 租金（元/亩） | 面积（亩） | 租金（元/亩） |
| 草地 | | | | | | |
| 林地 | | | | | | |

6. 受访者家庭种植业收入与支出情况

（1）受访者种植及销售情况

| 类别 | | 年份 | 小麦 | | 玉米 | | 马铃薯 | | | | 水稻 | 大豆 | 油菜籽 | 葵花籽 | 燕麦 | 谷子 | 莜麦 | 黄瓜 | 番茄 | 果品 | 其他 |
|---|---|---|---|---|---|---|---|---|---|---|---|---|---|---|---|---|---|---|---|---|---|
| | | | | | | | 专用薯 | | 普通薯 | | | | | | | | | | | | |
| | | | 水地 | 旱地 | 水地 | 旱地 | 水地 | 旱地 | 水地 | 旱地 | | | | | | | | | | | |
| 种植情况 | 种植面积 | 2017 | | | | | | | | | | | | | | | | | | | |
| | | 2016 | | | | | | | | | | | | | | | | | | | |
| | | 2015 | | | | | | | | | | | | | | | | | | | |
| | 平均亩产 | 2016 | | | | | | | | | | | | | | | | | | | |
| | | 2015 | | | | | | | | | | | | | | | | | | | |
| | 销售价格 | 2016 | | | | | | | | | | | | | | | | | | | |
| | | 2015 | | | | | | | | | | | | | | | | | | | |
| | 销售渠道 | 2016 | | | | | | | | | | | | | | | | | | | |
| | | 2015 | | | | | | | | | | | | | | | | | | | |
| 参保情况 | 参保类型 | 2016 | | | | | | | | | | | | | | | | | | | |
| | | 2015 | | | | | | | | | | | | | | | | | | | |
| | 参保面积 | 2016 | | | | | | | | | | | | | | | | | | | |
| | | 2015 | | | | | | | | | | | | | | | | | | | |
| 受灾情况 | 受灾程度 | 2016 | | | | | | | | | | | | | | | | | | | |
| | | 2015 | | | | | | | | | | | | | | | | | | | |
| | 受灾面积 | 2016 | | | | | | | | | | | | | | | | | | | |
| | | 2015 | | | | | | | | | | | | | | | | | | | |

(续表)

| 类别 | | 年份 | 小麦 | | 玉米 | | 马铃薯 | | | | 水稻 | 大豆 | 油菜籽 | 葵花籽 | 燕麦 | 谷子 | 莜麦 | 黄瓜 | 番茄 | 果品 | 其他 |
|---|---|---|---|---|---|---|---|---|---|---|---|---|---|---|---|---|---|---|---|---|---|
| | | | | | | | 专用薯 | | 普通薯 | | | | | | | | | | | | |
| | | | 水地 | 旱地 | 水地 | 旱地 | 水地 | 旱地 | 水地 | 旱地 | | | | | | | | | | | |
| 理赔情况 | 理赔面积 | 2016 | | | | | | | | | | | | | | | | | | | |
| | | 2015 | | | | | | | | | | | | | | | | | | | |
| | 理赔金额 | 2016 | | | | | | | | | | | | | | | | | | | |
| | | 2015 | | | | | | | | | | | | | | | | | | | |

注：面积单位为"亩"，平均亩产单位为"斤/亩"，销售价格单位为"元/斤"，理赔金额单位为"元/亩"。销售渠道1自用 2商贩上门收购 3自己去附近集市卖 4订货商直接订购 5网络销售 6合作社代卖 7亲戚朋友代卖 8游客采摘 9门店直销 10其他（请注明）_____。参保类型1农业保险 2未参保。受灾程度 0 没有受灾 1 一成 2 二成 3 三成……10 十成。绿色农作物1无公害 2绿色 3有机农作物。

（2）2015年受灾类型（可多选）；2016年受灾类型（可多选）
①暴雨②洪水③内涝④风灾⑤雹灾⑥冻灾⑦旱灾⑧地震⑨高温⑩价格风险（市场风险）⑪其他⑫无。

（3）受访者种植业生产性支出情况（若没有，请填写0）

| 作物 | 年份 | 频次（次/年）、成本（次/年） | 物化成本 | | | | | | 人工成本 |
|---|---|---|---|---|---|---|---|---|---|
| | | | 施肥 | 灌溉 | 除草 | 农药 | 农膜（元/年） | 种子（元/年） | 农机使用费（元/年） | 合计（元/亩） | 雇工费（元/年） |
| 玉米 | 2016 | 频次 | | | | | | | | | |
| | | 成本 | | | | | | | | | |
| | 2015 | 频次 | | | | | | | | | |
| | | 成本 | | | | | | | | | |
| 大豆 | 2016 | 频次 | | | | | | | | | |
| | | 成本 | | | | | | | | | |
| | 2015 | 频次 | | | | | | | | | |
| | | 成本 | | | | | | | | | |
| 马铃薯 | 2016 | 频次 | | | | | | | | | |
| | | 成本 | | | | | | | | | |
| | 2015 | 频次 | | | | | | | | | |
| | | 成本 | | | | | | | | | |

(续表)

| 作物 | 年份 | 频次（次/年）、成本（元/年） | 物化成本 | | | | | | | | 人工成本 |
|---|---|---|---|---|---|---|---|---|---|---|---|
| | | | 施肥 | 灌溉 | 除草 | 农药 | 农膜（元/年） | 种子（元/年） | 农机使用费（元/年） | 合计（元/亩） | 雇工费（元/年） |
| 小麦 | 2016 | 频次 | | | | | | | | | |
| | | 成本 | | | | | | | | | |
| | 2015 | 频次 | | | | | | | | | |
| | | 成本 | | | | | | | | | |
| 水稻 | 2016 | 频次 | | | | | | | | | |
| | | 成本 | | | | | | | | | |
| | 2015 | 频次 | | | | | | | | | |
| | | 成本 | | | | | | | | | |
| 燕麦 | 2016 | 频次 | | | | | | | | | |
| | | 成本 | | | | | | | | | |
| | 2015 | 频次 | | | | | | | | | |
| | | 成本 | | | | | | | | | |
| 谷子 | 2016 | 频次 | | | | | | | | | |
| | | 成本 | | | | | | | | | |
| | 2015 | 频次 | | | | | | | | | |
| | | 成本 | | | | | | | | | |
| 莜麦 | 2016 | 频次 | | | | | | | | | |
| | | 成本 | | | | | | | | | |
| | 2015 | 频次 | | | | | | | | | |
| | | 成本 | | | | | | | | | |
| 黄瓜 | 2016 | 频次 | | | | | | | | | |
| | | 成本 | | | | | | | | | |
| | 2015 | 频次 | | | | | | | | | |
| | | 成本 | | | | | | | | | |

(续表)

| 作物 | 年份 | 频次（次/年）、成本（次/年） | 物化成本 | | | | | | | 人工成本 |
|---|---|---|---|---|---|---|---|---|---|---|
| | | | 施肥 | 灌溉 | 除草 | 农药 | 农膜（元/年） | 种子（元/年） | 农机使用费（元/年） | 合计（元/亩） | 雇工费（元/年） |
| 番茄 | 2016 | 频次 | | | | | | | | | |
| | | 成本 | | | | | | | | | |
| | 2015 | 频次 | | | | | | | | | |
| | | 成本 | | | | | | | | | |
| 果品 | 2016 | 频次 | | | | | | | | | |
| | | 成本 | | | | | | | | | |
| | 2015 | 频次 | | | | | | | | | |
| | | 成本 | | | | | | | | | |
| 油菜籽 | 2016 | 频次 | | | | | | | | | |
| | | 成本 | | | | | | | | | |
| | 2015 | 频次 | | | | | | | | | |
| | | 成本 | | | | | | | | | |
| 葵花籽 | 2016 | 频次 | | | | | | | | | |
| | | 成本 | | | | | | | | | |
| | 2015 | 频次 | | | | | | | | | |
| | | 成本 | | | | | | | | | |
| 其他 | 2016 | 频次 | | | | | | | | | |
| | | 成本 | | | | | | | | | |
| | 2015 | 频次 | | | | | | | | | |
| | | 成本 | | | | | | | | | |

**7. 受访者家庭养殖业收入与支出情况**

（1）受访者养殖与收入情况（若没有，请填写0）

| 种类 | | 年份 | 年初存栏量 | 家庭自用量 | 卖出数量 | 单位价格 | 总收入 | 销售渠道 |
|---|---|---|---|---|---|---|---|---|
| 活畜 | 羊 | 2016 | | | | | | |
| | | 2015 | | | | | | |
| | 奶牛 | 2016 | | | | | | |
| | | 2015 | | | | | | |
| | 肉牛 | 2016 | | | | | | |
| | | 2015 | | | | | | |
| | 猪 | 2016 | | | | | | |
| | | 2015 | | | | | | |
| | 驴 | 2016 | | | | | | |
| | | 2015 | | | | | | |
| | 鸡 | 2016 | | | | | | |
| | | 2015 | | | | | | |
| | 鸭 | 2016 | | | | | | |
| | | 2015 | | | | | | |
| | 鹅 | 2016 | | | | | | |
| | | 2015 | | | | | | |
| 主要畜产品 | 羊毛羊绒 | 2016 | | | | | | |
| | | 2015 | | | | | | |
| | 鲜乳 | 2016 | | | | | | |
| | | 2015 | | | | | | |
| | 禽蛋 | 2016 | | | | | | |
| | | 2015 | | | | | | |
| | 皮张 | 2016 | | | | | | |
| | | 2015 | | | | | | |
| 其他 | | 2016 | | | | | | |
| | | 2015 | | | | | | |

注：销售渠道 1自用 2商贩上门收购 3自己去附近集市卖 4订货商直接订购 5网络销售 6合作社代卖 7亲戚朋友代卖 8门店直销 9其他（请注明）_____（自己消费的按市场价折算收入）。

(2) 受访者养殖业支出情况（若没有，请填写0）

| 牲畜种类 | 年份 | 幼畜购进费（元/年） | 饲料费（元/年） | 圈舍维修费（元/年） | 防疫费（元/年） | 兽药费（元/年） | 配种费（元/年） | 保险费（元/年） | 雇工费（元/年） |
|---|---|---|---|---|---|---|---|---|---|
| 羊 | 2016 | | | | | | | | |
| | 2015 | | | | | | | | |
| 奶牛 | 2016 | | | | | | | | |
| | 2015 | | | | | | | | |
| 肉牛 | 2016 | | | | | | | | |
| | 2015 | | | | | | | | |
| 猪 | 2016 | | | | | | | | |
| | 2015 | | | | | | | | |
| 驴 | 2016 | | | | | | | | |
| | 2015 | | | | | | | | |
| 鸡 | 2016 | | | | | | | | |
| | 2015 | | | | | | | | |
| 鸭 | 2016 | | | | | | | | |
| | 2015 | | | | | | | | |
| 鹅 | 2016 | | | | | | | | |
| | 2015 | | | | | | | | |
| 其他 | 2016 | | | | | | | | |
| | 2015 | | | | | | | | |

8. 受访者家庭非生产性收入与支出情况

(1) 受访者非生产性收入情况（若没有，请填写0）

| 政府补贴收入（元）合计：2016 年＿＿＿＿ 2015 年＿＿＿＿ | 粮食直补 | 2016 年： | 禁牧退牧还草 | 2016 年： |
|---|---|---|---|---|
| | | 2015 年： | | 2015 年： |
| | 退耕还林 | 2016 年： | 农村最低生活保障 | 2016 年： |
| | | 2015 年： | | 2015 年： |
| | 农资综合 | 2016 年： | 草原生态保护补助奖励 | 2016 年： |
| | | 2015 年： | | 2015 年： |
| | 农机具补贴 | 2016 年： | 农村社会救济补助 | 2016 年： |
| | | 2015 年： | | 2015 年： |

(续表)

| 财产性收入（元）合计：2016 年_____ 2015 年_____ | 银行存款利息 | 2016 年： | 股利分红 | 2016 年： |
| | | 2015 年： | | 2015 年： |
| | 房屋租赁收入 | 2016 年： | 其他_____ | 2016 年： |
| | | 2015 年： | | 2015 年： |
| 其他（元）合计：2016 年_____ 2015 年_____ | | 2016 年： | | 2016 年： |
| | | 2015 年： | | 2015 年： |

（2）受访者非生产性消费支出及借贷情况（若没有，请填写 0）

| 类别 | 非生产性消费支出项 | 2016 年 | | 2015 年 | |
| --- | --- | --- | --- | --- | --- |
| | | 外购消费支出金额 | 外购支出占比 | 外购消费支出金额 | 外购支出占比 |
| 生活性消费支出（元/年） | 食品消费支出 | | | | |
| | 衣着消费支出 | | | | |
| | 居住消费支出 | | | | |
| | 交通工具支出 | | | | |
| | 通信支出（话费、网费支出） | | | | |
| | 购买大型家用电器支出 | | | | |
| 医疗卫生支出（元/年） | | | | | |
| 赡养老人支出（元/年） | | | | | |
| 礼金支出（元/年） | | | | | |
| 其他支出（元/年） | | | | | |
| 向亲朋好友借款（万元） | | | | | |
| 向银行、信用社贷款（万元） | | | | | |
| 教育支出（元/年） | | 2016 年：学前教育_____；义务教育（补课费）_____；陪读支出_____；大学教育_____；研究生及以上教育_____；其他_____。2015 年：学前教育_____；义务教育（补课费）_____；陪读_____；大学教育_____；研究生及以上教育_____；其他_____。 | | | |

注：居住消费支出包括新建（购）房屋、房屋维修、居住服务、租赁住房所付租金、生活用水、生活用电、生活用燃料等支出。

## 三、农户家庭资产及信息化基本情况调查

9. 目前,您家里有土木结构房子_____平方米;砖房_____平方米;钢筋混凝土结构房_____平方米;其他房子_____平方米。

10. 目前,您家里有汽车_____辆;专业化农机具共_____辆。

11. 您家里有_____台电脑?您家里有_____部智能手机?

12. (1) 您家里安装宽带了吗?①安装了(跳到第13题)②未安装。

(2) 您家里为什么不安装宽带?(可多选)

①网费贵②用手机流量上网③不需要④村里未覆盖⑤其他。

13. 您上网的主要方式?(可多选) ①电脑②手机③不上网(跳到四)。

14. (1) 您上网的主要目的是(可多选)

①休闲娱乐(听歌、看电影、电视剧、玩游戏、上网聊天)②学习③查看农产品相关信息④其他。

(2) 如果(1)中选择了③,请回答:您主要查看农产品的哪些信息?(可多选)

①农产品的价格②农产品的销售渠道③农产品的需求④农产品新品种。

⑤种养殖相关技术信息⑥病虫害防治信息⑦其他。

15. 您每天上网_____小时?

## 四、绿色农产品生产情况

(一) 受访者对"绿色农产品"的认知与了解情况

16. 您是否听说过绿色农产品?①是②否(问卷结束)。

若选择是,则了解途径是?(可多选)_____。

①网络、电视、广播、报纸等媒体②政府或乡干部的口头宣传③亲戚朋友、同行及他人介绍④标语或宣传板⑤企业或合作社宣传⑥其他(请注明)。

17. 您是否知道下列关于绿色农产品种植的相关问题?

| 绿色农产品种植相关问题 | 是否知道 |
| --- | --- |
| (1) 绿色农产品种植不使用国家明令禁止农药 | ①是②否 |
| (2) 绿色农产品种植严格执行农药安全期规定 | ①是②否 |
| (3) 生产有机农产品的基地在前三年不使用化肥和农药 | ①是②否 |
| (4) 绿色农产品使用的化肥和农药应无害和不造成农药残留 | ①是②否 |

18. 您是否参加过绿色农产品产地认证、生产过程质量控制和产品认证方面的宣传培训活动?

①是,_____次②否。

(1) 若选择是,则宣传或培训主体为?_____(可多选)①合作社②企业

③政府④其他（请注明）_____。

（2）若选择是，则宣传或培训内容包括？（可多选）_____。

①认证制度和规定②种植及栽培技术③病虫害防治技术④施肥技术⑤实地走访示范生产基地⑥绿色农产品储存规定⑦其他（请注明）_____。

（二）绿色农产品生产经营信息

19. 2016年您是否种植绿色农产品？①是②否。

（1）若选择是，则您种植绿色农产品的原因是_____？（可多选）

①获利更高②政府补贴更高③有利于降低食品安全风险④有利于改善环境⑤有利于满足收购企业对产品质量要求⑥符合农业未来发展方向⑦有利于跟随别人步伐，别人已种植绿色农产品⑧有利于打造品牌，提高产品竞争力⑨其他（请注明）_____。

（2）若选择否，则您不种植绿色农产品的原因是_____？（可多选）

①地少，少_____亩②资金少，少_____万元③缺乏专业生产技术④产地环境不达标⑤劳动强度大⑥认证费用高⑦政府补贴少⑧不能获利。⑨认证过程太烦琐⑩市场需求低，销路窄⑪其他（请注明）_____。

20. 截至2016年，您的绿色农产品种植年限为_____年。

# 附录二　绿色农产品消费调查问卷

尊敬的消费者：

　　您好！我是内蒙古农业大学的一名研究生，现在正在进行一项关于内蒙古绿色农产品消费情况的问卷调查，主要目的在于了解消费者的绿色农产品购买及对绿色农产品的支付意愿情况，以明晰消费者是否愿意购买绿色农产品并对其进行溢价支付，为进一步完善内蒙古绿色农产品消费提供切实可行的政策建议。

　　本次调查采取不记名的方式进行，请您根据绿色农产品实际生产情况如实作答。本人承诺，所得数据仅用于学术研究，并绝对保证对您的所有个人信息保密，衷心感谢您的参与与配合！

内蒙古农业大学经济管理学院研究生

问卷编号：_____　日期：____年__月__日　调研员姓名：_____
调研地点：_____内蒙古盟_____（市）_____旗（县、区）_____乡（镇）村_____。
受访者姓名：_____　联系电话：_____。

一、受访者基本信息

1. 个人信息

| 是否为户主 | 性别 | 年龄 | 职业 | 上学年数 | 婚姻状况 | 健康程度 | 居住区类型 |
|---|---|---|---|---|---|---|---|
| ①是<br>②否 | ①男<br>②女 | 周岁 | | 年 | ①已婚<br>②未婚 | ①良好②一般<br>③差____ | ①农村②郊区<br>③城市 |

职业：①农民②工厂工人③个体户④公司职员⑤党政机关、事业单位工作人员⑥医生⑦律师⑧教师⑨学生⑩军人⑪服务人员（信贷员、家政人员、宾馆服务员等）⑫无工作/不工作⑬退休⑭其他（请注明）_____。

2. 共同生活家庭成员信息

| 共同生活家庭人口数（人） | 子女个数（人） | 共同生活12岁及以下儿童数（人） | 共同生活60岁以上同住老人数（人） | 共同生活家庭成员总收入（万元/年） |
|---|---|---|---|---|
| | | | | |

二、受访者对"绿色农产品"的认知、了解与评价

3.（1）下列绿色农产品标志，您知道_____个？（全部不知道请填0）

（2）若您知道，则一般通过哪些途径得知绿色农产品的相关介绍？（可多选）。
①经常购买绿色农产品的消费者介绍②报纸杂志等平面媒体③网络、电视、广播等④亲戚朋友、同行及他人介绍⑤商家现场推广⑥其他（请注明）_____。

　　　　　　　　　A级绿色食品标志　　AA级绿色食品标志

4. 您是否知道下列有关绿色农产品的信息？

| 绿色农产品相关信息 | 是否知道 |
|---|---|
| （1）绿色农产品种植不允许使用高毒、高残留农药 | ①是②否 |
| （2）绿色食品的等级划分为A级和AA级 | ①是②否 |
| （3）生产有机农产品的基地在前三年不使用化肥和农药 | ①是②否 |
| （4）无公害和绿色农产品认证有效期为3年，有机农产品认证有效期为1年 | ①是②否 |

5. 您通过以下哪种方式来辨别绿色农产品？（可多选）_____。
①产品包装信息②绿色农产品标识③媒体、广告宣传④品牌⑤不知道如何辨别。

6. 您对农产品质量安全的关注程度？
①非常不关注②比较不关注③一般④比较关注⑤非常关注。

7. 您认为市场上绿色农产品安全吗？①非常不安全②比较不安全③一般④比较安全⑤非常安全。

选择①或②的原因（可多选）_____。
①不信任绿色标识的认证②以次充好产品较多③其他（请注明）_____。

8. 您是否同意绿色农产品比普通农产品质量更安全的说法？①不同意②同意

9. 当地政府对农产质量安全的监管，您满意吗？
①非常不满意②比较不满意③一般④比较满意⑤非常满意。

10. 您对新闻媒体披露的有关食品安全信息的信任程度如何？
①非常不信任②比较不信任③一般④比较信任⑤非常信任。

11. 农产品生产过程导致的环境污染问题,您的关注程度?

①非常不关注②比较不关注③一般④比较关注⑤非常关注。

12. 绿色农产品是否比普通农产品更环保?①是②否。

三、受访者"绿色农产品"购买行为

13. 购买食品时,您关注下列哪些因素?_____(按影响程度由大到小填写,可多选)。

①生产日期和保质期②价格③品牌④营养与健康⑤无公害、绿色、有机农产品标识⑥产地⑦包装⑧口感⑨可追溯性⑩其他(请注明)_____。

14. 若您购买绿色农产品,价格因素对您的重要程度?

①不重要②比较不重要③一般④比较重要⑤非常重要。

15. 您觉得目前绿色农产品的定价如何?①非常低②比较低③适中④比较高⑤非常高。

16. 您购买过绿色农产品吗?①经常买②偶尔买③没买过[跳到第(5)题]

(1) 若选择①或②,则您购买的是何种类型农产品?(可多选)_____。

①粮食及其制品②乳、肉、蛋及其制品③点心、饼干、果脯、坚果类④水产品类⑤茶、酒类⑥水果蔬菜⑦林下产品(如木耳、蘑菇等)⑧其他(注明)_____。

(2) 若选择①或②,请问您通常出于什么原因购买绿色农产品?(可多选)_____。

①对身体健康有益②质量有保障③特殊人群(如孕妇、小孩、老人)的需求④新鲜、有营养、口感好⑤可追溯性⑥便利⑦品牌⑧其他(请注明)_____。

(3) 若选择①或②,请问您通常在哪里购买或看到绿色农产品?(可多选)_____。

①大型连锁超市②便利店③专卖店④批发市场⑤网上购买⑥其他(请注明)_____。

(4) 您选择以上购买地点的原因是?(可多选)_____。

①离家近②服务好③信誉好④质量有保证⑤其他(请注明)_____。

(5) 若选择③,请问您为何不购买绿色农产品?(可多选)_____。

①认为当前食品安全问题不大②认为其品质与普通农产品差别不大③售价过高④对绿色农产品不了解⑤无法识别是否是真的绿色农产品⑥购买不方便⑦品牌、种类偏少⑧其他(请注明)_____。

17. 您日常农产品消费中,绿色蔬菜消费量占蔬菜消费量的比例是_____%?

18. 您家平均每月消费羊肉_____斤,其中,绿色羊肉_____斤。

四、选择实验

假设您从市场上购买1斤羊肉,以下每个表格包含两种类型的羊肉,请根据您的真实意愿,选出其中您更倾向购买的一种。如果两者您都不满意,您也可以选择选项——两者都不选。

需要说明的是，本次调查对象均为羊肉，但这些羊肉的不同之处在于以下五种：认证水平，分为无认证、有机认证；产地信息，分为无产地信息和有产地信息；包装形式，分为不分割和分割羊肉；可追溯信息，分为无可追溯信息和有可追溯信息。价格，分为22元/斤、45元和68元/斤。

选项卡1

| 属性 | 选项1 | 选项2 | 选项3 |
| --- | --- | --- | --- |
| 认证 | 无 | 有机 | |
| 产地信息 | 无 | 有 | |
| 包装形式 | 分割 | 不分割 | 两者都不选 |
| 可追溯信息 | 无 | 有 | |
| 价格 | 68元/斤 | 45元/斤 | |

您的选择：□选项1　□选项2　□选项3

选项卡2

| 属性 | 选项1 | 选项2 | 选项3 |
| --- | --- | --- | --- |
| 认证 | 有 | 无 | |
| 产地信息 | 有 | 无 | |
| 包装形式 | 不分割 | 分割 | 两者都不选 |
| 可追溯信息 | 无 | 有 | |
| 价格 | 68元/斤 | 45元/斤 | |

您的选择：□选项1　□选项2　□选项3

选项卡3

| 属性 | 选项1 | 选项2 | 选项3 |
| --- | --- | --- | --- |
| 认证 | 无 | 有机 | |
| 产地信息 | 无 | 有 | |
| 包装形式 | 不分割 | 分割 | 两者都不选 |
| 可追溯信息 | 无 | 有 | |
| 价格 | 22元/斤 | 68元/斤 | |

您的选择：□选项1　□选项2　□选项3

选项卡 4

| 属性 | 选项 1 | 选项 2 | 选项 3 |
| --- | --- | --- | --- |
| 认证 | 有 | 无 | |
| 产地信息 | 有 | 无 | 两者都不选 |
| 包装形式 | 分割 | 不分割 | |
| 可追溯信息 | 无 | 有 | |
| 价格 | 45 元/斤 | 22 元/斤 | |

您的选择：□选项 1　　□选项 2　　□选项 3

选项卡 5

| 属性 | 选项 1 | 选项 2 | 选项 3 |
| --- | --- | --- | --- |
| 认证 | 无 | 有机 | |
| 产地信息 | 有 | 无 | 两者都不选 |
| 包装形式 | 不分割 | 分割 | |
| 可追溯信息 | 有 | 无 | |
| 价格 | 68 元/斤 | 22 元/斤 | |

您的选择：□选项 1　　□选项 2　　□选项 3

选项卡 6

| 属性 | 选项 1 | 选项 2 | 选项 3 |
| --- | --- | --- | --- |
| 认证 | 无 | 有机 | |
| 产地信息 | 无 | 有 | 两者都不选 |
| 包装形式 | 分割 | 不分割 | |
| 可追溯信息 | 无 | 有 | |
| 价格 | 68 元/斤 | 22 元/斤 | |

您的选择：□选项 1　　□选项 2　　□选项 3

选项卡 7

| 属性 | 选项 1 | 选项 2 | 选项 3 |
| --- | --- | --- | --- |
| 认证 | 无 | 有机 | |
| 产地信息 | 有 | 无 | 两者都不选 |
| 包装形式 | 不分割 | 分割 | |
| 可追溯信息 | 无 | 有 | |
| 价格 | 22 元/斤 | 45 元/斤 | |

您的选择：□选项 1　　□选项 2　　□选项 3

选项卡 8

| 属性 | 选项1 | 选项2 | 选项3 |
| --- | --- | --- | --- |
| 认证 | 有机 | 无 | |
| 产地信息 | 无 | 有 | |
| 包装形式 | 不分割 | 分割 | 两者都不选 |
| 可追溯信息 | 无 | 有 | |
| 价格 | 68元/斤 | 22元/斤 | |

您的选择：□选项1　□选项2　□选项3

选项卡 9

| 属性 | 选项1 | 选项2 | 选项3 |
| --- | --- | --- | --- |
| 认证 | 无 | 有机 | |
| 产地信息 | 有 | 无 | |
| 包装形式 | 分割 | 不分割 | 两者都不选 |
| 可追溯信息 | 有 | 无 | |
| 价格 | 68元/斤 | 45元/斤 | |

您的选择：□选项1　□选项2　□选项3

选项卡 10

| 属性 | 选项1 | 选项2 | 选项3 |
| --- | --- | --- | --- |
| 认证 | 有机 | 无 | |
| 产地信息 | 有 | 无 | |
| 包装形式 | 分割 | 不分割 | 两者都不选 |
| 可追溯信息 | 无 | 有 | |
| 价格 | 22元/斤 | 45元/斤 | |

您的选择：□选项1　□选项2　□选项3

选项卡 11

| 属性 | 选项1 | 选项2 | 选项3 |
| --- | --- | --- | --- |
| 认证 | 无 | 有机 | |
| 产地信息 | 有 | 无 | |
| 包装形式 | 不分割 | 分割 | 两者都不选 |
| 可追溯信息 | 无 | 有 | |
| 价格 | 45元/斤 | 22元/斤 | |

您的选择：□选项1　□选项2　□选项3

选项卡 12

| 属性 | 选项 1 | 选项 2 | 选项 3 |
| --- | --- | --- | --- |
| 认证 | 无 | 有机 | 两者都不选 |
| 产地信息 | 有 | 无 | |
| 包装形式 | 分割 | 不分割 | |
| 可追溯信息 | 无 | 有 | |
| 价格 | 45 元/斤 | 68 元/斤 | |

您的选择：☐选项 1　　☐选项 2　　☐选项 3

# 后　　记

　　本书的研究得到内蒙古自治区哲学社会科学重点研究基地"内蒙古乡村振兴战略研究中心"资助，为内蒙古自治区社会科学重点研究项目的阶段性成果！

　　内蒙古农业大学赵元凤教授作为"内蒙古乡村振兴战略研究中心"首席专家及重点项目主持人，主持设计了项目的重点内容，组织实施了项目的研究工作，指导修订了全书的写作；刘志娟博士执笔下篇"内蒙古传统产业绿色发展研究——以农业为例"的主要内容；刘春梅硕士执笔上篇"内蒙古传统产业绿色化发展研究——以能源产业为例"的主要内容；内蒙古自治区社会科学院李赛男副研究员负责全书的统稿工作，并负责绪论部分内容的编写；同时，特别感谢内蒙古农业大学经济管理学院的博硕士研究生李英、林海英、吴迪、弓宇飞、葛颖、郭新雅、李楚瑛、李傲、于洋、牛志杰、刘春梅、张晓宇、林子卉在本书数据的调研、整理过程中辛勤付出。感谢本书责任编辑的热情和责任感。